最新・最前線・旅遊全攻略

沖繩

OKINAWA

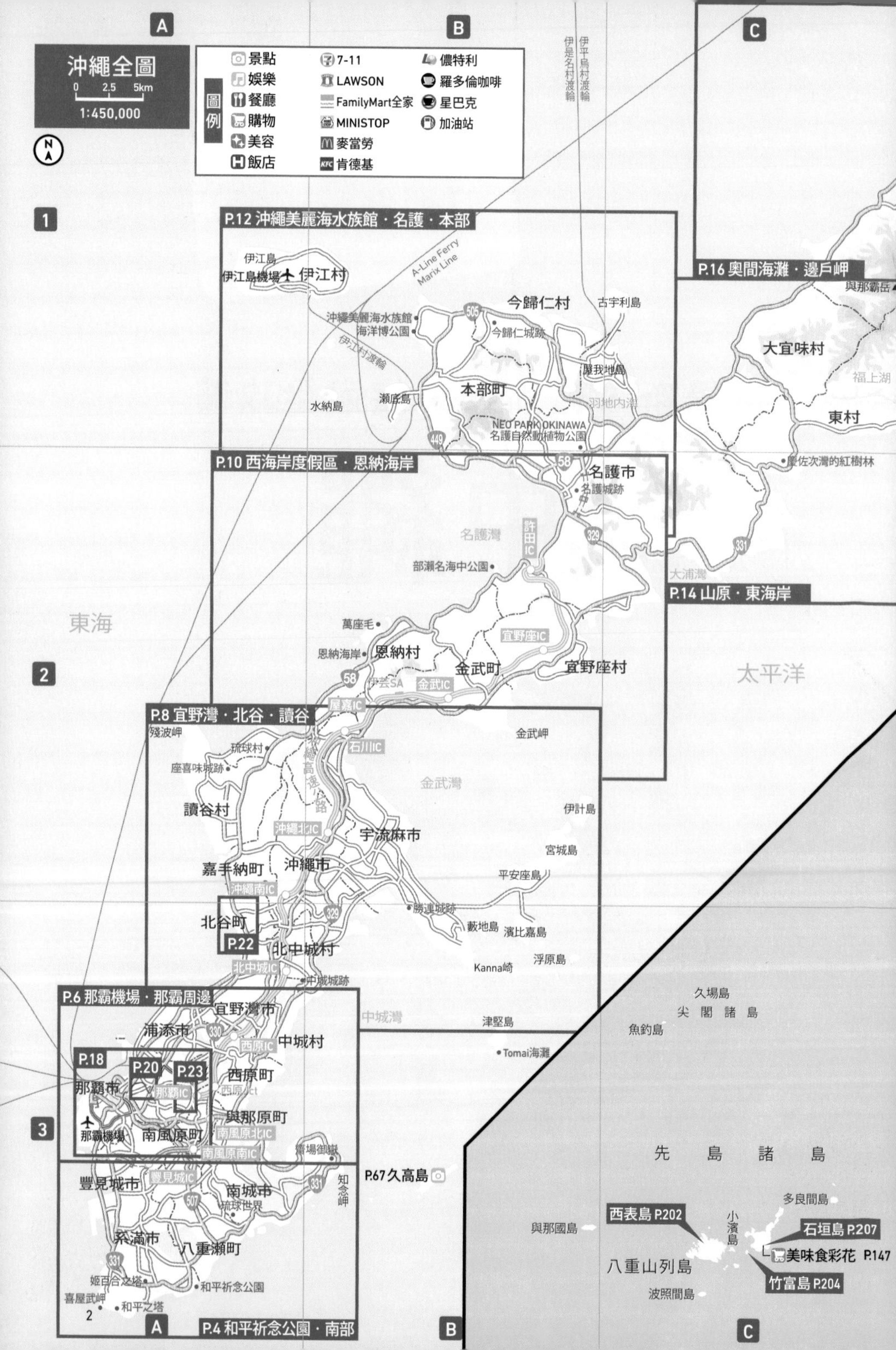

沖繩全圖
0 2.5 5km
1:450,000
圖例
景點
娛樂
餐廳
購物
美容
飯店
7-11
LAWSON
FamilyMart全家
MINISTOP
麥當勞
肯德基
儂特利
羅多倫咖啡
星巴克
加油站
P.12 沖繩美麗海水族館・名護・本部
P.16 奧間海灘・邊戶岬
P.10 西海岸度假區・恩納海岸
P.14 山原・東海岸
P.8 宜野灣・北谷・讀谷
P.6 那霸機場・那霸周邊
P.4 和平祈念公園・南部
P.18
P.20
P.22
P.23
伊江島
伊江島機場
伊江村
沖繩美麗海水族館
海洋博公園
今歸仁村
今歸仁城跡
古宇利島
屋我地島
本部町
瀨底島
水納島
羽地內海
NEO PARK OKINAWA
名護自然動植物公園
名護市
名護城跡
名護灣
許田IC
部瀨名海中公園
大宜味村
東村
福上湖
慶佐次灣的紅樹林
與那霸岳
大浦灣
萬座毛
恩納海岸
恩納村
金武町
宜野座村
宜野座IC
伊芸SA
金武IC
屋嘉IC
石川IC
東海
太平洋
殘波岬
琉球村
座喜味城跡
讀谷村
金武岬
金武灣
伊計島
宮城島
平安座島
沖繩北IC
宇流麻市
嘉手納町
沖繩市
沖繩南IC
勝連城跡
藪地島
濱比嘉島
北谷町
北中城村
北中城IC
中城城跡
Kanna崎
浮原島
津堅島
Tomai海灘
中城灣
宜野灣市
浦添市
中城村
西原IC
西原町
那霸市
那霸IC
西原Jct
與那原町
那霸機場
南風原町
南風原北IC
南風原南IC
齋場御嶽
豐見城市
豐見城IC
知念岬
P.67久高島
南城市
琉球世界
糸滿市
八重瀨町
姬百合之塔
和平祈念公園
喜屋武岬
和平之塔
久場島
尖閣諸島
魚釣島
先島諸島
多良間島
西表島 P.202
小濱島
石垣島 P.207
美味食彩花 P.147
與那國島
八重山列島
竹富島 P.204
波照間島
伊平屋村渡輪
伊是名村渡輪
A-Line Ferry
Marix Line
伊江村渡輪
沖繩高速公路

D
E
F
邊戶岬
茅打斷崖
58
國頭村
男女群島
上甑島
下甑島
宮崎縣
鹿兒島市
櫻島
開聞岳
宇治群島
佐多岬
大隅海峽
黑島
硫黃島
竹島
大隅諸島
種子島
種子島海峽
口永良部島
屋久島
吐噶喇列島
口之島
中之島
諏訪之瀨島
惡石島
鹿兒島縣
寶島
東海
奄美群島
奄美大島
喜界島
加計呂麻島
德之島
太平洋
沖永良部島
沖繩諸島
伊平屋島
與論島
伊是名島
邊戶岬
伊江島
Kuefu島 P.34
久米島 P.202
粟國島
渡名喜島
沖繩島
那覇市
座間味島 P.34
阿嘉島 P.34
渡嘉敷島
慶良間列島
喜屋武岬
Komaka島 P.35
北大東島
南大東島
大東諸島
沖繩縣
伊良部島
宮古島 P.206
宮古列島
沖大東島
南西群島
0 25 50km
1:4,500,000
1
2
3

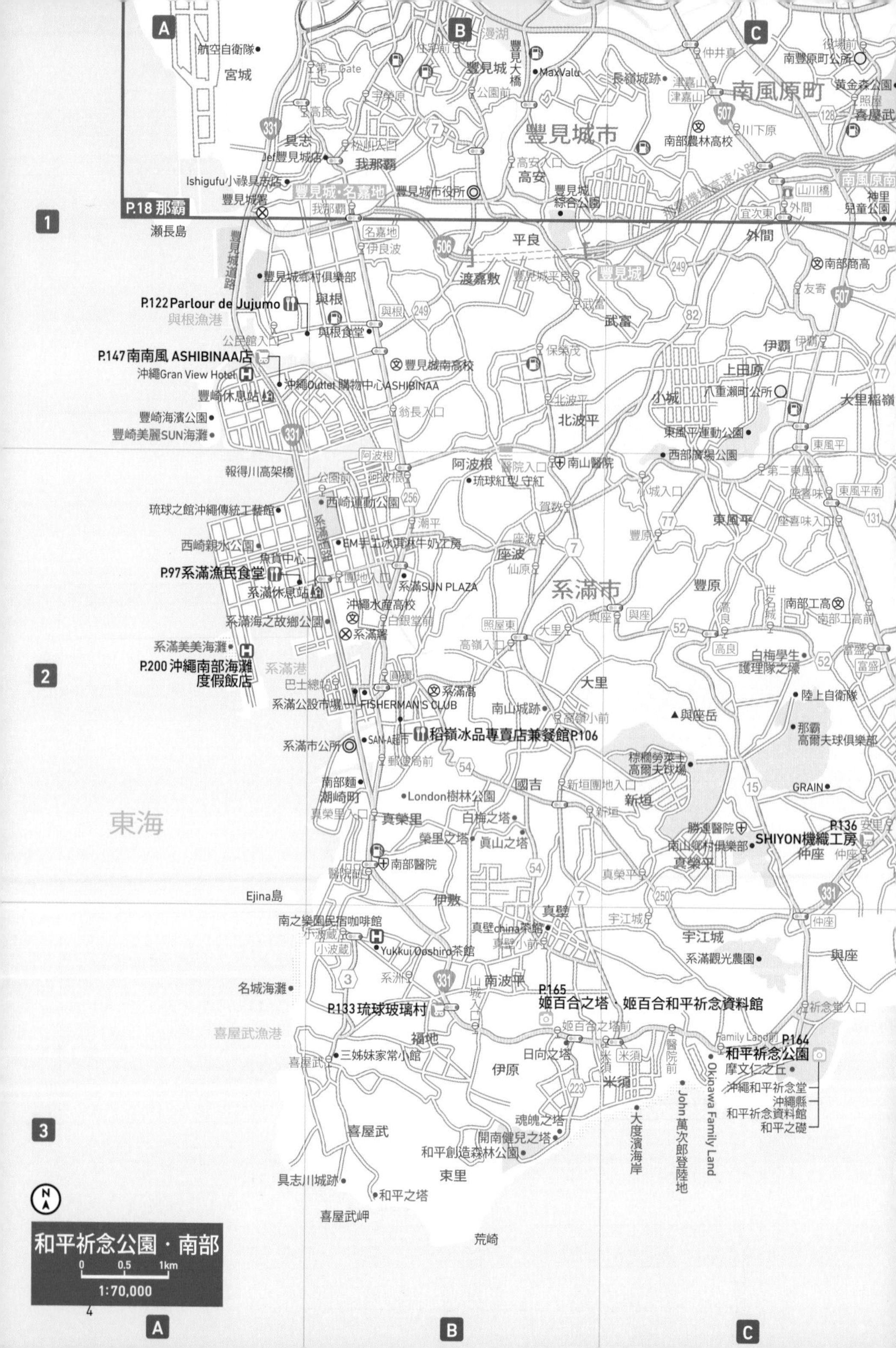

和平祈念公園・南部
0 0.5 1km
1:70,000
A
B
C
1
2
3
P.18 那霸
航空自衛隊
宮城
瀨長島
豐見城署
Ishigufu小祿具店
Jef豐見城店
具志
我那霸
豐見城・名嘉地
豐見城市役所
豐見城
豐見大橋
MaxValu
漫湖
第二Gate
宇榮原
高良
松川入口
公園前
豐見城市
高安
高安入口
豐見城綜合公園
長嶺城跡
津嘉山
仲井真
南部農林高校
川下原
南風原町
南豐原町公所
黃金森公園
喜屋武
照屋
南風原南
山川橋
外間
神里
兒童公園
宜次東
那霸機場高速公路
平良
名嘉地
伊良波
渡嘉敷
豐見城平良
豐見城
南部商高
友寄
武富
豐見城鄉村俱樂部
與根
與根漁港
P.122 Parlour de Jujumo
與根食堂
公民館入口
P.147 南南風 ASHIBINAA店
沖繩Gran View Hotel
沖繩Outlet購物中心ASHIBINAA
豐崎休息站
豐崎海濱公園
豐崎美麗SUN海灘
豐見城南高校
翁長入口
保榮茂
北波平
伊覇
上田原
八重瀨町公所
小城
大里稻嶺
東風平運動公園
西部廣場公園
東風平
第二東風平
座喜味
東風平南
座喜味入口
東風平
阿波根
南山醫院
琉球紅型 守紅
小城入口
報得川高架橋
公園前
西崎運動公園
琉球之館沖繩傳統工藝館
系滿道路
潮平
賀數
座波
仙原
豐原
西崎親水公園
EM手工冰淇淋牛奶工房
魚貨中心
P.97 系滿漁民食堂
系滿休息站
團地入口
系滿SUN PLAZA
沖繩水產高校
白銀堂前
系滿海之故鄉公園
系滿署
系滿市
照屋東
與座
大里
高嶺入口
高良
世名城
南部工高
南部工高前
白梅學生護理隊之塔
富盛
系滿美美海灘
P.200 沖繩南部海灘度假飯店
系滿港
巴士總站
系滿公設市場
FISHERMAN'S CLUB
系滿高
南山城跡
高嶺小前
與座岳
陸上自衛隊
那霸高爾夫球俱樂部
系滿市公所
SAN-A超市
稻嶺冰品專賣店兼餐館 P.106
郵便局前
棕櫚夢莱士高爾夫球場
國吉
新垣團地入口
新垣
GRAIN
南部麵
潮崎町
London樹林公園
真榮里入口
真榮里
白梅之塔
東海
榮里之塔
真山之塔
勝連醫院
南山鄉村俱樂部
真榮平
P.136 SHIYON機織工房
仲座
安里
南部醫院
醫院前
伊敷
真榮平
Ejina島
真壁
宇江城
南之樂園民宿咖啡館
小波藏
Yukkui Ooshiro茶館
真壁china茶館
真壁小前
宇江城
系滿觀光農園
與座
系洲
南波平
山城入口
名城海灘
P.165
姬百合之塔・姬百合和平祈念資料館
姬百合之塔前
祈念堂入口
P.133 琉球玻璃村
福地
喜屋武漁港
Family Land前
P.164
和平祈念公園
摩文仁之丘
沖繩和平祈念堂
沖繩縣和平祈念資料館
和平之礎
喜屋武
三姊妹家常小館
日向之塔
米須
醫院前
伊原
米須
魂魄之塔
大度濱海岸
John 萬次郎登陸地
Okinawa Family Land
開南健兒之塔
和平創造森林公園
喜屋武
束里
具志川城跡
和平之塔
喜屋武岬
荒崎

南城市
八重瀬町
太平洋
佐敷津波古
大里仲間
玉城愛地
P.136 TIDAMOON長山紅型
P.166 Cafe Curcuma
風樹咖啡館 P.166
Cafe Yabusachi P.166
百名海灘 P.167
Kalika食堂 P.111
新原海灘 P.29,167
新原海底觀光中心
P.110 濱邊茶屋
奥武島 P.167
中本天婦羅店 P.167
P.193 海坐
P.65 CAVE CAFE
P.64 甘加拉山谷
沖繩世界 P.76
玉泉洞
35COFFEE
屋宜家沖繩麵和茶館 P.87,91,107
南城Yuinchi飯店
南城市公所
The Southern Links Resort
The Southern Links 高爾夫俱樂部
慶座斷崖
知念城跡
知念漁港
具志堅漁港
志喜屋漁港
Adochi島
守禮鄉村俱樂部
Bonoho器皿咖啡館
須久名山
英魂之塔
知名崎
玉城城跡
垣花城跡
Minton城跡
縣立玉城少年自然之家
山之茶屋 樂水
Café Bean's
受水走水
花野果村
奥武海灘
具志頭城跡
金楚糕本舖
新垣菓子店
玉城分店
vegetarica
琉球高爾夫俱樂部
COCOCO工作室+商店
木彫屋
THE BIG Express超市
大里內原公園
富祖崎公園
市立新開球場
燈 Lampada
航空自衛隊
Charlie餐廳
和魂乃塔
下圖 齋場御嶽
安座真
sansan海灘
安座真城跡
齋場御嶽
知念吉富
知念岬公園
知念岬
齋場御嶽
0 250 500m
1:30,000
安座真港
知念安座真
Azama Sanso海灘入口
與那原町
安座真sansan海灘
安座真月光露臺飯店
知念海洋休閒中心
安座真城跡
海洋休閒中心前
南城市
P.63,66 齋場御嶽
知念久手堅
Roaster Cafe JYO GOO.
知念圖書館前
南城Ganju休息站
知念郵局
南城市地區物產館
P.43 Island Aroma OKINAWA
知念吉富
知念體育館
彼岸橋 P.40
森林露台咖啡館
知念岬公園
知念岬
知念團地前
知念知念
系滿市
P.3 沖繩全圖
P.16 邊戶岬
國頭村
P.12 名護
本部町
名護市
P.10 西海岸度假區
P.14 山原
恩納村
P.8 宜野灣
讀谷村
宇流麻市
北谷町
浦添市
那霸市
那霸機場
P.6 那霸機場
系滿市
P.4 和平祈念公園

A
B
C
1
2
3
P.3 沖繩全圖
P.16 邊戶岬
國頭村
P.12 名護
本部町
名護市
P.10 西海岸度假區
P.14 山原
恩納村
P.8 宜野灣
讀谷村
宇流麻市
北谷町
浦添市
那覇市
那覇機場
P.6 那覇機場
系滿市
P.4 和平祈念公園
東海
空壽崎
牧港灣
宜野灣月亮海洋公寓式飯店
P.75 BLUE SEAL冰淇淋樂園
P.109 BLUE SEAL冰淇淋牧港總店
港川
右圖
A&W 牧港店 P.104
牧港
仲西
第二城間
城間
P.87高江洲麵店
屋富祖
山原船大眾居酒屋
浦添大公園
仲間
浦添運動公園
PUKAPUKAPU-KA加工食品店
西洲
美軍設施
浦添市
沖繩國立劇場
縣立中央批發市場
feliz
宮城
浦添市公所
勢理客
壽味食堂
新港碼頭旅客候船處
經塚之碑
P.18 那覇
A-Line Ferry
Marix Line
內間西公園
前田
安謝
天久
那覇新港
平安醫院前
那覇市
古島
古島交流道
首里大名町
YUI RAIL
2019年開業預定
SanA那覇Main Place店
泊港
那覇港
若狹
末吉公園
首里石嶺町
日航飯店那覇Grand Castle
P.20 國際通
崇元寺
安里一區
大道
P.23 首里
首里
座間味村營渡輪
渡嘉敷村營渡輪
粟國村營渡輪
久米商船
那覇海濱飯店
東京第一飯店那覇城市度假村
沖繩太平洋飯店
縣政府前
安里
那覇JAL CITY飯店
首里城公園
首里金城町
那覇LOISIR SPA TOWER
那覇機場
沖繩縣政府
旭橋
那覇港輪航站大樓
壺屋
新川
國際線旅客航廈
國內線旅客航廈
陸上自衛隊
全日空沖繩港景皇冠假日飯店
樋川
寄宮
公園前
奧武山公園
識名
識名園
那覇機場
漫湖公園
沖繩大
兼城
大嶺崎
赤嶺
小祿
海上自衛隊
國場
豐見大橋
印刷團地前
航空自衛隊
宮城
豐見城
MaxValu
長嶺城跡
南風原町公所
黃金森公園
南風原町
南部農林高
豐見城市
具志
我那覇
Jef豐見城店
Ishigufu小祿具志店
豐見城·名嘉地
豐見城市公所
高安
南風原南
瀨長島
豐見城署
豐見城綜合公園
神里兒童公園
MaxValu
平良
外間
南部商高
豐見城鄉村俱樂部
渡嘉敷
豐見城
風庵
與根
伊覇
與根漁港
與根食堂
淡水沖繩麵
武富
上田原
豐見城南高
沖繩Gran View Hotel
豐崎休息站
北波平
小城
東風平運動公園
阿波根
系滿市
東風平
具志頭

那霸機場・那霸周邊
0 0.5 1km
1:70,000
讀谷
宜野灣署
真志喜
美軍設施
普天間機場
時尚糖果宜野灣本店
Jimmy's大山店
P.153
宜野灣
宜野灣市
〔SO〕雜貨屋P.171
Kotori
烘焙點心店
沖繩國際大
mofgmona no zakka P.141,171
mofgmona
Pippi 螺旋麵包和三明治店
宗像堂P.126
真榮原
染千花紅型研究所
廣榮
西原
美國總領事館
浦添陵墓
志真志
琉大北口
醫院前
琉球大學
南上原
中城村
棚原
醫学部附属醫院
前田入口
西原入口
短大入口
上原
西原Green Center
掛保久
大典寺阿弥陀堂前
北濱
伊集
和宇慶
琉大東口
津覇
下翁長
呉屋
幸地
西原中前
內間
西原町
小那覇
第一小那覇
西原Jct
安室
西原町公所
池田
兼久
沖繩鄉村俱樂部
與那原
我謝入口
西原海濱公園
西原閃亮海灘
中城灣
宮城
與那原町
沖繩女子短大
AEON
與那覇
東濱
輕便與那原車站
資料展示館
與那原町公所
板良敷
大里內原公園
島袋
當添漁港
當添
THE BIG Express超市
南風原
古堅入口
西原入口
津波古
佐敷津波古
馬天港
大里仲間
當間
平良
真境名
馬天營業所
新開
市立新開球場
老人福祉中心入口
富祖崎公園
第二團地前
新里
平川
稲福
稲嶺十字路
大里勞工
體育中心
南城市
大里稲嶺
目取真
南城Yuinchi飯店
南城市公所
休閒中心入口
大城入口
大城
佐敷小前
Moon Terrace Café
航空自衛隊
湧稲國
玉城愛地
垣花樋川
和平祈念公園
後原
北中城IC
上原
中城PA
新垣
北上原
Ocean Castle
鄉村俱樂部
北中城
中城小前
添石
陶房 火風水
役場前
中城村公所
當間
Petit Sweet西點工房
Churuge Soba沖繩麵專賣店
安里
吉之浦公園
第1南上原
奥間
南上原
太平洋
港川外國人住宅區周邊
0 100 200m
1:12,000
浦添市
牧港
Pharaoh
Yamada電機
Netz Toyota
P.33
Gum～我們的夢想～
Kafuwa浦添 P.197
Avail
港川
teianda
琉球拉麵、
香料咖哩 P.168
Cafe Restaurant La Vita
Honda
OKINAWA CERRADO
COFFEE Beans Store
Limpid
nail & hair 081
港川(2)
金秀商事
P.169 藤井服飾店
PORTRIVER
MARKET P.169
城間
COCOROAR CAFE
日產
ippe coppe P.127
P.168 [oHacorté]港川總店
Niwatori咖啡館
港川中
海野入口
海野
板馬
知名崎
久原
須久名山
英魂之塔
知名
仲伊保
守禮鄉村俱樂部
屋比久
手登根
第二手登根
佐敷
P.5 齋場御嶽
知念海洋
休閒中心
安座真城跡
齋場御嶽
知念小前
知念吉富
知念岬公園
知念團地前
知念岬
薑黃花咖啡館
知念
知念城跡
西白代

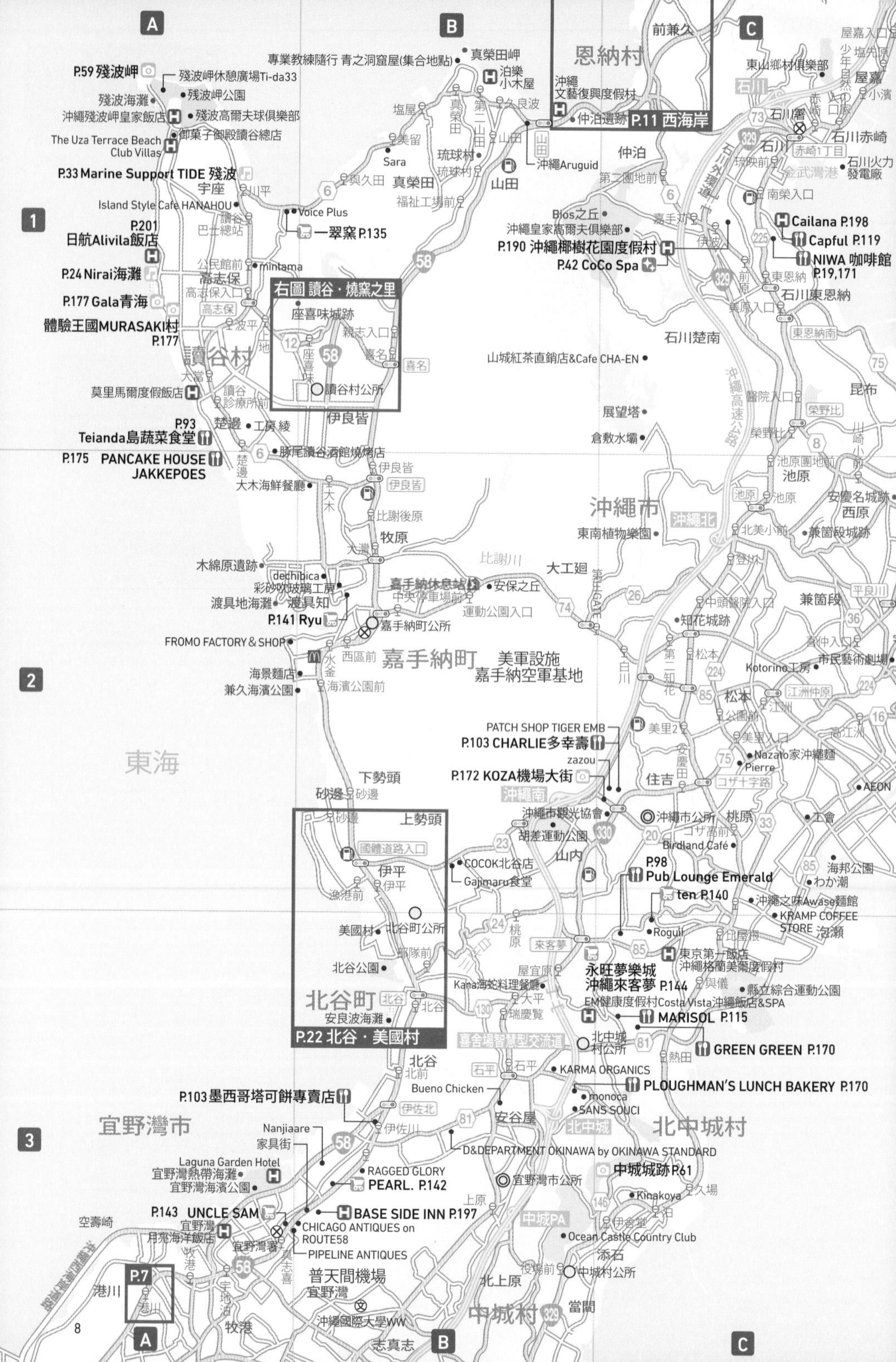
A
B
C
1
2
3
專業教練隨行 青之洞窟屋(集合地點)
真榮田岬
前兼久
恩納村
沖繩文藝復興度假村
仲泊遺跡
P.11 西海岸
屋嘉入口
塩先原
屋嘉
小濱
東山鄉村俱樂部
石川
石川署
石川赤崎
赤崎1丁目
石川火力發電廠
金武灣港
P.59 殘波岬
殘波岬休憩廣場Ti-da33
殘波岬公園
殘波海灘
沖繩殘波岬皇家飯店
殘波高爾夫球俱樂部
御菓子御殿讀谷總店
The Uza Terrace Beach Club Villas
P.33 Marine Support TIDE 殘波
宇座
川平
Island Style Cafe HANAHOU
泊樂小木屋
久良波
塩屋
美留
Sara
真榮田
山田
琉球村
沖繩Aruguid
仲泊
第二國地前
與久田
福祉工場前
Voice Plus
一翠窯 P.135
Bios之丘
沖繩皇家高爾夫俱樂部
嘉手刈
伊波
P.190 沖繩椰樹花園度假村
P.42 CoCo Spa
Cailana P.198
Capful P.119
NIWA 咖啡館 P.19,171
東恩納
石川東恩納
南榮入口
美原入口
東恩納南
石川楚南
昆布
讀谷
巴士總站
P.201 日航Alivila飯店
P.24 Nirai海灘
mintama
公民館前
高志保
高志保入口
P.177 Gala青海
體驗王國MURASAKI村 P.177
波平
右圖 讀谷・燒窯之里
座喜味城跡
親志入口
喜名
讀谷村公所
讀谷村
大當
莫里馬爾度假飯店
讀谷診療所前
伊良皆
山城紅茶直銷店&Cafe CHA-EN
醫院入口
展望塔
倉敷水壩
榮野比
川崎
池原團地前
池原
安慶名城跡
西原
兼箇段城跡
北美小前
P.93 Teianda島蔬菜食堂
楚邊
工房 綾
豚尾讀谷酒館燒烤店
P.175 PANCAKE HOUSE JAKKEPOES
大木海鮮餐廳
大木
比謝後原
牧原
沖繩市
沖繩北
東南植物樂園
比謝川
大工廻
木綿原遺跡
大灣
dechibica
彩砂吹玻璃工房
渡具地海灘
渡具知
嘉手納休息站
中央停車場前
安保之丘
運動公園入口
P.141 Ryu
嘉手納町公所
FROMO FACTORY & SHOP
水釜
西區前
嘉手納町
美軍設施 嘉手納空軍基地
知花城跡
中頭醫院入口
兼箇段
平良川
松本
市民藝術劇場
Kotorino工房
江洲仲原
江洲
海景麵店
兼久海濱公園
海濱公園前
白川
PATCH SHOP TIGER EMB
P.103 CHARLIE多幸壽
zazou
P.172 KOZA機場大街
美里
美里入口
Nazato家沖繩麵
Pierre
AEON
東海
下勢頭
砂邊
住吉
沖繩南
安慶田
コザ十字路
沖繩市觀光協會
胡差運動公園
沖繩市公所
桃原
コザ高前
Birdland Café
工會
上勢頭
國體道路入口
伊平
COCOK北谷店
Gajimaru食堂
山內
P.98 Pub Lounge Emerald
ten P.140
海邦公園
わか潮
沖繩之味Awase麵館
KRAMP COFFEE STORE
泡瀨
漁港前
北谷町公所
美國村
桃原
Roguii
比屋根
部隊前
北谷公園
來客夢
東京第一飯店 沖繩格蘭美爾度假村
屋宜原
永旺夢樂城 沖繩來客夢 P.144
與儀
縣立綜合運動公園
Kana海蛇料理餐廳
大平
北谷町
北谷
安良波海灘
瑞慶覽
EM健康度假村Costa Vista沖繩飯店&SPA
MARISOL P.115
P.22 北谷・美國村
喜舍場智慧型交流道
北中城村公所
GREEN GREEN P.170
熱田
北前
石平
KARMA ORGANICS
Bueno Chicken
PLOUGHMAN'S LUNCH BAKERY P.170
monoca
SANS SOUCI
P.103 墨西哥塔可餅專賣店
伊佐北
伊佐川
安谷屋
北中城
北中城村
宜野灣市
Nanjiaare
家具街
D&DEPARTMENT OKINAWA by OKINAWA STANDARD
Laguna Garden Hotel
宜野灣熱帶海灘
宜野灣海濱公園
RAGGED GLORY
PEARL. P.142
宜野灣市公所
中城城跡 P.61
Kinakoya
久場
P.143 UNCLE SAM
BASE SIDE INN P.197
上原
伊舍堂
空壽崎
宜野灣
月亮海洋飯店
CHICAGO ANTIQUES on ROUTE58
中城PA
Ocean Castle Country Club
宜野灣署
PIPELINE ANTIQUES
添石
牧港
真志喜
普天間機場
宜野灣
役場前
中城村公所
北上原
P.7
港川
宇地泊
沖繩國際大學WW
中城村
當間
牧港
志真志

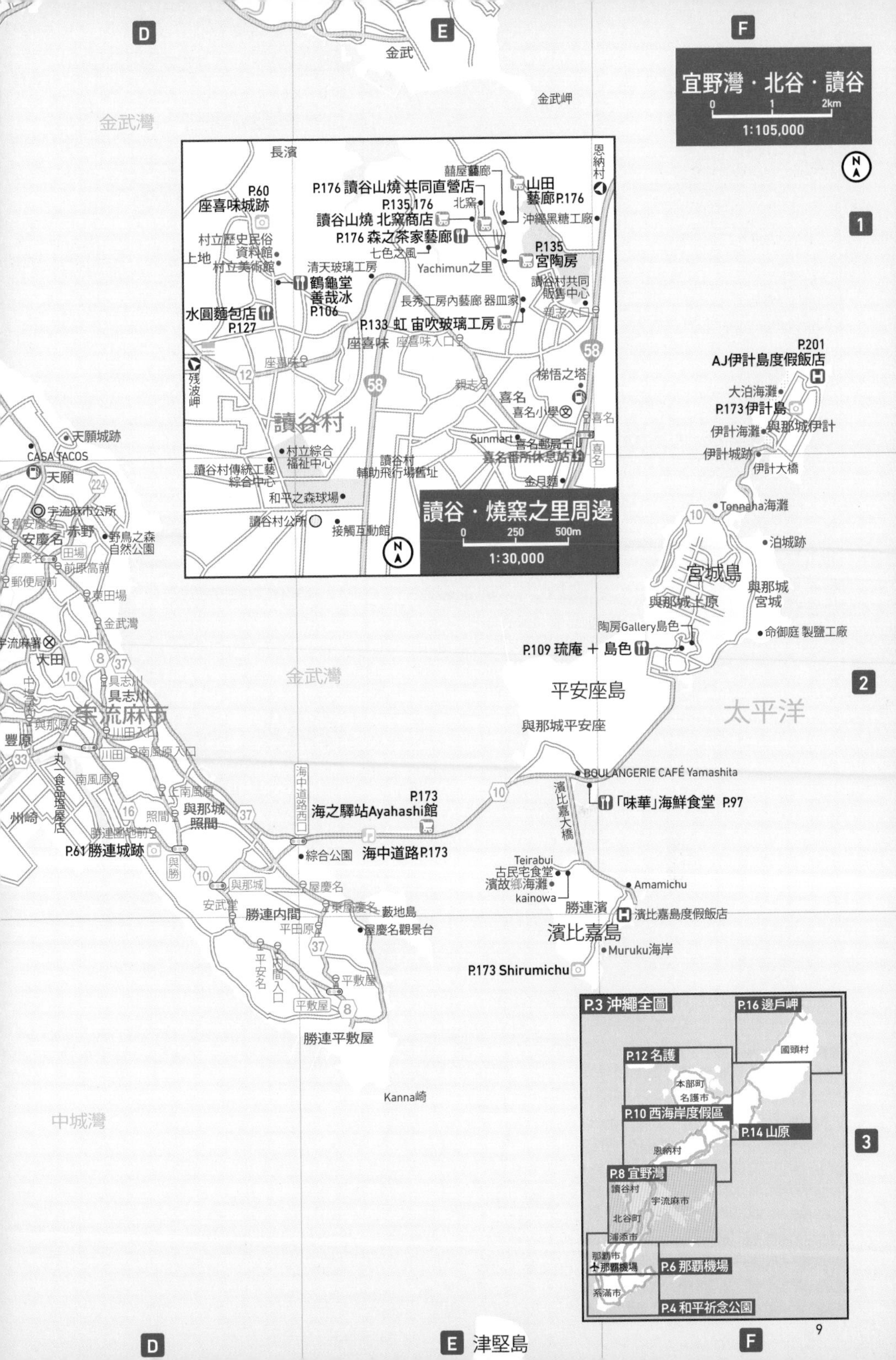

宜野灣・北谷・讀谷
0 1 2km
1:105,000
讀谷・燒窯之里周邊
0 250 500m
1:30,000
P.60 座喜味城跡
P.176 讀谷山燒 共同直營店
P.135,176 讀谷山燒 北窯商店
P.176 森之茶家藝廊
山田藝廊P.176
P.135 宮陶房
鶴龜堂 善哉冰 P.106
水圓麵包店 P.127
P.133 虹 宙吹玻璃工房
讀谷村
喜名番所休息站
AJ伊計島度假飯店 P.201
P.173 伊計島
宮城島
平安座島
P.109 琉庵 + 島色
陶房Gallery島色
「味華」海鮮食堂 P.97
BOULANGERIE CAFÉ Yamashita
海之驛站Ayahashi館 P.173
海中道路P.173
P.61 勝連城跡
濱比嘉島
P.173 Shirumichu
濱比嘉島度假飯店
宇流麻市
金武灣
太平洋
中城灣
津堅島
P.3 沖繩全圖
P.16 邊戶岬
P.12 名護
P.10 西海岸度假區
P.14 山原
P.8 宜野灣
P.6 那覇機場
P.4 和平祈念公園

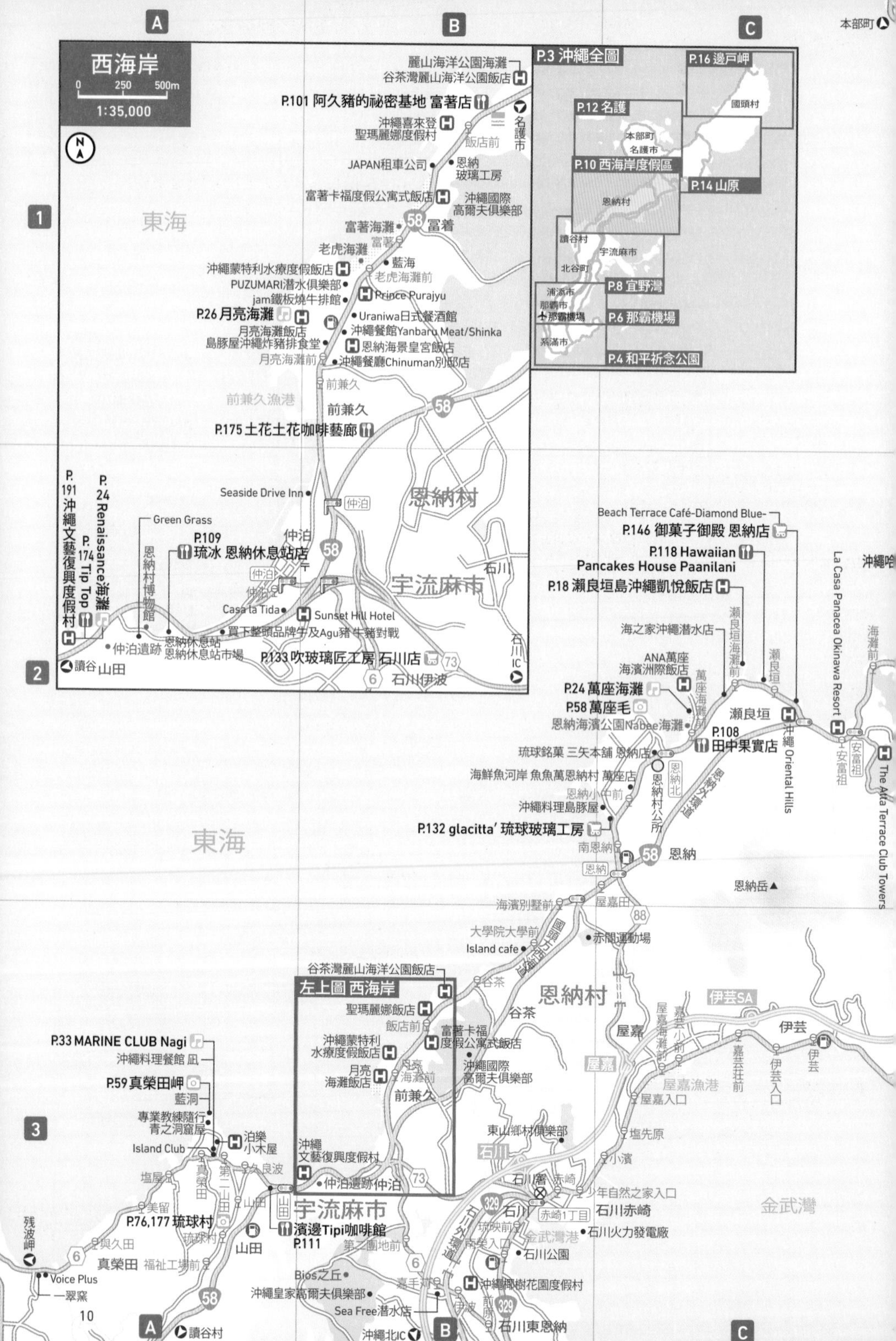

西海岸
0 250 500m
1:35,000
P.3 沖繩全圖
P.16 邊戶岬
P.12 名護
P.10 西海岸度假區
P.14 山原
P.8 宜野灣
P.6 那霸機場
P.4 和平祈念公園
東海
麗山海洋公園海灘
谷茶灣麗山海洋公園飯店
P.101 阿久豬的祕密基地 富著店
沖繩喜來登聖瑪麗娜度假村
JAPAN租車公司
恩納玻璃工房
富著卡福度假公寓式飯店
沖繩國際高爾夫俱樂部
富著海灘
富着
老虎海灘
沖繩蒙特利水療度假飯店
藍海
PUZUMARI潛水俱樂部
jam鐵板燒牛排館
Prince Purajyu
P.26 月亮海灘
月亮海灘飯店
島豚屋沖繩炸豬排食堂
Uraniwa日式餐酒館
沖繩餐館Yanbaru Meat/Shinka
恩納海景皇宮飯店
沖繩餐廳Chinuman別邸店
前兼久漁港
前兼久
P.175 土花土花咖啡藝廊
Seaside Drive Inn
恩納村
P.191 沖繩文藝復興度假村
P.174 Tip Top
P.24 Renaissance海灘
Green Grass
恩納村博物館
P.109 琉冰 恩納休息站店
仲泊
宇流麻市
石川
Casa la Tida
Sunset Hill Hotel
恩納休息站
恩納休息站市場
買下整頭品牌牛及Agu豬 牛豬對戰
仲泊遺跡
P.133 吹玻璃匠工房 石川店
讀谷 山田
石川伊波
石川IC
Beach Terrace Café-Diamond Blue-
P.146 御菓子御殿 恩納店
P.118 Hawaiian Pancakes House Paanilani
P.18 瀨良垣島沖繩凱悅飯店
La Casa Panacea Okinawa Resort
海之家沖繩潛水店
ANA萬座海濱洲際飯店
P.24 萬座海灘
P.58 萬座毛
恩納海濱公園Nabee海灘
瀨良垣
P.108 田中果實店
沖繩Oriental Hills
安富祖
The Atta Terrace Club Towers
琉球銘菓 三矢本舗 恩納店
海鮮魚河岸 魚魚萬恩納村 萬座店
恩納村公所
沖繩料理島豚屋
P.132 glacitta' 琉球玻璃工房
南恩納
恩納
恩納岳
海濱別墅前
屋嘉田
大學院大學前
Island cafe
赤間運動場
谷茶灣麗山海洋公園飯店
左上圖 西海岸
聖瑪麗娜飯店
富著卡福度假公寓式飯店
沖繩蒙特利水療度假飯店
沖繩國際高爾夫俱樂部
月亮海灘飯店
前兼久
谷茶
伊芸SA
伊芸
屋嘉
屋嘉漁港
P.33 MARINE CLUB Nagi
沖繩料理餐館 凪
P.59 真榮田岬
藍洞
專業教練隨行青之洞窟屋
Island Club
泊樂小木屋
沖繩文藝復興度假村
仲泊遺跡
東山鄉村俱樂部
塩先原
小濱
石川署
赤崎
少年自然之家入口
石川赤崎
金武灣
石川火力發電廠
石川公園
P.76,177 琉球村
宇流麻市
濱邊Tipi咖啡館 P.111
山田
真榮田
殘波岬
Voice Plus
一翠窯
Bios之丘
沖繩皇家高爾夫俱樂部
Sea Free潛水店
沖繩椰樹花園度假村
石川東恩納
讀谷村
沖繩北IC

西海岸度假勝地・恩納海岸
1:105,000
名護市
宜野座村
金武町
太平洋
名護灣
大浦灣
P.12 名護
島豆腐和蕎麥麵。真打田仲麵店 P.87
Living Room「Maroad」P.174
P.188 The Busena Terrace
P.59 部瀨名海中公園
P.191 The Terrace Club at Busena
沖繩麗池卡爾頓飯店 P.189
沖繩萬豪度假飯店沖繩
沖繩喜璃癒志海灘度假飯店
P.18 哈利庫拉尼(Halekulani)飯店
恩納Sunset Mall
伽藍萬尺咖啡館 P.93
Live Max Amsterdam Canna Resort Villas
金武新開地 P.172
KING TACOS金武總店 P.102
名護 Resonex 飯店
Hamburger Cafe Captain Kangaroo
彩庵
21世紀之森公園
名護市公所
名護城跡
名護博物館
A&W名護店
名護警察署
名護曲餐廳
滿味島豬肉七輪燒肉店
許田休息站
許田高爾夫球俱樂部
HELIOS酒廠
萬國津梁館 Café Terrace
Busena海灘
喜瀨鄉村俱樂部
使命海灘
沖繩啤酒園
縣民之森
Chura Orchard 高爾夫球俱樂部
大川水壩
鍋川水壩
宜野座水壩
宜野座鄉村俱樂部
Galluvant bakery
國際交流村(休館中)
kino store
宜野座村公所
宜野座休息站
漢那海灘
漢那水壩
金武水壩
億首川的紅樹林
自然未來館
金武町公所
richamocha cafe
龍之藏鐘乳石洞古酒廠
GATE1
金武岬
久志岳高爾夫球俱樂部
觀光鬥牛場
邊野古岳
久志岳
石岳
多野岳
名護岳
轟之滝
Matakina大橋
沖繩高速公路
國頭方西海道
名護東道路
邊野谷外環道

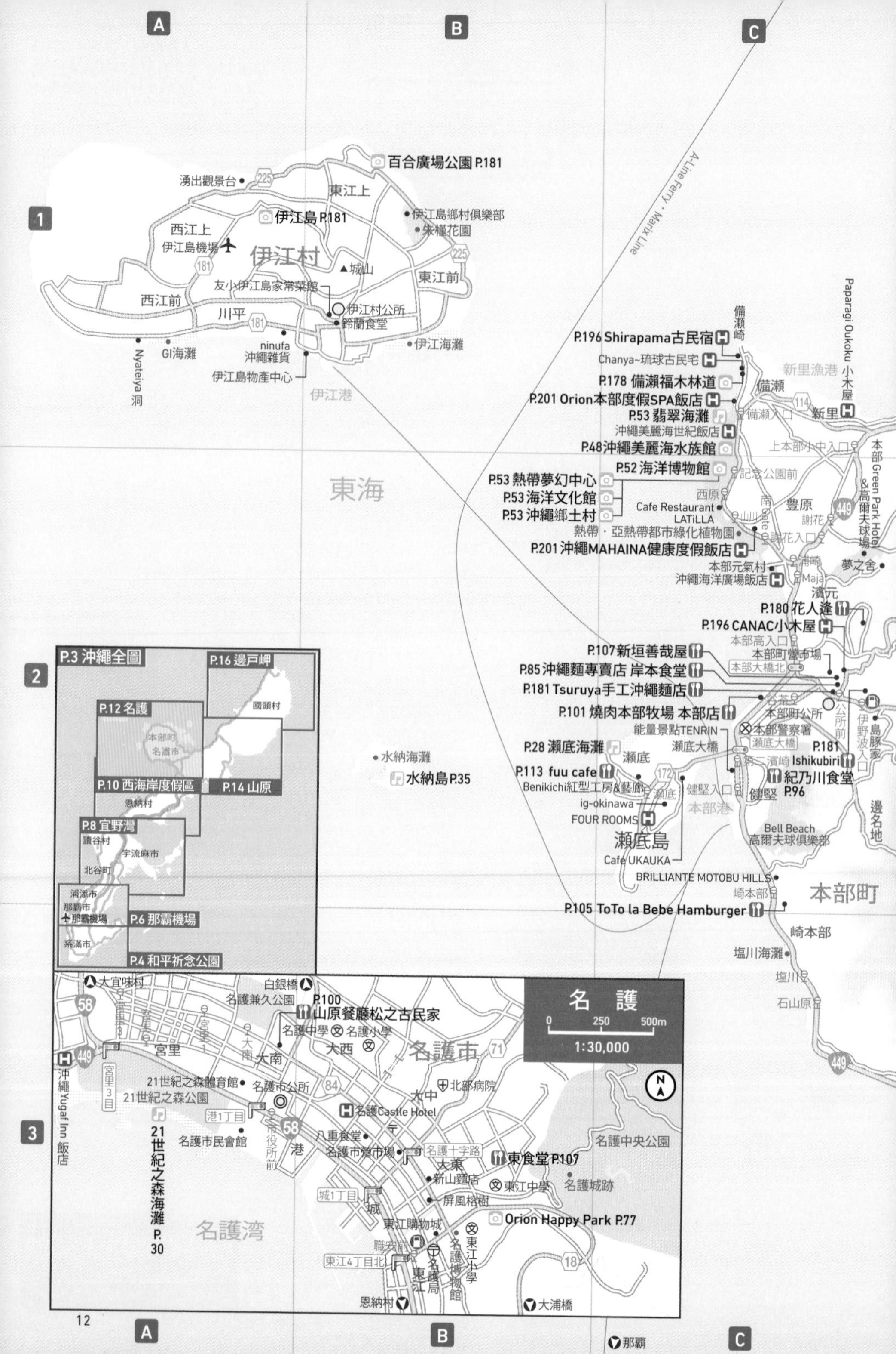

A
B
C
1
2
3
百合廣場公園 P.181
湧出觀景台
東江上
伊江島 P.181
伊江島鄉村俱樂部
朱槿花園
西江上
伊江島機場
伊江村
城山
東江前
友小伊江島家常菜館
伊江村公所
鈴蘭食堂
西江前
川平
GI海灘
ninufa
沖繩雜貨
伊江海灘
伊江島物產中心
Nyateiya洞
伊江港
A-Line Ferry・Marix Line
東海
備瀬崎
P.196 Shirapama古民宿
Chanya~琉球古民宅
P.178 備瀬福木林道
P.201 Orion本部度假SPA飯店
P.53 翡翠海灘
沖繩美麗海世紀飯店
P.48沖繩美麗海水族館
P.52 海洋博物館
P.53 熱帶夢幻中心
P.53 海洋文化館
P.53 沖繩鄉土村
Cafe Restaurant
LATiLLA
熱帶・亞熱帶都市綠化植物園
P.201 沖繩MAHAINA健康度假飯店
本部元氣村
沖繩海洋廣場飯店
新里漁港
備瀬
備瀬入口
新里
Paparagi Oukoku 小木屋
上本部小中入口
記念公園前
西原
豐原
謝花
謝花入口
本部Green Park Hotel&高爾夫球場
夢之舍
濱元
P.180 花人逢
P.196 CANAC小木屋
本部高入口
本部町營市場
本部大橋北
P.107 新垣善哉屋
P.85 沖繩麵專賣店 岸本食堂
P.181 Tsuruya手工沖繩麵店
P.101 燒肉本部牧場 本部店
本部町公所
公所前
本部警察署
能量景點TENRIN
瀬底大橋
P.28 瀬底海灘
瀬底
P.181
Ishikubiri
P.113 fuu cafe
紀乃川食堂
P.96
Benikichi紅型工房&藝廊
健堅入口
健堅
ig-okinawa
FOUR ROOMS
本部港
瀬底島
Cafe UKAUKA
Bell Beach
高爾夫球俱樂部
伊野波入口
島豚家
邊名地
BRILLIANTE MOTOBU HILLS
崎本部
本部町
P.105 ToTo la Bebe Hamburger
崎本部
塩川海灘
塩川
石山原
水納海灘
水納島 P.35
P.3 沖繩全圖
P.16 邊戶岬
國頭村
P.12 名護
本部町
名護市
P.10 西海岸度假區
P.14 山原
恩納村
P.8 宜野灣
讀谷村
宇流麻市
北谷町
浦添市
那霸市
那霸機場
P.6 那霸機場
糸滿市
P.4 和平祈念公園
名護
0 250 500m
1:30,000
大宜味村
白銀橋
名護兼久公園
P.100
山原餐廳松之古民家
名護中學
名護小學
宮里
大南
大西
名護市
沖繩Yugaf Inn飯店
宮里3目
21世紀之森體育館
21世紀之森公園
名護市公所
北部病院
大中
名護Castle Hotel
港1丁目
市役所前
名護市民會館
21世紀之森海灘 P.30
港
八重食堂
名護市營市場
名護十字路
大東
東食堂 P.107
名護中央公園
新山麵店
東江中學
名護城跡
城1丁目
城
屏風榕樹
名護湾
東江購物城
Orion Happy Park P.77
職安前
東江小學
名護博物館
東江4丁目北
名護局
東江
恩納村
大浦橋
那覇

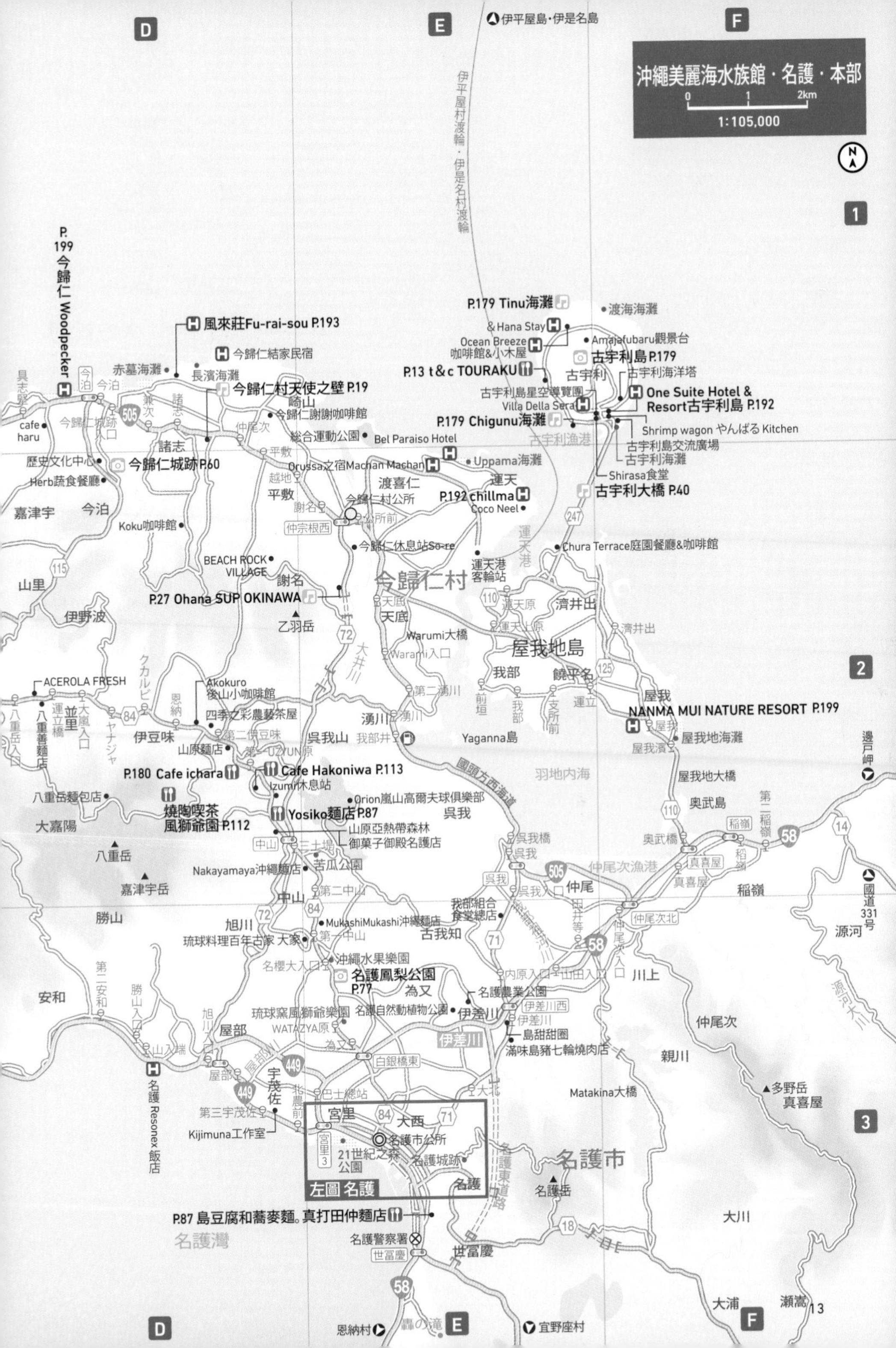
沖繩美麗海水族館・名護・本部
0 1 2km
1:105,000
伊平屋島・伊是名島
伊平屋村渡輪・伊是名村渡輪
P.199 今歸仁 Woodpecker
風來莊Fu-rai-sou P.193
今歸仁結家民宿
赤墓海灘
長濱海灘
今歸仁村天使之壁 P.19
崎山
今歸仁謝謝咖啡館
總合運動公園
今歸仁城跡 P.60
歷史文化中心
Herb蔬食餐廳
cafe haru
嘉津宇
今泊
諸志
Koku咖啡館
BEACH ROCK VILLAGE
P.27 Ohana SUP OKINAWA
乙羽岳
謝名
平敷
渡喜仁
今歸仁村公所
今歸仁休息站So-re
今歸仁村
P.179 Tinu海灘
&Hana Stay
渡海海灘
Ocean Breeze 咖啡館&小木屋
Amajafubaru觀景台
古宇利島 P.179
P.13 t&c TOURAKU
古宇利
古宇利海洋塔
古宇利島星空導覽團
Villa Della Sera
One Suite Hotel & Resort古宇利島 P.192
P.179 Chigunu海灘
Shrimp wagon やんばる Kitchen
古宇利島交流廣場
古宇利海灘
Shirasa食堂
古宇利大橋 P.40
Bel Paraiso Hotel
Orussa之宿Machan Machan
Uppama海灘
運天
P.192 chillma
Coco Neel
運天港 客輪站
Chura Terrace庭園餐廳&咖啡館
濟井出
屋我地島
Warumi大橋
我部
饒平名
運天原
NANMA MUI NATURE RESORT P.199
屋我地海灘
Yaganna島
羽地內海
屋我地大橋
奥武島
山里
伊野波
ACEROLA FRESH
八重善麵店
並里
Akokuro 後山小咖啡館
四季之彩農藝茶屋
伊豆味
山原麵店
P.180 Cafe ichara
Cafe Hakoniwa P.113
Izumi休息站
燒陶喫茶 風獅爺園 P.112
Yosiko麵店 P.87
Orion嵐山高爾夫球俱樂部
山原亞熱帶森林 御菓子御殿名護店
八重岳麵包店
大嘉陽
八重岳
嘉津宇岳
呉我山
湧川
呉我
Nakayamaya沖繩麵店
苦瓜公園
中山
勝山
旭川
琉球料理百年古家 大家
MukashiMukashi沖繩麵店
我部組合食堂總店
古我知
沖繩水果樂園
名護鳳梨公園 P.77
為又
名護農業公園
伊差川
琉球窯風獅爺樂園
名護自然動植物公園
島甜甜圈
滿味島豬七輪燒肉店
仲尾
仲尾次漁港
川上
仲尾次
親川
源河
稻嶺
真喜屋
邊戶岬
國道331號
多野岳
安和
屋部
宇茂佐
名護 Resonex 飯店
Kijimuna工作室
宮里
大西
名護市公所
21世紀之森公園
名護城跡
名護
左圖 名護
名護市
名護岳
Matakina大橋
P.87 島豆腐和蕎麥麵。真打田仲麵店
名護警察署
世冨慶
名護灣
大川
大浦
瀨嵩
恩納村
轟の滝
宜野座村

伊平屋島・伊是名島
A
B
C
邊戸岬
渡海海灘
古宇利島
古宇利
t&c TOURAKU
Villa Della Sera
Tonji海灘
古宇利漁港
古宇利大橋
Uppama海灘
運天
chillma
今歸仁村
運天港
運天港客輪站
運天原
濟井出
屋我地島
我部
饒平名
Warumi大橋
前垣
支所前
運立
屋我
屋我地海灘
屋我浜
Yaganna島
羽地内海
本部町
吳我
吳我橋
仲尾
仲尾次漁港
屋我地大橋
奥武島
奥武橋
稲嶺
真喜屋
仲尾次北
伊差川
内原入口
山田入口
伊差川西
羽地水壩
川上
名護市街
大北
名護東道路
P.12 名護
名護
名護岳
世冨慶
Matakina大橋
親川
仲尾次
名護市
東海
源河
國頭方西海道
後原
沖繩Fine Fruit
山原牧場
宇橋山
源河大川
多野岳
真喜屋
一座山
大川
三原
大浦
瀬嵩
汀間
久志中前
第二汀間
Michegachi
卡努佳高爾夫球場
卡努佳度假村
P.25 卡努佳海灘
安部
上原
藤崎紅型工房
大浦灣
安部崎
Gimme崎
Abuoru島
嘉陽
嘉陽海灘
Ban崎
Wansaka Oura Park
二見
杉平
二見入口
觀光門牛場
邊野古岳
邊野古水壩
第二Gate
第二邊野谷
邊野古外環道
邊野谷
Shuwapu營
P.184 喜如嘉聚落
大宜味村立芭蕉布會館
小春屋
大宜味村公所
笑味之店 P.92
根路銘
大宜味休息站
P.186 Gajimanro
安根
饒波
Nekumachiji岳
大宜味
塩屋
塩屋富士
塩屋入口
屋古
大宜味村
塩屋橋
宮城島
宮城
白浜入口
宮城橋
塩屋灣
押川
田港
津波小前
田村窯
白浜
第二津波
第一津波
前田食堂
大保大川
大保水壩
NPO法人大宜味全方位旅遊協會
Ta瀑布步道
大宜味農園
第三宇出那覇
平良
宇出那覇
津波
山原農場
P.201 CANAAN SLOW FARM café & eco stay
平南川
津波山
慶佐次
慶佐次川
森林貓頭鷹小館
伊是名
MATAYOSHI COFFEE FARM
東村紅樹林交流公園
慶佐次大橋
有銘
有銘川
Sun Rising Petit Hotel
Cottage Tingara
P.37 山原俱樂部
有津
有津川
天仁屋
天仁屋入口
底仁屋

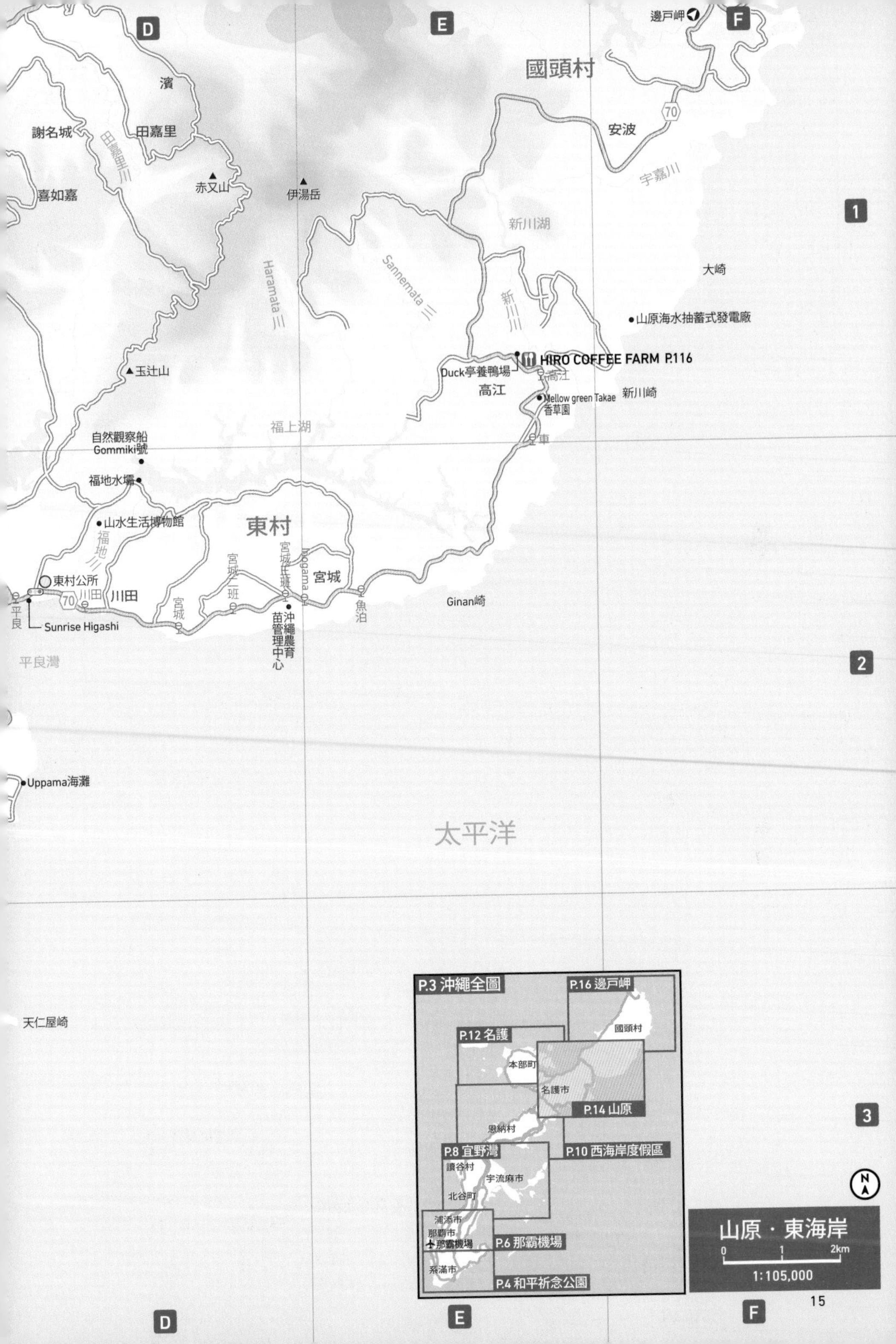

邊戶岬
國頭村
濱
謝名城
田嘉里
田嘉里川
赤又山
伊湯岳
喜如嘉
安波
宇嘉川
新川湖
Haramata川
Sannemata川
新川
大崎
山原海水抽蓄式發電廠
HIRO COFFEE FARM P.116
Duck亭養鴨場
高江
新川崎
Mellow green Takae
香草園
玉辻山
福上湖
自然觀察船
Gommiki號
福地水壩
山水生活博物館
東村
福地川
東村公所
川田
宮城
宮城二班
宮城一班
Iogama
沖繩農業管理中心
魚泊
Ginan崎
平良
Sunrise Higashi
平良灣
Uppama海灘
太平洋
天仁屋崎
P.3 沖繩全圖
P.16 邊戶岬
P.12 名護
國頭村
本部町
名護市
P.14 山原
恩納村
P.10 西海岸度假區
P.8 宜野灣
讀谷村
宇流麻市
北谷町
浦添市
那覇市
那霸機場
P.6 那霸機場
系滿市
P.4 和平祈念公園
山原・東海岸
0 1 2km
1:105,000

A
B
C
1
2
3
P.3 沖繩全圖
P.16 邊戶岬
國頭村
P.12 名護
本部町
名護市
P.10 西海岸度假區
P.14 山原
恩納村
P.8 宜野灣
讀谷村
宇流麻市
北谷町
浦添市
那霸市
那霸機場
P.6 那霸機場
系滿市
P.4 和平祈念公園
東海
宇嘉
宇嘉
邊野喜
佐手
佐手
謝敷
國頭大通海道
謝敷
與那
新與那隧道
與那川
2
伊地
伊地
與那
宇良
Kijimunaa遊山玩水活動館
巴士總站
波止場食堂
邊土名北
國頭村公所
Miyashiro Hotel
赤丸岬
上島入口
邊土名
Beach café OASIS
九重葛
Kuina餐廳
P.185
P.201 JAL 奧間私人度假村
P.186
國頭村森林公園
奧間
P.25 奧間海灘
Yuiyui國頭休息站 P.185
海灘入口
奧間
鏡池shinama公園
Kuina Eco運動公園
山原野生生物保護中心
UFUGI自然館
比地橋
Kunjan麵店
半地共同店前
半地
奧間
與那霸岳登山道
P.186
奧間川
比地川
田嘉里入口
濱
58
與那霸岳
大宜味村
P.183 比地大瀑布
與那霸岳天然保護地區
第一喜如嘉
長尾橋(大國林道)
喜如嘉聚落
大宜味村立芭蕉布會館
濱
小春屋
村公所前
大宜味村公所
笑味之店
謝名城
田嘉里
高江
根路銘
喜如嘉
赤又山
伊湯岳

OKUMA海灘・邊戶岬
0 1 2km
1:105,000
邊戶岬koyo小吃店
邊戶岬 P.184
邊戶岬
宇佐濱遺跡
北國小學校
沖繩秧雞觀景台
Ashimui咖啡館
大石林山 P.182
宜名真隧道
邊戶
邊戶
邊戶御嶽
世皮崎
茅打斷崖 P.184
宜名真漁港
宜名真
宜名真神社
宜名真
奧
奧港
海山木民宿
奧
奧山原之里
58
Utenda隧道
宜名真水壩
70
奧川
尾西岳
赤崎
西銘岳
水母咖啡館
楚洲
伊江川
邊野喜
邊野喜水壩
伊集之湖
太平洋
70
我地
國頭村
佐手川
我地川
照首山
伊部岳
安田
伊部
Fuenchiji岳
Takashiji山
沖繩安田花園飯店
Funga湖
2
安田
安田島
山原生態旅遊研究所
P.185
沖繩秧雞生態展示學習設施「秧雞之森」
安田漁港
普久川水壩
普久川
Ishikina崎
大川
奎納湖
東洋果園
Katsuseno崎
安波
安波
70
安波千年銀杏樹
P.186 山原學習之森
安波水壩
床川
宇嘉川
東村
D E F
1 2 3

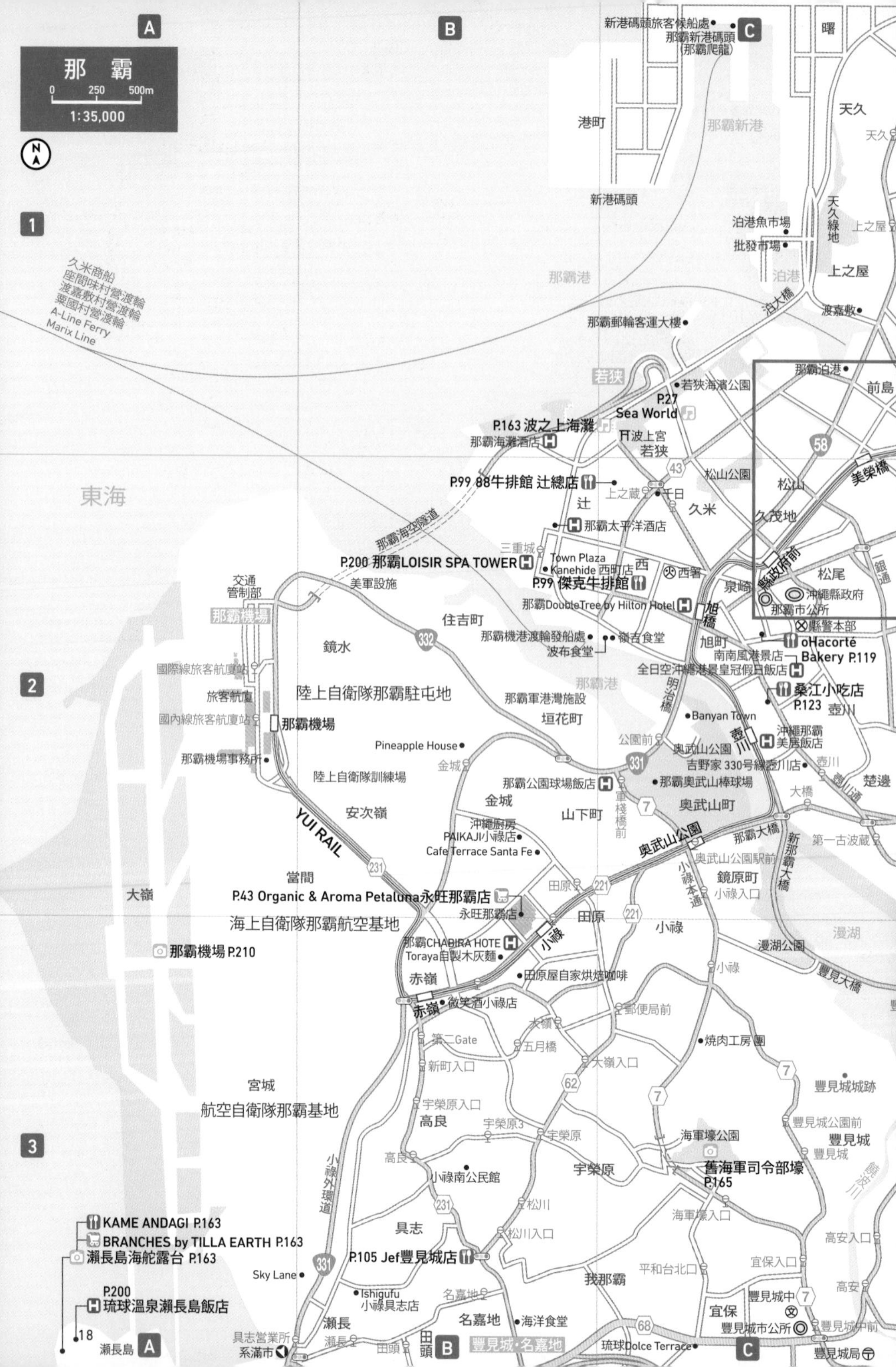

那霸
0 250 500m
1:35,000
東海
港町
那霸新港
新港碼頭
新港碼頭旅客候船處
那霸新港碼頭
(那霸爬龍)
泊港魚市場
批發市場
泊港
泊大橋
上之屋
天久
天久綠地
渡嘉敷
那霸港
久米商船
座間味村營渡輪
渡嘉敷村營渡輪
粟國村營渡輪
A-Line Ferry
Marix Line
那霸郵輪客運大樓
若狹
若狹海濱公園
P.27
Sea World
P.163 波之上海灘
那霸海灘酒店
波上宮
松山公園
P.99 88牛排館 辻總店
辻
久米
千日
那霸太平洋酒店
那霸海空隧道
P.200 那霸LOISIR SPA TOWER
Town Plaza
Kanehide 西町店
P.99 傑克牛排館
西署
那霸DoubleTree by Hilton Hotel
那霸泊港
前島
美榮橋
松山
久茂地
縣政府前
松尾
沖繩縣政府
那霸市公所
縣警本部
泉崎
旭橋
旭町
oHacorté Bakery P.119
南南風港景店
全日空沖繩港景皇冠假日飯店
桑江小吃店 P.123
壺川
交通管制部
那霸機場
美軍設施
住吉町
鏡水
那霸機港渡輪發船處
嶺吉食堂
波布食堂
國際線旅客航廈站
旅客航廈
國內線旅客航廈站
陸上自衛隊那霸駐屯地
那霸軍港灣施設
垣花町
明治橋
Banyan Town
沖繩那霸美居飯店
那霸機場事務所
Pineapple House
陸上自衛隊訓練場
奧武山公園
吉野家 330号線壺川店
那霸公園球場飯店
那霸奧武山棒球場
奧武山町
金城
山下町
楚邊
大橋
安次嶺
YUI RAIL
沖繩廚房 PAIKAJI小祿店
Cafe Terrace Santa Fe
奧武山公園
那霸大橋
新那霸大橋
第一古波藏
奧武山公園駅前
當間
鏡原町
大嶺
P.43 Organic & Aroma Petaluna永旺那霸店
永旺那霸店
田原
小祿本通
小祿入口
海上自衛隊那霸航空基地
小祿
漫湖
漫湖公園
那霸機場 P.210
那霸CHABIRA HOTEL
Toraya自製木灰麵
赤嶺
田原屋自家烘焙咖啡
豐見大橋
微笑酒小祿店
郵便局前
第二Gate
五月橋
燒肉工房
新町入口
大嶺入口
宮城
航空自衛隊那霸基地
豐見城城跡
宇榮原入口
高良
宇榮原3
宇榮原
豐見城公園前
海軍壕公園
豐見城
小祿外環道
小祿南公民館
舊海軍司令部壕 P.165
KAME ANDAGI P.163
BRANCHES by TILLA EARTH P.163
瀨長島海舵露台 P.163
具志
松川入口
海軍壕入口
高安入口
P.105 Jef豐見城店
宜保入口
Sky Lane
平和台北口
我那霸
P.200
琉球溫泉瀨長島飯店
Ishigufu 小祿具志店
名嘉地
高安
宜保
豐見城中
瀨長
名嘉地
海洋食堂
豐見城市公所
豐見城中前
瀨長島
具志營業所
系滿市
田頭
豐見城・名嘉地
琉球Dolce Terrace
豐見城局

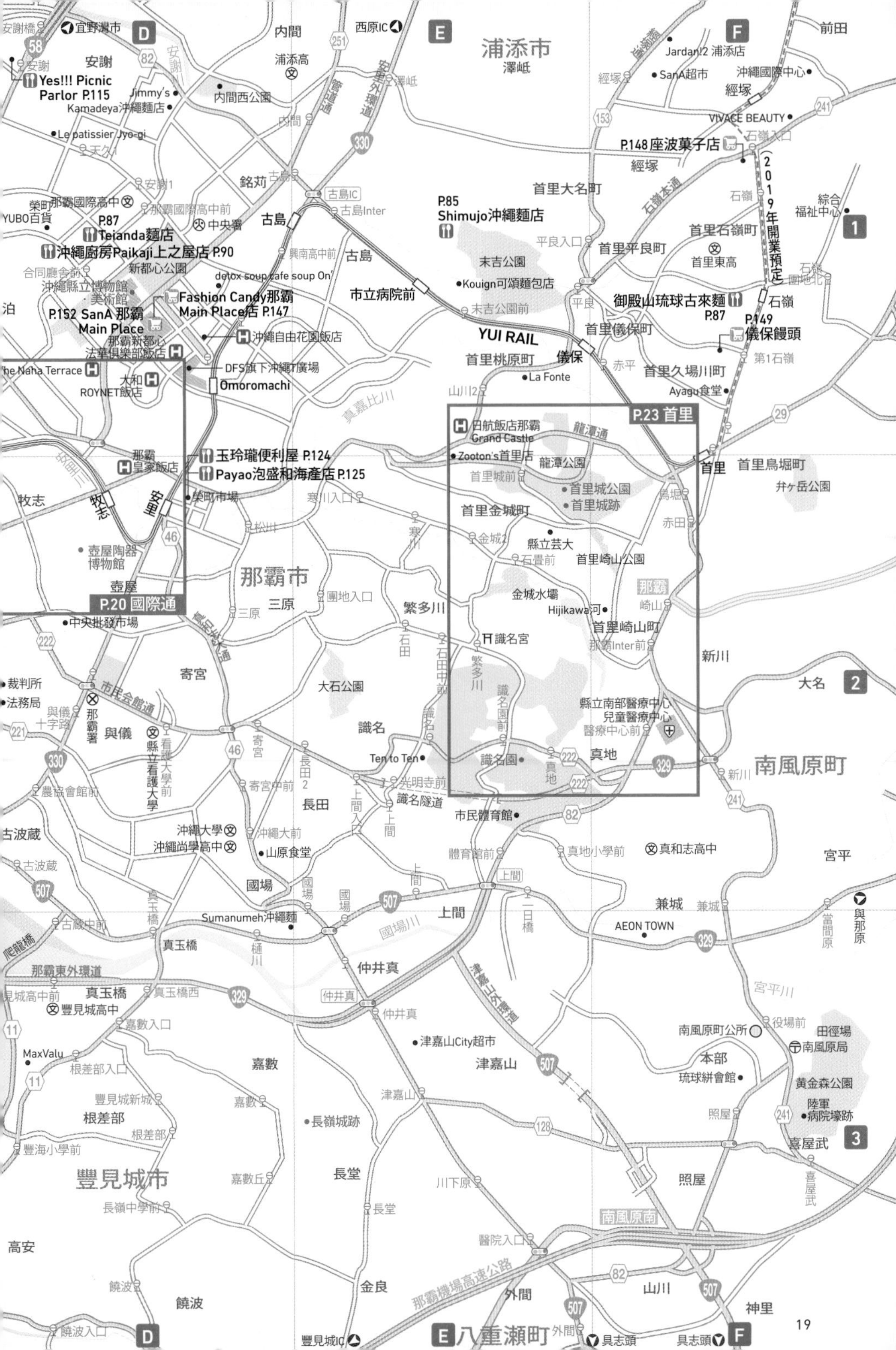
浦添市
澤岻
那霸市
南風原町
豐見城市
八重瀬町
YUI RAIL
P.23 首里
P.20 國際通
Yes!!! Picnic Parlor P.115
P.87 Teianda麵店
沖繩廚房Paikaji上之屋店 P.90
P.152 SanA 那霸 Main Place
Fashion Candy那霸 Main Place店 P.147
P.85 Shimujo沖繩麵店
P.148 座波菓子店
御殿山琉球古來麵 P.87
P.149 儀保饅頭
玉玲瓏便利屋 P.124
Payao泡盛和海產店 P.125
2019年開業預定
Jimmy's
Kamadeya沖繩麵店
Le patissier Jyo-gi
沖繩縣立博物館·美術館
新都心公園
detox soup cafe soup On'
沖繩自由花園飯店
DFS旗下沖繩T廣場
Omoromachi
那霸新都心法華俱樂部飯店
The Naha Terrace
大和ROYNET飯店
那霸皇家飯店
榮町市場
壺屋陶器博物館
中央批發市場
Kouign可頌麵包店
La Fonte
Ayagu食堂
日航飯店那霸Grand Castle
Zooton's首里店
首里城公園
首里城跡
縣立芸大
首里崎山公園
金城水壩
Hijikawa河
識名宮
縣立南部醫療中心 兒童醫療中心
Ten to Ten
市民體育館
山原食堂
Sumanumeh沖繩麵
AEON TOWN
津嘉山City超市
長嶺城跡
南風原町公所
琉球絣會館
黃金森公園
陸軍病院壕跡
MaxValu
Jardan!2 浦添店
SanA超市
沖繩國際中心
VIVACE BEAUTY
綜合福祉中心
那霸機場高速公路
那霸東外環道
19

國際通
0 50 100m
1:6,500
那霸泊港 P.217
沖繩喜璃癒志城市度假飯店
慶良間群島旅遊服務中心
浦添市
県水産会館
Smile Hotel
泊港入口
泊ふ頭
若狭大通
P.87 June八重山麵
若狭(3)
夫婦橋
那霸Resonex Hotel
前島(3)
Aguncha餐館
Route Inn Hotel
時代租車公司
前島(2)
泊(東)
中之橋
那霸中學
若松橋
前島
前島(1)
前島小學
松山(2)
Machinu家
潮渡川
Richmond Hotel
ESTINATE HOTEL
那霸Solvita Hotel
GRG
Cocostore
沖繩海邦
若松入口
涮涮鍋我那霸豬肉店 前島總店
前島橋
美榮橋
YUI RAIL
美榮橋站前
東橫INN
淳久堂書店
松山公園
SHO-CHU BAR 高山 琉球別邸
久茂地(2)
Ryo次居酒屋野狼
THE pedi lounge
月之輪食堂早餐店TENKOMORI
Sammi 牧志店
華燒肉店
APA
松山
P.121 三笠飯館
Tasokare咖啡館
久茂地川
丸玉製菓直營店
Mikado飯館
久茂地橋
一銀通
牧志(1)
綠丘公園
農林中金前
P.162 tuitree
P.55 BLUE SEAL冰淇淋國際通店
潮水旅館
琉球民藝鍵石藝廊牧志店
那霸石薩爾飯店
Suru琉球茶館
流求茶館
Bar土/Gallery土
古酒家總店
JUMBO STEAK HAN'S 本店
沖繩第一飯店 P.195
玄-GeN-炭火燒肉和泡盛
島豚屋蒸食餐廳
那霸JAL CITY HOTEL
P.146 新垣金楚糕本舖 牧志店
公民館前
P.88 Nakamura家
Karakara Tochibugu
P.55 BALL DONUT PARK
球陽館
Sun Palace Hotel
P.103 Tacos-ya
燒肉本部牧場 那霸店
久茂地(3)
Nakaya食堂
P.55 MA-SAN MICHEL
琉銀本店前
美榮橋公園
松尾
久茂地(1)
御成橋
P.54 Zooton's
MAX
P.55 Okinawan Resort Ti-da Beach
La Cucina SOAP BOUTIQUE P.43
沖繩
P.120 Manjumai 家常小館
P.89 Yunangi
壺川站
甲辰橋
縣政府前
Palette Kamoji前
沖銀本店前
國際通
那霸Gracery Hotel
P.137 MIMURI
KUKURU 島結店
Splash Okinawa 2號店 P.54
P.160 SHE used& vintage clothing
浮島花園
Palette久茂地 市民劇場
瑞穗銀行
Umichurara P.159
P.149 謝花橘餅店
WASHITA SHOP國際通總店 P.150
縣政府北口
御菓子御殿國際通松尾店 P.54
那霸Rocore Hotel
松尾(2)
議會棟
縣政府前
Yone屋
松尾(1)
那霸市公所
沖縄縣政府
松尾公園
那霸高中

D
E
F
P.200 The Naha Terrace
歌町車站
第一牧志公設市場 P.78
平田醬菜店 P.79
H&B義式冰淇淋店 沖繩牧志店 P.79
Kiraku P.79
Gaiju堂 P.79
小嶺咖啡站 P.79
與那嶺鮮魚店 P.79
P.145 DFS旗下沖繩T廣場
大和ROYNET飯店
市上下水道局
安里綠地
琉球
那霸市
泊(1)
系數醫院
安里八幡宮
沖繩
安里
安里(3)
崇元寺公園
崇元寺石門
Village Market
Sun Plaza Hotel
崇元寺東
崇元寺橋
仲良橋
安里1丁目
大道中央醫院
牧志(2)
嘟嘟車(TukTuk)租借處
那霸國際通店 P.57
MaxValu
TerraFirma民宿
安里三差路
安里(1)
BOURBON CLUB
那霸皇家飯店
安里一區
那霸
CENTRAL HOTEL
海洋飯店
Calbee+沖繩國際通店 P.56
KUKURU那霸店 P.137
國際通
Sun Queen Hotel
安里十字路
牧志公園前
P.57 RENEMIA
牧志公園
大和ROYNET飯店 那霸國際通
安里(2)
P.57 海想國際通店
Saion Square
P.89
村咲麵 From TOKASHIKI P.159
蔡温橋
Urizun泡盛和琉球料理
P.56 久高民藝店
島酒和酒餚 P.159
南西觀光
琉球美妝店
MAXI MARKET
安里站前
牧志
牧志站前
P.56 A&W 國際通 牧志店
國際通屋台村 P.159
小櫻
壺屋小學
P.125 美咲山羊料理店
那霸皇家棕櫚飯店 P.200
RYUBO百貨
榮町
AZAT HOTEL
安里站前
那霸TENBUSU P.158
むつみ橋
Shop Naha P.57
Tenbusu館
YUI RAIL
唐吉訶德
那霸市旅遊服務中心 P.47
現烤起司塔專賣店 PABLO沖繩國際通店 P.56
奧原玻璃製造所 P.158
那霸市傳統工藝館 P.158
牧志(3)
豬肉蛋飯糰總店 P.121
C&C BREAKFAST OKINAWA P.118
松原屋製菓 P.154
Okinawa Grocery P.155
花笠食堂 P.121
珊瑚座廚房 P.161
姬百合橋
公設市場雜貨部
櫻坂劇場 P.161
第一牧志公設市場 P.78
參考上表
Road Works P.161
沖繩那霸凱悅飯店 P.195
市場中央通
公設市場衣料部
壺屋(1)
泡盛之店 琉夏 P.154
Urara市場舊書店
平和通商店街
壺屋陶藝中心
Café Niffera
姬百合通
那霸市利壺屋陶器博物館
田舍豬肋排麵專賣店
公設市場南店
浮島通
金壺食堂
Planula咖啡館 P.160
花商 P.155
Jisakasu P.160
soi
育陶園陶藝道場
新天地市場通
南窯陶器茶館
新天地市場
P.140 GARB DOMINGO
guma guwa P.162
Kamany P.162
大城外科
THE COFFEE STAND P.117
Yacchi&Moon Craft・Gift
BukuBuku沖繩茶館
春風堂
P.146 琉球銘菓KUGANI糕餅店
育陶園總店
日野通
壺屋
壺屋Yachimun通
太平通
大平食堂
壺屋(2)
安里橋通

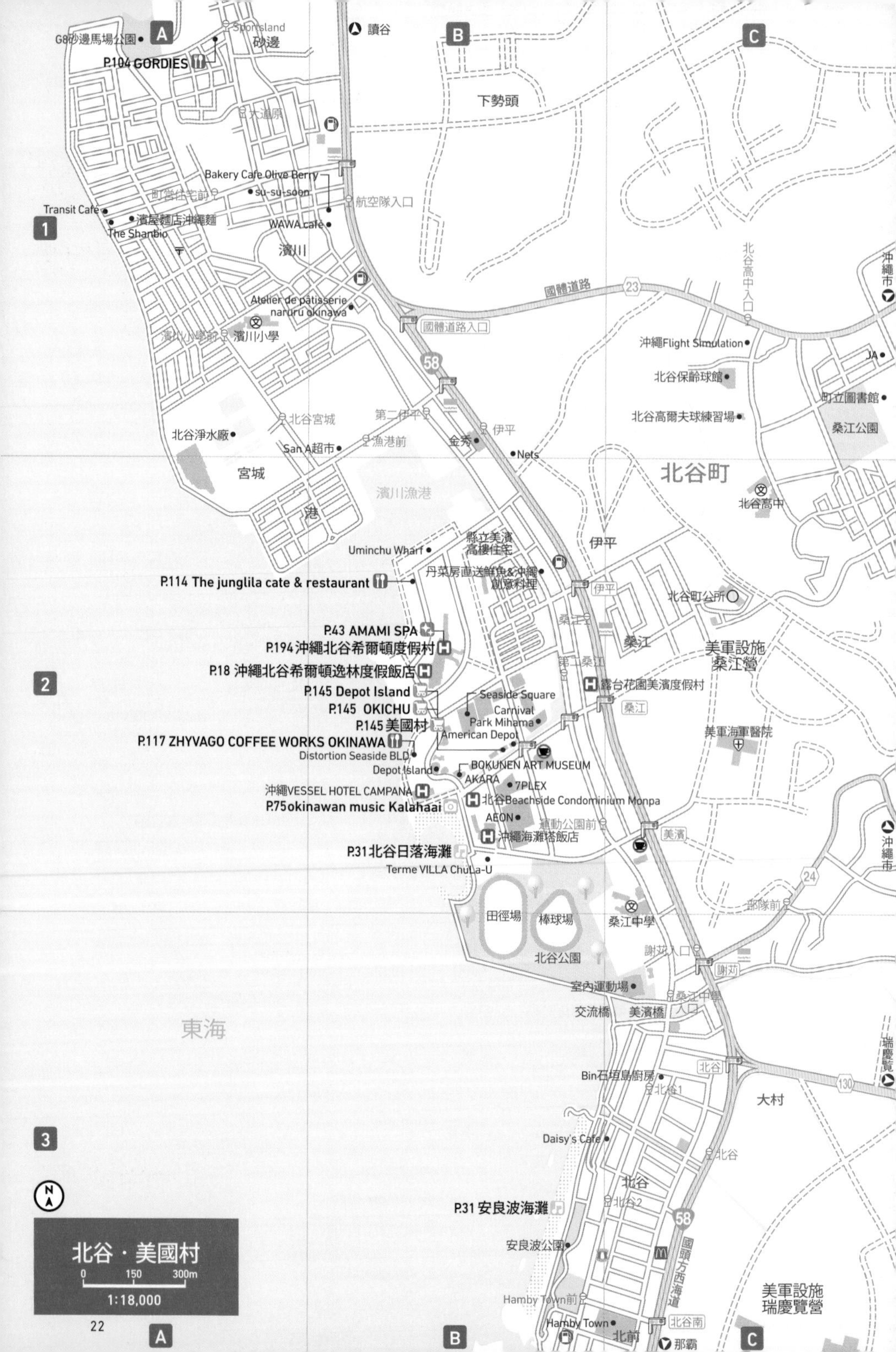

北谷・美國村
0 150 300m
1:18,000
A
B
C
1
2
3
G8砂邊馬場公園
Sportsland
砂邊
讀谷
P.104 GORDIES
下勢頭
大道原
Bakery Cafe Olive Berry
su-su-soon
町営住宅前
航空隊入口
Transit Café
濱屋麵店沖繩麵
The Shanbio
WAWA café
濱川
北谷高中入口
國體道路
23
沖繩市
Atelier de pâtisserie naruru okinawa
國體道路入口
濱川小學前
濱川小學
58
沖繩Flight Simulation
JA
北谷保齡球館
町立圖書館
第二伊平
北谷宮城
北谷高爾夫球練習場
桑江公園
北谷淨水廠
伊平
金秀
San A超市
漁港前
Nets
北谷町
宮城
濱川漁港
北谷高中
港
縣立美濱高樓住宅
伊平
Uminchu Wharf
丹菜房直送鮮魚&沖繩創意料理
P.114 The junglila cate & restaurant
伊平
北谷町公所
桑江
P.43 AMAMI SPA
桑江
美軍設施桑江營
P.194 沖繩北谷希爾頓度假村
第二桑江
P.18 沖繩北谷希爾頓逸林度假飯店
露台花園美濱度假村
P.145 Depot Island
Seaside Square
P.145 OKICHU
桑江
Carnival Park Mihama
P.145 美國村
美軍海軍醫院
American Depot
P.117 ZHYVAGO COFFEE WORKS OKINAWA
Distortion Seaside BLD
Depot Island
BOKUNEN ART MUSEUM
AKARA
7PLEX
沖繩VESSEL HOTEL CAMPANA
北谷Beachside Condominium Monpa
P.75 okinawan music Kalahaai
AEON
運動公園前
沖繩海灘塔飯店
美濱
沖繩市
P.31 北谷日落海灘
Terme VILLA ChuLa-U
24
田徑場
棒球場
桑江中學
部隊前
北谷公園
謝苅入口
謝苅
室內運動場
桑江中學入口
交流橋
美濱橋
東海
瑞慶覽
Bin石垣島廚房
北谷
130
北谷1
大村
Daisy's Cafe
北谷
北谷
P.31 安良波海灘
北谷2
58
國道58號
安良波公園
美軍設施瑞慶覽營
Hamby Town前
Hamby Town
北谷南
北前
那霸

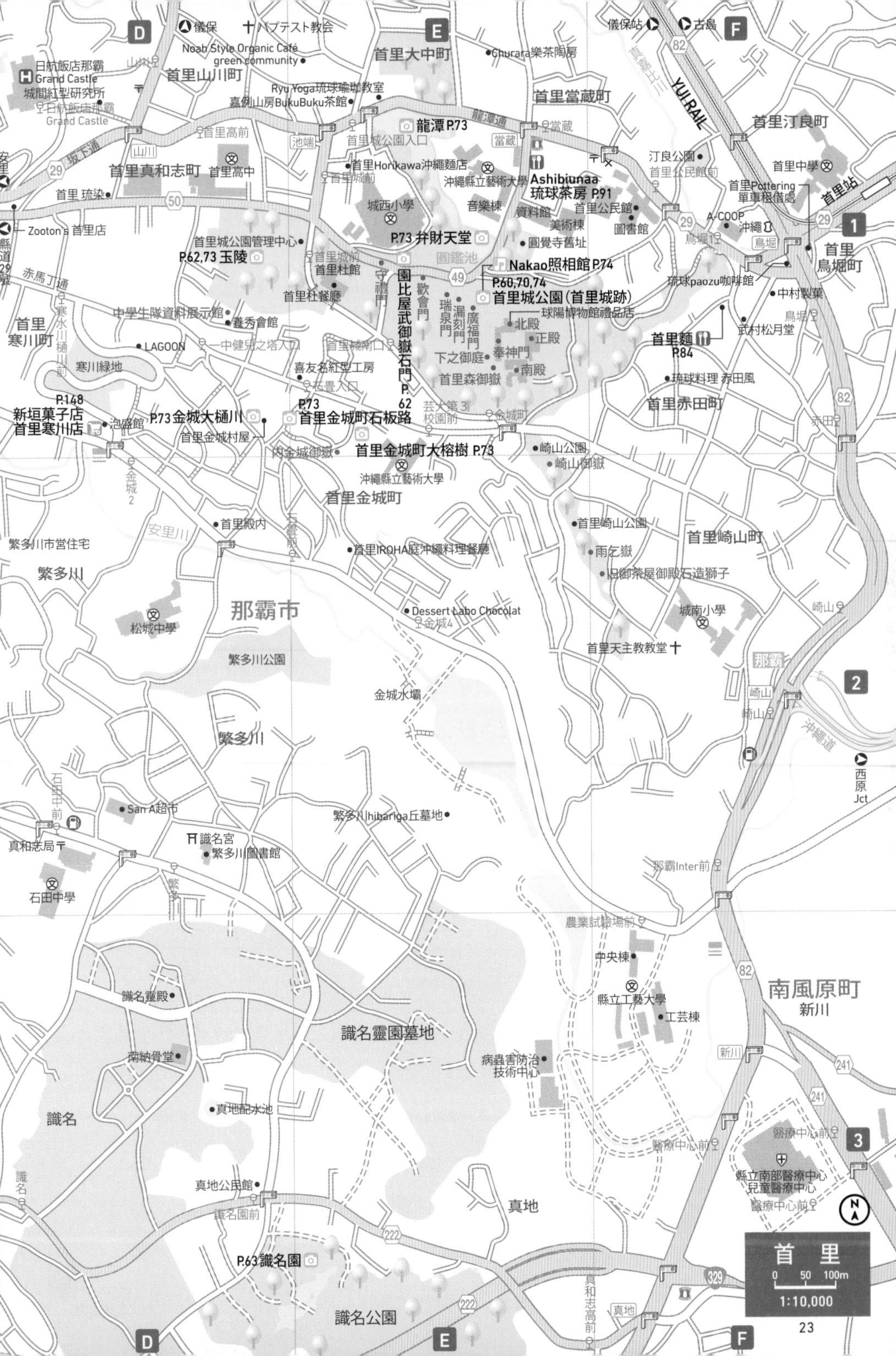
D
E
F
1
2
3
儀保
バプテスト教会
Noab Style Organic Café
green community
首里大中町
Churara樂茶陶房
儀保站
古島
日航飯店那霸
Grand Castle
城間紅型研究所
首里山川町
Ryu Yoga琉球瑜珈教室
嘉例山房BukuBuku茶館
日航飯店那霸
Grand Castle
首里當藏町
YUI RAIL
首里汀良町
龍潭 P.73
龍潭通
當藏
首里高前
池端
首里城公園入口
坂下通
山川
首里真和志町
首里高中
首里Horikawa沖繩麵店
首里城前
沖繩縣立藝術大學
Ashibiunaa
琉球茶房 P.91
汀良公園
首里公民館前
首里中學
首里站
首里Pottering
單車租借處
首里 琉染
城西小學
音樂棟
資料館
首里公民館
美術棟
圖書館
A-COOP
沖繩
鳥堀
Zooton's 首里店
縣道29號
首里城公園管理中心
P.73 弁財天堂
圓覺寺舊址
首里
鳥堀町
P.62,73 玉陵
首里城前
首里杜館
園鑑池
守禮門
園比屋武御嶽石門 P.62
Nakao照相館 P.74
P.60,70,74
首里城公園(首里城跡)
琉球paozu咖啡館
中村製菓
赤馬丁通
首里杜餐廳
歡會門
瑞泉門
漏刻門
廣福門
球陽博物館禮品店
北殿
鳥堀
中學生隊資料展示館
養秀會館
正殿
首里麵 P.84
武村松月堂
首里
寒川町
寒水川樋川前
LAGOON
一中健兒之塔入口
首里城前口
奉神門
下之御庭
寒川綠地
喜友名紅型工房
首里森御嶽
南殿
石疊入口
琉球料理 赤田風
首里赤田町
P.148
新垣菓子店
首里寒川店
泡盛館
P.73 金城大樋川
P.73
首里金城町石板路
芸大第3校園前
金城町
赤田
首里金城村屋
內金城御嶽
首里金城町大榕樹 P.73
崎山公園
崎山御嶽
沖繩縣立藝術大學
金城2
首里金城町
首里殿內
安里川
石疊前
首里崎山公園
首里崎山町
繁多川市營住宅
首里IROHA庭沖繩料理餐廳
雨乞嶽
繁多川
舊御茶屋御殿石造獅子
那霸市
Dessert Labo Chocolat
金城4
崎山
城南小學
松城中學
首里天主教教堂
繁多川公園
那霸
崎山
金城水壩
崎山
沖繩道
繁多川
西原Jct
繁多川hibariga丘墓地
石田中前
San A超市
識名宮
真和志局
繁多川圖書館
那霸Inter前
石田中學
繁多
農業試驗場前
中央棟
南風原町
新川
縣立工藝大學
識名靈殿
工芸棟
識名靈園墓地
新川
南納骨堂
病蟲害防治技術中心
識名
真地配水池
醫療中心前
醫療中心前
縣立南部醫療中心
兒童醫療中心
識名
真地公民館
真地
醫療中心前
識名園前
P.63 識名園
真和志高前
真地
識名公園
首 里
0 50 100m
1:10,000
29
50
49
82
222
241
329

分門別類，現學現用！

沖繩方言指南

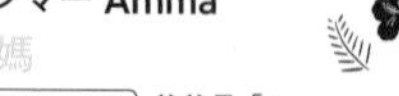

以下介紹讓旅途更盡興的各種沖繩方言。
記住打招呼等用語，就能和當地人打成一片。
即便是念法特殊的沖繩食物或魚類也能輕鬆應對。

基本篇

アンマー Amma
媽媽
使用頻率★★☆ 爸爸是「Su」

ウチナーンチュ Uchinanchu
沖繩人
使用頻率★★★ 其他府縣的人是「Naicha」

ウチナーグチ Uchinaguchi
沖繩方言
使用頻率★★☆ Uchina（沖繩）＋語言（guchi）

チュラカーギー Churakagi
美女、好可愛
使用頻率★★☆ 「Chura」是美麗的意思

デージ Deji
非常、很
使用頻率★★☆ 口頭禪之一

打招呼篇

メンソーレー Mensore
歡迎光臨
使用頻率★★★ 常聽到的店家迎客用語

ハイサイ Haisai
呦（男性）
使用頻率★★★ 也有「最近如何？」之意

ハイタイ Haitai
嗨（女性）
使用頻率★★★ 「Haisai」的女性用語

ウキミソーチー Ukimisochi
早安
使用頻率★☆☆ 也有「起床沒？」之意

ニフェーデービル Nifuedebiru
謝謝
使用頻率★★★ 致謝用語

ワッサイビーン Wassaibin
對不起
使用頻率★☆☆ 道歉用語

常用語篇

ナンクルナイサ Nankurunaisa
船到橋頭自然直
使用頻率★★☆ 常見的生活會話

チバリヨー Chibariyo
加油
使用頻率★★★ 常見的鼓勵用語

マカチョーケー Makachoke
包在我身上
使用頻率★★☆ 充滿自信地說出口

リッカ（リッカリッカ）
Rikka（Rikkarikka）
那麼
使用頻率★☆☆ 邀約用語

口頭禪篇

アイッ Ai
完了
使用頻率★☆☆ 嚇到時脫口而出

アガー Agaa
好痛
使用頻率★★☆ 也會說「アガッ Aga」

アキサミヨー Akisamiyo
唉呀、真想不到
使用頻率★★☆ 難過時也會用

用餐篇

アチコーコー Achikoko
熱騰騰
使用頻率★★☆ 形容剛煮好的菜等

ウサガミソーレ Usagamisore
請享用
使用頻率★☆☆ 禮貌用語

カメー（カメーカメー）
Kame（Kamekame）
吃吧
使用頻率★★☆ 還有盡量吃吧（Kamekame攻擊）的說法

クワッチーサビラ Kuwatchisabira
開動了
使用頻率★☆☆ 長輩現在還會說

クワッチーサビタン Kuwatchisabitan
謝謝招待
使用頻率★☆☆ 誠心誠意地說

マーサン Masan
好好吃
使用頻率★★☆ 也可說Masaibin

カリー サビラ Karisabira
乾杯
使用頻率★★☆ 用泡盛乾杯（Karisabira）吧！

食物篇

アンダギー Andagi
油炸點心
使用頻率★★☆ 最有名的是開口笑（Sataandagi）

イリチー Irichi
用油炒過再燉、清炒
使用頻率★☆☆ 和沖繩炒什錦不同

ウッチン Utchin
薑黃
使用頻率★★☆ 如薑黃茶等

ウージ Uji
甘蔗
使用頻率★☆☆ 經常在歌詞中出現

クース Kusu
陳年老酒
使用頻率★★★ 用於陳年泡盛

シマー Shima 

泡盛

使用頻率 ★☆☆ 在居酒屋點菜時使用

ソーキ Soki

豬的帶骨肋邊肉

使用頻率 ★★★ 也就是豬肋排

チャンプルー Champuru 

炒菜

使用頻率 ★★★ 也有「炒什錦」的意思

ヒラヤーチー Hirayachi

沖繩風味煎餅

使用頻率 ★★★ 泛指「攤平煎熟的食物」

魚類篇

アカマチ Akamachi

長尾濱鯛

使用頻率 ★★★ 笛鯛科的高級魚

アバサー Abasa

河魨

使用頻率 ★★★ 市場常見魚種

イマイユ Imaiyu

新鮮魚貨

使用頻率 ★☆☆ 也是餐館的菜色名稱

イラブチャー Irabucha

鸚嘴魚

使用頻率 ★★★ 藍鸚嘴魚最有名

イラブー Irabu

半環扁尾海蛇

使用頻率 ★☆☆ 可製酒或煮湯

グルクン Gurukun

雙帶烏尾冬

使用頻率 ★★★ 沖繩縣魚

タマン Taman

青嘴龍占魚

使用頻率 ★☆☆ 沖繩人常吃的魚

＼　不會念時看這裡！　／

沖繩縣內41個市町村的讀音一覽表

不知道的話絕對念不出來的沖繩市町村名。導航時輸入地址很好用！

▶市郡（11市）

那覇市	Nahashi
宜野灣市	Ginowanshi
石垣市	Ishigakishi
浦添市	Urasoeshi
名護市	Nagoshi
系滿市	Itomanshi
沖繩市	Okinawashi
豐見城市	Tomigusukushi
宇流麻市	Urumashi
宮古島市	Miyakojimashi
南城市	Nanjoshi

▶國頭郡 Kunigamigun

國頭村	Kunigamison
大宜味村	Ogimison
東村	Higashison
今歸仁村	Nakijinson
本部町	Motobucho
恩納村	Onnason
宜野座村	Ginozason
金武町	Kincho
伊江村	Ieson

▶中頭郡 Nakagamigun

讀谷村	Yomitanson
嘉手納町	Kadenacho
北谷町	Chatancho
北中城村	Kitanakagusukuson
中城村	Nakagusukuson
西原町	Nishiharacho

▶島尻郡 Shimajirigun

與那原町	Yonabarucho
南風原町	Haebarucho
久米島町	Kumejimacho
渡嘉敷村	Tokashikison
座間味村	Zamamison
粟國村	Agunison
渡名喜村	Tonakison
南大東村	Minamidaitoson
北大東村	Kitadaitoson
伊平屋村	Iheyason
伊是名村	Izenason
八重瀨町	Yaesecho

▶宮古郡 Miyakogun

多良間村	Taramason

▶八重山郡 Yaeyamagun

竹富町	Taketomicho
與那國町	Yonagunicho

在沖繩和人打招呼時說「Haisai！」，當地居民聽了會很開心。順帶一提，方言依本島、宮古、八重山等不同地區而有些微差異。

感受沖繩才有的活動樂趣

沖繩年度活動行事曆

沖繩一整年都充滿熱鬧的當地特有活動。
不妨配合喜歡的慶典或活動規畫旅行吧！

1月

櫻花綻放

即便天氣寒冷溫度下降到10℃，櫻花仍舊在中旬開始綻放。

1月中旬～2月上旬

本部八重岳櫻花祭

欣賞日本最早的櫻花祭。約有7000株緋寒櫻綻放，頗富盛名。地點在八重岳櫻之森公園（本部町）。

從八重岳山腳到山頂都開滿櫻花。

2月

春天氣息

當帶有黃沙的第一道南風吹起時，表示春天來臨，不需要禦寒衣物了。

2月中旬～下旬

職棒春季賽程

包含本島、離島，日本9個球團的例行性賽程開打。地點在沖繩那霸市營奧武山棒球場（那霸市）及其他地區。

沖繩那霸市營奧武山棒球場。

3月

氣候穩定

白天春日融融。後半月因春假湧入不少觀光客。

3月上旬～下旬

東村杜鵑花祭

飽覽5萬株盛開的杜鵑花和沖繩縣北部山原的豐富自然景觀。地點在東村村民之森杜鵑花園（東村）。

紅、白及粉色杜鵑爭奇鬥豔。

當季水果

12～3月 椪柑

本部町伊豆味是知名產地！

活動多樣一整年都好玩。

7月

最佳季節到來

盛夏時節的氣候和溫度持續穩定。碧海藍天相當漂亮。

7月中旬

海洋博公園夏日節

當天會施放約一萬發煙火，並有舞台音樂會等多項熱鬧活動。地點在海洋博公園（本部町）。

在翡翠海灘施放煙火。

8月

農曆盂蘭盆節前後的慶典

在農曆盂蘭盆節期間，街上會舉辦EISA太鼓舞的遊行活動。

8月下旬

沖繩全島太鼓舞大會

從本島各地選拔出來的團體聚集在路上或會場表演太鼓舞。地點在胡屋十字路周邊（沖繩市）及其他地區。

三線琴、歌曲和太鼓的節奏響徹會場。

9月

颱風季節

須留意接踵而來的颱風。就算短暫放晴也是悶熱不已。

9月中旬

首里城公園「中秋之宴」

重現王國時代款待中國皇帝的使者、冊封使的饗宴。可以觀賞到組舞等表演。地點在首里城公園（那霸市）。

在滿月的夜晚欣賞古典才藝。

7～9月 火龍果

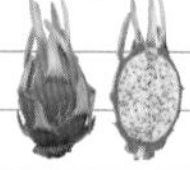

5～8月 芒果、鳳梨

※傳統儀式、活動訊息為2018年5月的資訊。內容和舉辦時間時有變動。

沖繩農曆盂蘭盆節日期表

許多商店在農曆盂蘭盆節期間不營業，務必先CHECK！

沖繩的祭典儀式大多依農曆而行。尤其是年度大事的盂蘭盆節，這段期間很多店家都會休息，因此務必事先確認清楚。

2018年8月23日(四)～8月25日(六)	2021年8月20日(五)～8月22日(日)
2019年8月13日(二)～8月15日(四)	2022年8月10日(三)～8月12日(五)
2020年8月31日(一)～9月2日(三)	2023年8月28日(一)～8月30日(三)

4月

海灘開放

全年氣候最宜人的時刻，各海灘陸續在上旬舉辦開放儀式。

4月下旬

全島總動員大祭典

電影上映會與搞笑藝人等活動熱鬧登場。地點在沖繩會議中心（宜野灣市）及其他地區。

©沖繩國際電影節

有多位名人步上星光大道。

4～6月 百香果

5月

梅雨季開始

氣溫轉暖穿夏服也涼爽，但一到中旬就邁入梅雨季。

5月上旬

那霸爬龍

祈求漁獲豐收和出海平安而舉辦的爬龍划船競賽，氣勢驚人。也有舞台活動。地點在那霸港新港碼頭（那霸市）。

一艘船上約乘坐40人。

5～8月 芒果、鳳梨

黑香芒果
好好吃！

6月

梅雨季結束

歷年來梅雨季會在23日慰靈日前後結束。氣溫也隨之增高。

6月上旬～下旬

系滿龍舟賽

從小孩到大人，以村莊為單位舉辦的龍舟對抗賽是系滿傳統活動。是海上男兒的豪氣競賽。地點在系滿漁港（系滿市）。

在農曆5月4日舉辦。

6～10月 西印度櫻桃、島香蕉

10月

最後的海水浴

海灘戲水期間基本上會在10月底結束。早晚開始轉涼。

10月中旬

那霸大拔河慶典

約有1萬5000人拉拔全長200m的大繩。觀光客也可參與同樂。地點在國際通周邊（那霸市）。

眾人拉著直徑1.5m粗的大繩。

6～10月 西印度櫻桃、島香蕉

11月

氣溫舒爽宜人

終於來到氣候穩定的秋天。因為氣溫轉涼最好帶件外套。

11月下旬

沖繩國際嘉年華

有森巴舞和化妝遊行等，只在國際色彩濃厚的沖繩市才舉辦的活動。地點在機場大街（KOZA GATE通，沖繩市）。

在大街上表演。

10～12月 香檬

日文名稱是
扁實檸檬。

12月

須備外套

日照時間變短，氣溫下降。最好穿上夾克或大衣。

12月上旬

那霸馬拉松

路線是從那霸繞行南部4市町。大約在6月下旬截止報名。地點在奧武山運動公園體育場（那霸市）。

約有3萬人上街路跑。

12～3月 桶柑

6月時除了那霸、系滿外，各地也有爬龍活動。還會在伊江島或奧武島等小島舉行，請事先查詢！

吃遍美食大挑戰！

知名美食指南

沒有吃到這個，不算來到沖繩旅遊！
盡情品嘗擁有特殊飲食文化，沖繩才有的知名料理。

沖繩麵

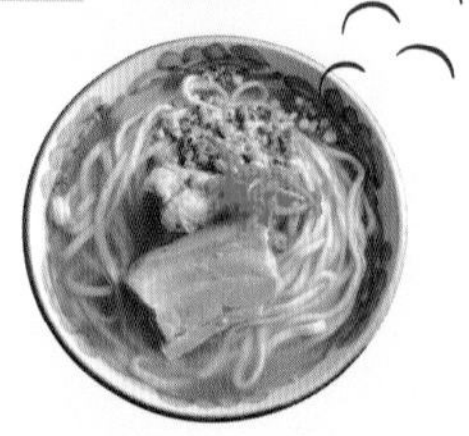

沖繩縣民的靈魂美食。以豬骨或柴魚熬出的簡單湯頭最常見。

沖繩炊飯

沖繩風味的炊飯。家中有喜事或做法事時必吃的傳統料理。

麵麩炒什錦

把粗如竹子的「車麩」泡水回軟，和蛋、蔬菜一起拌炒。是很常見的料理。

紅燒肉

必點的豬肉料理！特色是加泡盛燉煮。有醬油或味噌等各種口味。

豬肉蛋

煎得焦脆的午餐肉和薄蛋皮超級對味！也可做成飯糰。

豆腐腦

口感綿密鬆軟。在沖繩麵上放豆腐腦的「豆腐腦麵」也頗受歡迎。

海葡萄

可做沙拉或下酒菜！粒粒分明的清脆口感和海水香氣令人上癮。

炸烏尾冬

雙帶烏尾冬也是沖繩縣魚。炸好後連魚骨都能吃。

天婦羅

1個50日圓起就能買到，當零嘴吃也很受歡迎。特色是軟黏的厚麵衣。

羊肉湯

有喜事時吃的慶祝料理。因為味道腥羶，敢吃的人比較少。

海蛇湯

昔日作為宮廷料理的傳統菜。海蛇擁有滋補強身的效果！

牛排

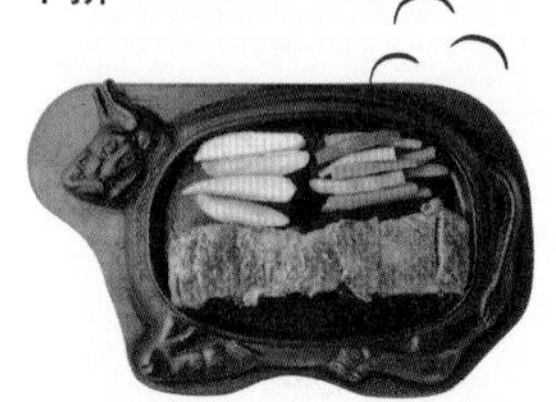

店家通常使用進口肉品。基本上多為大份量，很有飽足感。

加點調味料試試吧！

以下介紹在日本本土很少見到的沖繩基本調味料。只要在菜色中加入少許，就能品嘗到道地的沖繩味。

辣椒汁

島辣椒加泡盛醃漬而成。行家吃法是在沖繩麵上淋入少許。因為辣勁十足，初次嘗試者小心不要加太多！

A1醬

以洋蔥和蘋果為原料製成的牛排醬。酸味明顯，吃起來很爽口。是牛排店的基本醬料。

香檬

沖繩的代表性柑橘類。可當沙拉淋醬，或擠入泡盛中喝。直接喝香檬原汁相當提神醒腦！

塔可餅・塔可飯

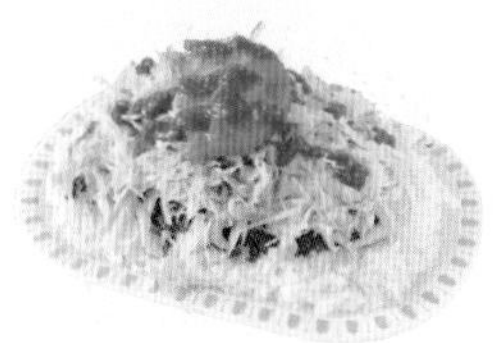

B級美食的代表！若問起當地名店，答案必是「KING TACOS！」。

漢堡

用料堅持的漢堡美食十分受歡迎。無法一口咬下的大份量正是迷人之處。

SWEETS 開口笑

外皮酥脆內部濕潤。來份剛炸好的開口笑趁熱一口咬下吧！

捲餅

黑糖風味的沖繩可麗餅。源自中國新春料理的點心。

善哉冰（Zenzai）

把剉冰撒在煮得甘甜入味的紅扁豆上。趁還沒融化趕快吃光吧。

BLUE SEAL冰淇淋

說到沖繩冰淇淋就是BLUE SEAL！有30種以上的口味可選擇！

DRINK Sampin茶

就是茉莉花茶。便利商店或自動販賣機的必賣飲料。

香檬汁

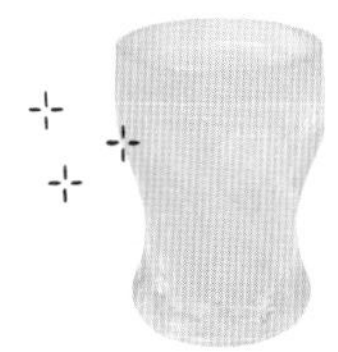

富含維生素C和檸檬酸的新鮮果汁。在居酒屋有香檬沙瓦。

西印度櫻桃汁

西印度櫻桃是本部町的特產。據說可有效補充預防百病的維生素C。

麥根沙士

源自美國。是沖繩常見的碳酸飲料。在A&W店內可免費續杯。

Orion啤酒

沖繩縣民的活力泉源！啤酒工廠不僅免費參觀，還提供啤酒和點心。

泡盛

宴席不可或缺的酒類。酒精濃度高，平均為30度，須留意不要飲用過量！

要吃沖繩美食，建議到超市或商店的熟菜區買。也有炊飯飯糰或沖繩麵。

深入了解沖繩！

文化導覽

沖繩的文化和習慣皆有別於日本其他地區。
事先認識當地風俗，來趟沖繩深度旅遊吧！

風獅爺（Shisa）

沖繩當地方言稱獅子為「Shisa」，泛指驅邪的獅子像。放在建築物屋頂或門上，擔任驅除惡靈的工作。以前設於村莊出入口、寺廟或城池。和人面獅身像或日本狛犬一樣，源自古代東方。

沖繩時間

聚會時容易遲到，對於時間的感受異於常人之意。據說沖繩人不在乎時間，認為約定時間=出門時間。甚至發生聚餐時間已到卻無人抵達現場的情況。

山原

沖繩縣北部廣闊的森林區。天然紀念物沖繩秧雞只生存於山原當地。還有多種珍貴生物與植物棲息於此。是自然生態豐富的區域。

石敢當

讀作「Ishiganto」。來自中國的避邪石碑，設置在邪氣容易聚集的T字路、三岔路或十字路口。在市區徘徊的惡靈一旦撞上石敢當就會魂飛魄散。

キジムナー Kijimuna

傳聞是住在正榕或雀榕等老榕樹上的精靈。外型眾說紛紜，但據說長得像人類孩童，身高約1m，紅髮紅臉等。基本上對人類沒有惡意，成為朋友後相當溫和。不過，有時也會惡作劇。以魚為主食。討厭章魚和人類放的屁。

農曆盂蘭盆節

沖繩年度祭典中最重要的是在農曆舉辦的盂蘭盆節。從農曆7月13日招待祖先的「unke」（迎接）開始，14日和祖先過節「nakanuhi」（中日），到15日送走祖先「ukui」（歡送）。家家戶戶供奉只有盂蘭盆節時才會端出的特殊料理。ukui那天會舉行EISA太鼓舞，熱鬧歡送祖先。

紅瓦屋頂

沖繩傳統建築中常見的紅瓦屋頂。早期流行灰色瓦片，不過18世紀起開始生產紅瓦並用於首里城等處。和填補於瓦縫間的純白灰泥對比相襯，非常漂亮。

御嶽（utaki）

「御嶽」是沖繩自古信仰的聖域，舉辦祭祀等儀式的場所。世人相信這是神明到訪的地方，多為森林、岩石或泉水等自然環境。也有祭祀祖先之處。

EISA太鼓舞

農曆盂蘭盆節7月15日歡送祖先時舉行的誦經舞。配合三線琴敲打太鼓，一邊唱歌跳舞一邊遊街。盂蘭盆節期間各地會連日舉行太鼓舞。

外國人住宅

曾是美軍基地軍人及眷屬的住家。目前進駐外國人住宅的咖啡館和雜貨店很受歡迎。以中部的港川外國人住宅區最具代表性。

烏托邦（Nirai Kanai）

在地平線彼岸的神明居所。自古以來，對沖繩人而言海洋正是豐收與生命的源頭，也是颱風等威脅來臨的場所。類似日本本土的天國概念。

琉球手舞（Kachashi）

在喜宴上跳的沖繩傳統手舞。雙手舉到頭上，女性打開手掌，男性握起拳頭，左右手前後互相舞動。配合節奏明快的音樂更盡興。

御城（Gusuku）

在以沖繩為首的琉球群島上保有多處城牆遺跡，名為御城。12～15世紀各地的當權者大肆築城，遺留在本島上的5處御城已登錄為世界遺產。

阿摩美久（Amamikiyo）

琉球神話中登場的創世神。據說女神帶來五穀，建立琉球各島。最先降臨的久高島，目前視為神島聖地。

爬龍

以龍為船隻造型的龍舟競賽。各地漁港在農曆5月4日舉辦比賽以祈求出海平安和漁獲豐收。配合5月連假進行的那霸爬龍規模最大。

鬥牛

如相撲力士般依重量分等級，以牛和牛競鬥的形式進行比賽。鬥牛賽的起源眾說紛紜，據說是農閒時發展出來的，目前農曆正月左右在各地都觀賞得到。

沖繩花襯衫

1970年左右為了提振沖繩觀光，以夏威夷Aloha花襯衫為主題製作的當地服裝。以飯店或導遊等觀光業者為首，推廣至今連政府機關人員都會穿。

朱槿

沖繩方言稱作akabana的鮮豔花卉。盛開於街上或住家圍牆附近，處處現芳蹤。沖繩人有在墓地種植朱槿的習慣，祈求死者在另一個世界過得幸福。

筷子

指的是沖繩特有的竹筷。拿在手上整體的三分之一塗成紅色，剩下的是黃色。目前在很多店家如沖繩麵店等處會提供這款竹筷。

婆婆

沖繩人對老奶奶的暱稱。不僅是自家祖母，每位老奶奶都叫婆婆。在自古為母系社會的沖繩，婆婆是強而有力的人士，普遍認為「婆婆的話就是聖旨」。

榕樹

自古以來公認是精靈寄宿的樹木。分布於熱帶～亞熱帶的常綠喬木，高度可達20m左右。推測樹齡300歲的名護「屏風榕樹」被指定為國家天然紀念物。

辣椒汁（Koregusu）

Koregusu原本是沖繩方言中的辣椒，但現在指的是小顆島辣椒浸漬於泡盛中製成的調味料。不僅是沖繩麵的必備調味料，也可加在生魚片或沖繩炒什錦中，用途廣泛。

島歌

原本指的是鹿兒島縣奄美群島的民謠。在沖繩唱的民謠稱作「沖繩民謠」。TV或雜誌等媒體把沖繩民謠叫作「島歌」，日本本土也跟著如此稱呼。

林投樹

露兜樹科的常綠灌木。通常是成叢聚生，形成海岸灌木林。林投樹的果實很像鳳梨，但澀味強烈不適合食用。葉子可編成生活用品。

午餐肉罐頭

如香腸般的罐裝壓縮肉塊，戰後糧食不足時期經由美軍帶入民間並普及。可以加在沖繩炒什錦中，也可當作飯糰材料，是現今沖繩料理的必備食材。

三線琴

絃樂器的一種。據說源自14世紀中國傳入的三弦琴。發出聲音的琴身部位包覆蛇皮，再拉上3條琴弦，彈撥琴弦出聲演奏。

月桃

高約2m的薑科多年生草本植物。葉子香氣宜人，並有抗菌驅蟲的效果，可製成化妝水、殺蟲劑或防黴劑等，用途廣泛。也可做成麻糬或日式饅頭的包裝紙。

Enda

就是A&W漢堡店。1963年在北中城村開設第一家店。是日本最早的速食店。首次在日本導入得來速系統，很受歡迎。

琉球舞蹈

琉球王國時代奠定的傳統表演。可分成描述王朝榮華景象的「古典舞蹈」和來自沖繩戲劇的「雜舞」。穿著華麗服飾的女舞者在三線琴的伴奏下翩然起舞。

ウミンチュ Uminchu

漁夫的意思。尤其是南部的系滿漁夫以追捕魚群的技術活躍於世界。通常漢字寫成「海人」。國際通等地售有寫上該文字的T恤。

喀拉喀拉瓶（Karakara）

裝泡盛的陶製酒瓶。裡面放有陶製圓球，據說搖動酒瓶確認泡盛是否倒完時，會發出喀拉喀拉的聲音故而得名，但尚未有定論。

RIKEN BAND

照屋林賢率領，來自沖繩的樂團。1977年成團。以三線琴或島太鼓等沖繩傳統樂器，加上貝斯或電子琴等現代樂器，建立「沖繩流行音樂」。

颱風

沖繩多颱風。一年約來30個。整年間以8、9月時最多。颱風總在最棒的夏季海灘時節來臨。5、6月或10、11月颱風侵襲次數減少，是沖繩旅遊的最佳時機。為了抵擋每年來襲的颱風，自古以來住家周圍會用石頭或木頭築成圍牆。沖繩多水泥建築，也是基於防颱。

休息站&SA（Service Area）、PA（Parking Area）一目瞭然！

沖繩觀光景點自駕速查表

事先查清楚各主要觀光景點到最近交流道的路程！半路要休息時就到休息站或SA、PA。留意塞車狀況，享受規畫得宜的自駕旅吧。

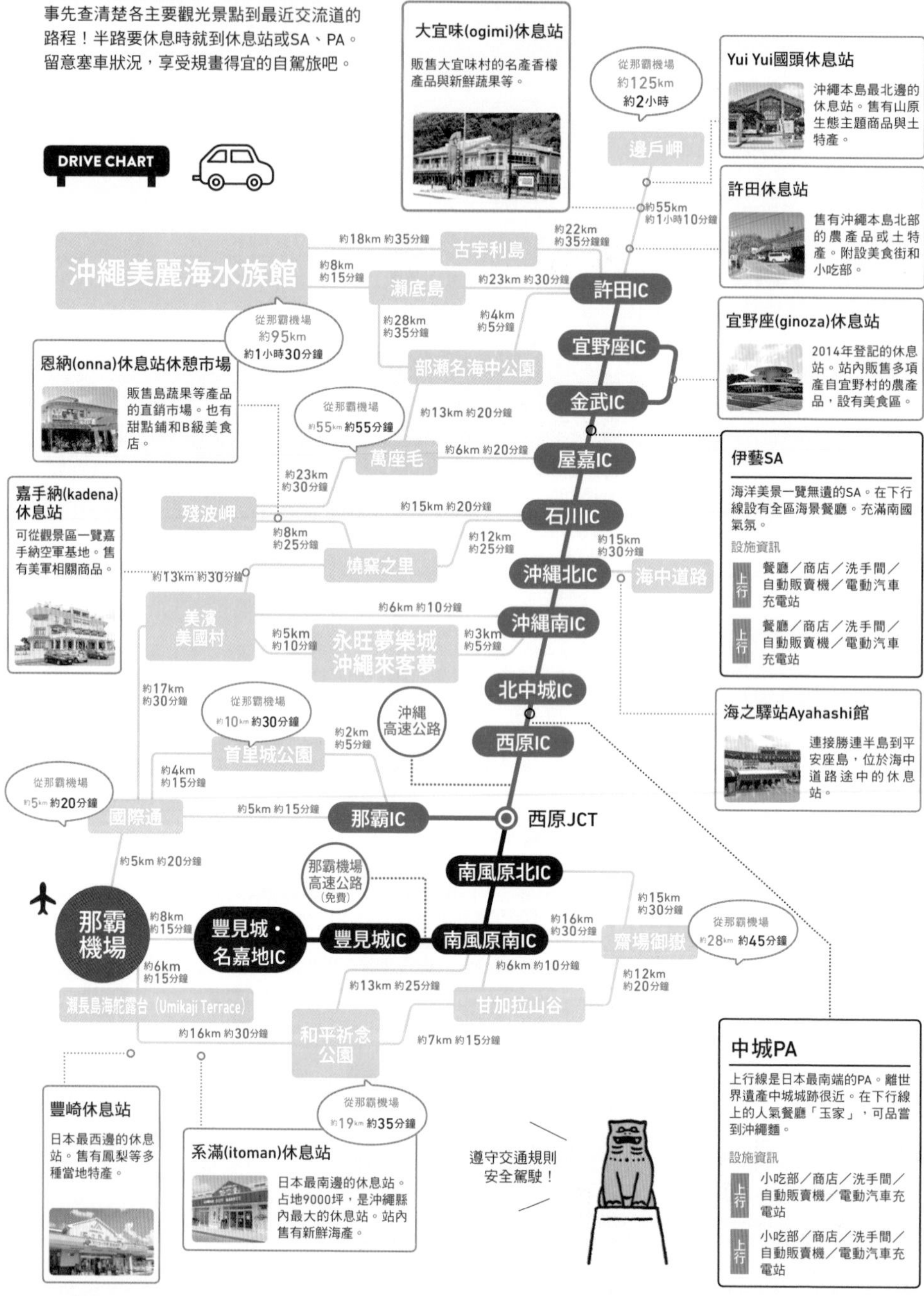

DRIVE CHART
大宜味(ogimi)休息站
販售大宜味村的名產香檬產品與新鮮蔬果等。
從那霸機場 約125km 約2小時
邊戶岬
Yui Yui國頭休息站
沖繩本島最北邊的休息站。售有山原生態主題商品與土特產。
許田休息站
售有沖繩本島北部的農產品或土特產。附設美食街和小吃部。
約55km 約1小時10分鐘
約22km 約35分鐘
約18km 約35分鐘
古宇利島
沖繩美麗海水族館
約8km 約15分鐘
瀨底島
約23km 約30分鐘
許田IC
從那霸機場 約95km 約1小時30分鐘
約28km 約35分鐘
約4km 約5分鐘
宜野座IC
宜野座(ginoza)休息站
2014年登記的休息站。站內販售多項產自宜野村的農產品，設有美食區。
恩納(onna)休息站休憩市場
販售島蔬果等產品的直銷市場。也有甜點舖和B級美食店。
部瀨名海中公園
金武IC
從那霸機場 約55km 約55分鐘
約13km 約20分鐘
萬座毛
約6km 約20分鐘
屋嘉IC
伊藝SA
海洋美景一覽無遺的SA。在下行線設有全區海景餐廳。充滿南國氣氛。
設施資訊
上行 餐廳／商店／洗手間／自動販賣機／電動汽車充電站
上行 餐廳／商店／洗手間／自動販賣機／電動汽車充電站
約23km 約30分鐘
嘉手納(kadena)休息站
可從觀景區一覽嘉手納空軍基地。售有美軍相關商品。
殘波岬
約15km 約20分鐘
石川IC
約8km 約25分鐘
約12km 約25分鐘
約15km 約30分鐘
燒窯之里
約13km 約30分鐘
沖繩北IC
海中道路
美濱美國村
約6km 約10分鐘
沖繩南IC
約5km 約10分鐘
永旺夢樂城沖繩來客夢
約3km 約5分鐘
約17km 約30分鐘
北中城IC
從那霸機場 約10km 約30分鐘
沖繩高速公路
海之驛站Ayahashi館
連接勝連半島到平安座島，位於海中道路途中的休息站。
約2km 約5分鐘
首里城公園
西原IC
約4km 約15分鐘
從那霸機場 約5km 約20分鐘
國際通
約5km 約15分鐘
那霸IC
西原JCT
約5km 約20分鐘
那霸機場高速公路（免費）
南風原北IC
約15km 約30分鐘
那霸機場
約8km 約15分鐘
豐見城・名嘉地IC
豐見城IC
南風原南IC
約16km 約30分鐘
齋場御嶽
從那霸機場 約28km 約45分鐘
約6km 約15分鐘
約6km 約10分鐘
約12km 約20分鐘
約13km 約25分鐘
瀨長島海舵露台（Umikaji Terrace）
甘加拉山谷
約16km 約30分鐘
和平祈念公園
約7km 約15分鐘
中城PA
上行線是日本最南端的PA。離世界遺產中城城跡很近。在下行線上的人氣餐廳「玉家」，可品嘗到沖繩麵。
設施資訊
上行 小吃部／商店／洗手間／自動販賣機／電動汽車充電站
上行 小吃部／商店／洗手間／自動販賣機／電動汽車充電站
豐崎休息站
日本最西邊的休息站。售有鳳梨等多種當地特產。
從那霸機場 約19km 約35分鐘
糸滿(itoman)休息站
日本最南邊的休息站。占地9000坪，是沖繩縣內最大的休息站。站內售有新鮮海產。
遵守交通規則 安全駕駛！

如何使用本書

在沖繩必做的107件事！

從基本玩法到意想不到的樂事，提供多項遊玩方案。

5W1H來解惑

詳細說明What、When、How to等基本問題。一讀就懂。

分類整理介紹

依主題分類。從「想做的事」翻頁查詢。

PLAY
TOURISM
EAT
SHOPPING
TOWN
STAY

旅遊情報

用一行文字介紹對旅途有幫助的訊息或是讓旅遊更開心的小常識！

【圖例說明】

- 地址
- 電話號碼
- 營業時間（寫出開始到最後點餐或入館的截止時間。結束時間不定。有時會因店家情況而提早關門）
- 節日、年底年初等假期以外的公休日
- 成人入場費、設施使用費、住宿費等
- 從最近的車站或交流道（IC）等地出發的所需時間
- 是否有停車場，須付費使用的會寫上（收費）
- ▶MAP 表示在書前地圖上的位置

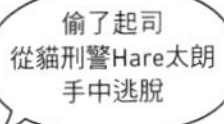

本書登場人物！

Hare的追捕之旅

走遍日本各地都要追到鼠輩Tabi阿吉！

偷了起司從貓刑警Hare太朗手中逃脫

貓刑警 Hare太朗

鼠輩Tabi阿吉

特別收錄

別冊地圖

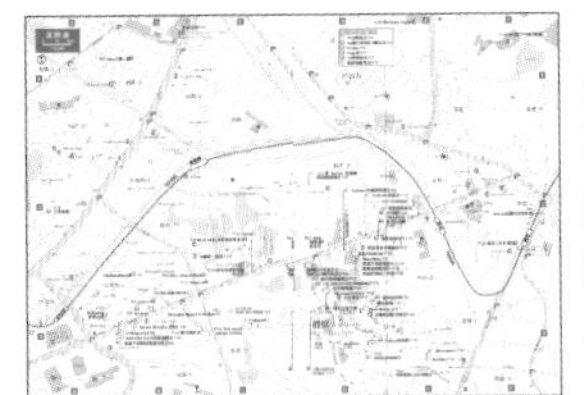

地圖圖例

- 娛樂活動
- 美容
- 觀光景點
- 餐廳
- 購物

沖繩便利帳

有了這個就是沖繩通

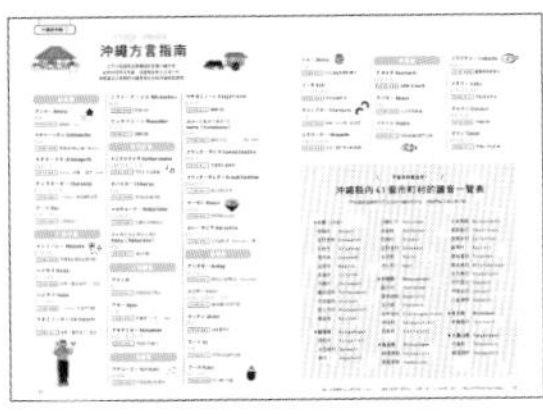

關於本書

書中記載的資料是截至2018年4～5月的情況。內容時有變動，請事先做好確認。遇到節日和年底年初時，營業時間和公休日等會和書中介紹的不同。書中標示的價格，基本上是以採訪當時的稅率加上消費稅的金額。若消費稅另計會註明（未稅）。飯店價格是雙人房的每人最低房價，服務費等依各飯店而異。敝出版社恕不賠償因本書記載內容所造成的損害等，尚請見諒。

CONTENTS

在沖繩必做的107件事

TOWN

STAY

離開沖繩本島的跳島一日遊

一看就懂 沖繩之旅STUDY

歡迎參加沖繩的非凡之旅！

沖繩的生活步調慵懶閒適，除了觀光外，還能滿足美食和購物需求！
徜徉於蔚藍海洋下，抬頭望向天空盡是晴朗快意。

♫ PLAY

遊玩

沖繩周圍是清澈碧海，島上綠意盎然。投向大自然的懷抱，提振精神吧！

TOURISM

參觀

人氣觀光景點沖繩美麗海水族館和世界遺產首里城等必去地點不勝枚舉！

利用噴射器在空中爽快飛舞

水上飛板（Flyboard）

到海灘挑戰一下水上活動吧！雖然常見的香蕉船也不錯，但目前最夯的是水上飛板！把平日繁瑣拋諸腦後衝向天際吧。

水上飛板 >>>P.26

療癒人心的優閒泳姿

鯨鯊

沖繩美麗海水族館有2尾鯨鯊。當中有一條是世界最大的飼養鯨鯊！靜靜凝視鯨鯊緩緩游過，彷彿置身海洋中……

沖繩美麗海水族館 >>>P.48

如何觀看影片

先下載免費APP

從智慧型手機或平板電腦的「Google play」或「App store」搜尋「朝日connect」，下載免費APP。

※雖然APP免費，但需自行負擔通訊費用。

➡

選擇日期，用手機鏡頭對準！

開啟APP，選擇朝日新聞出版。在日期選擇上設定為2018年6月1日，對準每個記號。

※請水平對準記號直向移動。對準後需等待數秒。

EAT

當地美食種類豐富，有沖繩麵、沖繩炒什錦和泡盛等！享受古民宅風情和海景也是特色之一。

用智慧型手機看影片

CAFE

邊看海邊喝午茶

海景咖啡館

沖繩有好幾家無敵海景咖啡館。多分布於本島南部沿海或西海岸一帶。一邊品嘗朱槿花茶和縣產水果甜點，一邊悠哉賞景吧。

薑黃花咖啡館（Cafe Kurukuma）>>>P.166

SHOPPING

購物

重視歷史文化的沖繩，有多項傳統工藝品！時尚風格的創意器具和布製品最受歡迎。

用智慧型手機看影片

SOUVENIR

手藝精湛高雅的優質品

織品

沖繩的傳統工藝品多達十幾種。當中以織品占大多數。各地發展出獨特的織品文化，如首里織或芭蕉布等。可愛的布製品很適合當伴手禮！

SHIYON機織工房 >>>P.136

BEST PLAN 01

可以在哪裡玩什麼？

調查實現夢想的區域

沖繩地形南北狹長。每區都個性十足充滿特色。
掌握各區相關位置，提升順遊效率！

人氣No.1的水族館就是這裡！
美麗海水族館周邊 >>>P.178
該區以沖繩美麗海水族館的所在地本部町為中心。擁有天然海灘和茂密的亞熱帶植物林，自然生態豐富。古宇利島等離島和名店齊聚的蕎麥麵街也不容錯過。
鯨鯊悠游於沖繩美麗海水族館的大水槽中。
沙灘和飯店充滿度假氣氛
西海岸度假區 >>>P.174
此區是度假勝地，海岸沿線度假飯店林立。在沙灘可享受豐富的水上活動。有多處無敵海景勝地，還有不少家工作室聚集於讀谷村的燒窯之里。
沖繩首屈一指的絕景地，萬座毛。
什麼都有的沖繩中心區！
那霸・首里 >>>P.158
那霸機場位於此區。主街道國際通和擺滿沖繩食材的市場經常人聲鼎沸。還有保留琉球王國時代風貌的世界遺產首里城和首里城下町等多處景點。
國際通的人行穿越道。
兩旁種有椰子樹。
沖繩美麗海水族館
沖繩美麗海水族館周邊
開車約90分鐘
度假飯店
西海岸度假區
中部
開車約60分鐘
開車約40分鐘
那霸・首里
開車約35分鐘
南部
和平祈念公園

OKINAWA MAP

地方色彩迥異的沖繩，以下分6區介紹。從北到南開車需2小時以上，因此要事先確認清楚交通路線！

大石林山

山原

開車約120分鐘

沖繩行前須知

■ 從台灣出發	約1小時30分鐘
■ 主要交通工具	租車、YUI RAIL單軌電車、路線巴士等
■ 最佳旅遊季節	4～10月
■ 預算	1天1萬日圓～
■ 面積	約2281km²
■ 人口	144萬7134人（截至2018年3月1日）
■ 遊客人數	939萬6200人（2017年）
■ 縣花	刺桐
■ 縣鳥	野口啄木鳥
■ 島嶼數量	有人島、無人島合計160座

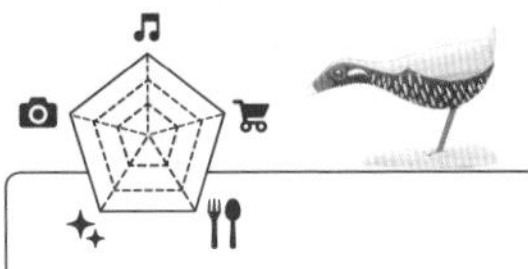

自然原始的生態景點

山原 >>>P.182

位於沖繩本島最北端。此區面積的80%為森林。巨石奇岩和紅樹林讓人感受到大自然的驚奇。並有沖繩秧雞等多種稀有生物棲息於此，提供觀察導覽行程。

上：紅樹林。下：健行風景。

兼具美國文化的區域

中部 >>>P.168

該區有美軍基地散布其間。因此可看到許多結合沖繩和美國文化的料理與建築。開車穿過海中道路後，前方小離島保有昔日沖繩的原始風貌。

上：美國村。下：美國風情街道。

處處絕景的人氣區域

南部 >>>P.164

充滿特色的文化區域，有神話誕生的聖地齋場御嶽、祕境甘加拉山谷、保有戰爭遺跡的和平祈念公園等。最近還有話題中的無敵海景咖啡館。

上：甘加拉山谷。下：姬百合之塔。

各區特色標示圖

看了圖就知道要先去哪！
各區特色瞭若指掌。

- 遊玩
- 購物
- 美食
- 美容
- 觀光

在沖繩，稱呼保留多數山區和森林等自然景致的沖繩本島北部區域為「Yambaru」。漢字寫作「山原」。

BEST PLAN 02

在最佳時間點做最棒的事
24小時玩樂計畫

既然到了沖繩旅遊，就要玩夠24小時。
以下依類別介紹各景點的最佳觀光時間。
擬定從早到晚的玩樂計畫吧。

PLAY（早上／中午／晚上）

- 海灘 >>> P.24、28 0日圓～
- 海灘夕陽 >>> P.30 0日圓～
- 水上活動、潛水 >>> P.26、32 3000日圓～
- 一日跳島遊 >>> P.34 900日圓～
- 紅樹林獨木舟之旅 >>> P.36 6000日圓～
- SPA >>> P.42 6500日圓～
- 濱海公路兜風 >>> P.40 0日圓～

一定要漲潮時才能成行，每天的出發時間不同。

瀨底島的瀨底海灘擁有該島首屈一指的清澈海水。

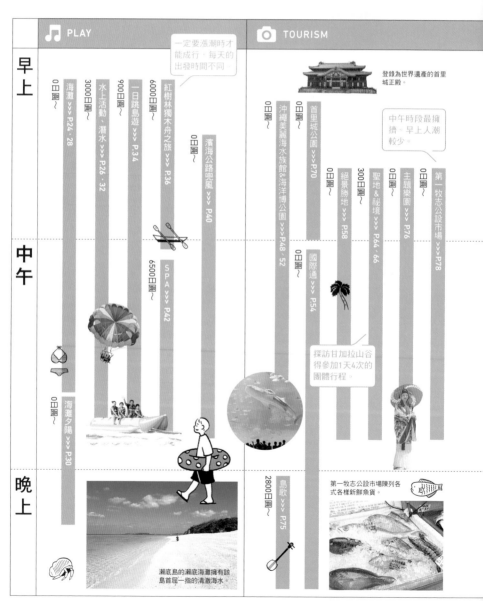

TOURISM

登錄為世界遺產的首里城正殿。

- 沖繩美麗海水族館&海洋博公園 >>>P.48、52 0日圓～
- 首里城公園 >>>P.70 0日圓～
- 國際通 >>> P.54 0日圓～
- 島歌 >>> P.75 2800日圓～
- 絕景勝地 >>> P.58 0日圓～
- 聖地&祕境 >>> P.64、66 300日圓～
- 主題樂園 >>> P.76 0日圓～
- 第一牧志公設市場 >>>P.78 0日圓～

中午時段最擁擠。早上人潮較少。

探訪甘加拉山谷得參加1天4次的團體行程。

第一牧志公設市場陳列各式各樣新鮮魚貨。

觀賞日出和日落！

沖繩每月的日出日落時間

事先確認好時間，就能欣賞到美麗的日出與日落！
因為每天都有些微差異，本表時間僅供參考。

月	1月	2月	3月	4月	5月	6月	7月	8月	9月	10月	11月	12月
日出	7:17	7:14	6:53	6:21	5:53	5:37	5:40	5:55	6:09	6:21	6:38	6:59
日落	17:49	18:12	18:30	18:46	19:01	19:17	19:26	19:16	18:50	18:16	17:48	17:37

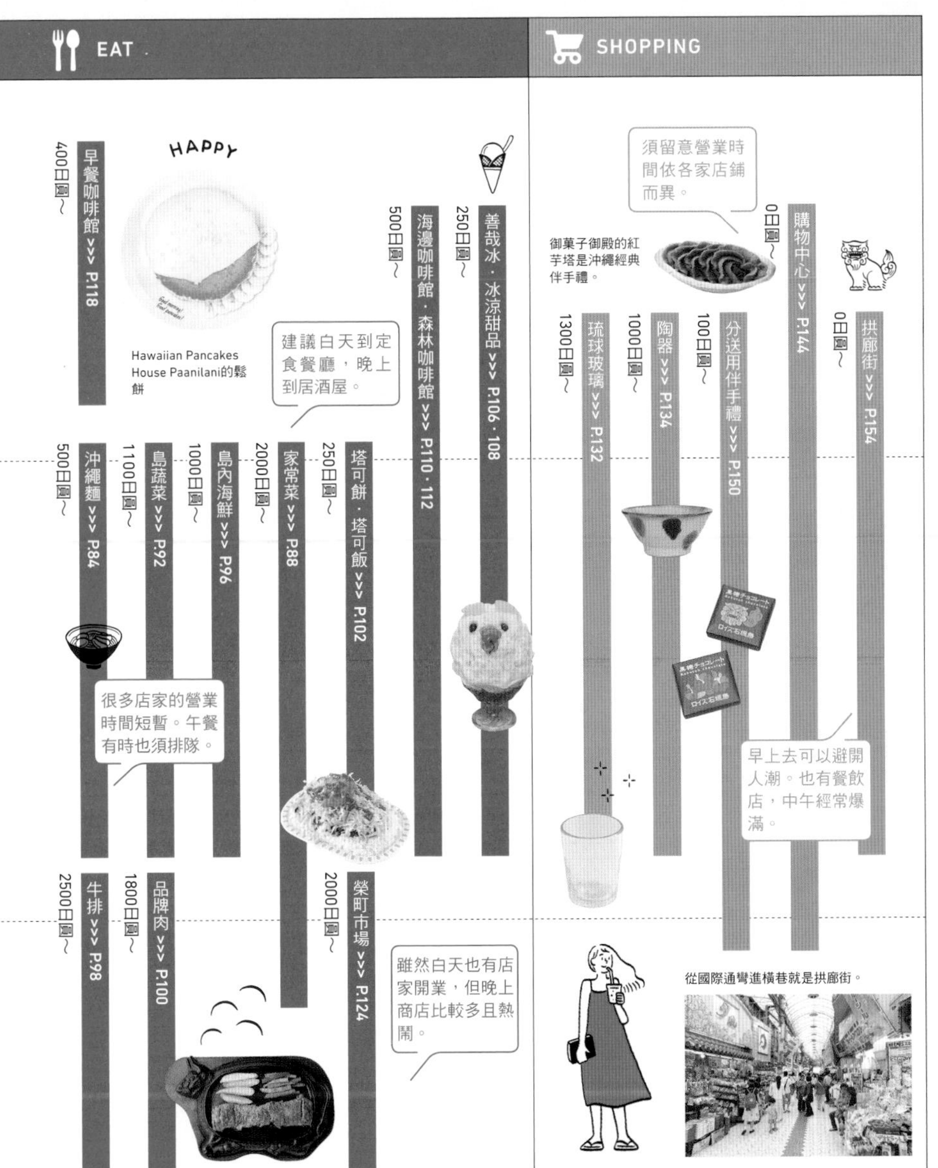

BEST PLAN 03

利用3天2夜的終極經典路線

享受200%的沖繩

第1天

AM

9:30 那霸機場

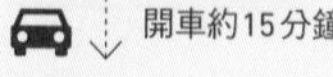

開車約15分鐘

10:00

① 瀨長島海舵露台

→P.163

〈需時約2小時〉

開車約30分鐘

PM

13:00

② 首里城公園

→P.70

〈需時約1.5小時〉

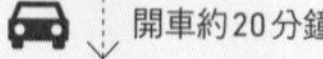

開車約20分鐘

15:00

國際通周邊

〈需時約5小時〉

③ 國際通

→P.54

④ Planula咖啡館

→P.160

⑤ 國際通屋台村

→P.159

抵達沖繩！先征服那霸首里區

抵達那霸機場後，先到那霸市逛逛。觀光、購物、美食，有好多超想去的地方！

LUNCH

① 在南歐風度假村吃中餐＆購物

先到2015年開張的新穎時髦景點海舵露台吃中餐。

SIGHTSEEING

② 在世界遺產首里城公園認識琉球王國

尋訪象徵沖繩的遺產景點，接觸保存至今的王國時代文化！

POINT

首里城公園內有多處必看景點，時間不夠時，只要參觀最重要的正殿即可。

SHOPPING

③ 從沖繩特色菜到藝術家作品，國際通應有盡有！

到聚集各家餐飲店、土產店的那霸主街道散步。

還有網羅沖繩縣內陶藝家作品的陶器店！

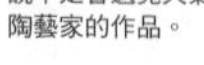

說不定會遇見人氣陶藝家的作品。

POINT

販售來自沖繩各地的土特產，品項豐富齊全。在這裡買伴手禮最保險！

DINNER

⑤ 夜晚才剛開始！續攤喝酒樂逍遙

只有那霸才有多間商店營業至深夜！還有氣氛嗨翻天的屋台村！

CAFE

④ 喝杯美味咖啡悠哉片刻

走進國際通的巷弄內，有多家風格咖啡館！

歡樂的喧鬧氣氛！

旅行要盡興，擬定從哪裡該怎麼走的行程很重要。參考經典路線規畫吧。

走訪沖繩本島的方法

本島內的交通方法有6種，以租車自駕最方便。不過，那霸市內有都市單軌電車（YUI RAIL）、從機場到中部～西海岸區的度假飯店則有機場利木津巴士等，可以善加利用。

主要交通工具

◎YUI RAIL　◎租車　◎計程車
◎接駁計程車　◎路線巴士　◎機場利木津巴士

暢遊沖繩美麗海！！

隔天從那霸開車到西海岸度假區！從人氣景點沖繩美麗海水族館一路玩到絕景勝地。

SIGHTSEEING

⑥ 在沖繩美麗海水族館觀察海洋生物

沖繩的亮點之一。鯨鯊悠游其間的大水槽「黑潮之海」美麗到讓人忘卻時間。

POINT
到訪的觀光客很多，但上午人比較少。時間充裕的話還可以到海洋博公園。

SIGHTSEEING

⑦ 在福木林道優閒散步

坐在水牛車上以緩慢的步調搖晃於福木林道間。這就是沖繩時間！

LUNCH

⑧ 大口吃光沖繩麵！

蕎麥麵街聚集了各家名店喔～

前往沖繩麵的激戰區，本部蕎麥麵街！午餐就吃人氣麵店Ishikubiri的沖繩麵。

ACTIVITY

⑨ 在蔚藍大海進行水上活動

在透明清澈的西岸海洋完成夢想中的海灘活動。也可以挑戰浮潛。

POINT
潛水店的浮潛行程約需2～3小時。參加浮潛團必須事先申請。

SIGHTSEEING

⑩ 在萬座毛欣賞令人感動的夕陽！

沉醉在絕景名勝萬座毛的浪漫夕陽景色中……

POINT
日落時間依季節而異，請參考P.9的時間表。

STAY

⑪ 既然來了就住度假飯店吧

目標是分布在讀谷村到名護市西海岸間的豪華度假飯店！

第2天

AM

9:00
⑥ 沖繩美麗海水族館
→P.48
〈需時2.5小時〉

開車約3分鐘

PM

12:00
⑦ 備瀨福木林道
→P.178
〈需時約30分鐘〉

開車約15分鐘

13:00
⑧ Ishikubiri（石くびり）
→P.181
〈需時約1小時〉

開車約1小時

15:30
⑨ 浮潛
→P.32
〈需時約2小時〉

開車約25分鐘

18:00
⑩ 萬座毛
→P.58
〈需時約30分鐘〉

開車約20分鐘

19:00
⑪ The Busena Terrace
→P.188

挑選飯店也很重要！

想在景點間順暢移動，最好自駕。租車方法請參考P.216。不會開車的人，可以利用計時制的觀光計程車。

第 3 天

AM

8:00
⑫ Hawaiian Pancakes House Paanilani
→P.118
〈需時約1小時〉
開車約30分鐘

9:30
⑬ 燒窯之里
→P.176
〈需時約2小時〉
開車約40分鐘

PM

12:00
⑭ 港川外國人住宅區
→P.168
〈需時約2.5小時〉>
- teianda 琉球拉麵、香料咖哩 →P.168
- PORTRIVER MARKET →P.169

開車約35分鐘

15:00
⑮ Yabusachi咖啡館
→P.166
〈需時約1小時〉
開車約40分鐘

17:00
⑯ DFS旗下沖繩T廣場
→P.145
〈需時約1.5小時〉
開車約20分鐘

19:00
那霸機場

享受南國度假氛圍直到最後一刻♡

最後一天專心尋找伴手禮！從傳統工藝陶器到免稅店，一邊購物一邊前往機場。

MORNING

⑫ 超人氣鬆餅早餐讓整天充滿活力！

夏威夷咖啡館也席捲沖繩造成熱潮。來份健康早餐吧！

以美味早餐拉開一天序幕！

SHOPPING

⑬ 把可愛陶器全都打包帶走！

在讀谷村的「燒窯之里」挑選沖繩風格陶器送給自己！

POINT
燒窯之里聚集了16家工作室，還有藝廊和陶器店可逛。時間充裕的話就到時尚咖啡館休息片刻。

販售各式陶藝品「讀谷山燒 北窯商店」。

「宮陶坊」的盤子上印有傳統魚圖案，相當古樸。

在「山田藝廊」找到圖案別致的陶器。

LUNCH SHOPPING

⑭ 前往擁有眾多時髦商店的外國人住宅區

利用美軍駐守沖繩時期的舊洋房改建成時髦商店&咖啡館。令人逛到欲罷不能！

也有多家提供午餐的咖啡館或餐廳。

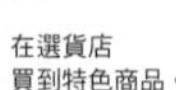

在選貨店買到特色商品。

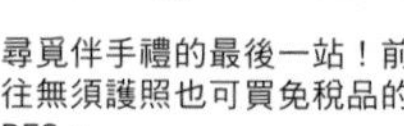

CAFE

⑮ 以海岸沿線的海景咖啡館為觀光畫下句點

在以絕佳美景自傲的咖啡館，將眼前的沖繩風光烙印於心。南部有多家位置優越的海景咖啡館。

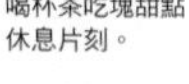
喝杯茶吃塊甜點休息片刻。

SHOPPING

⑯ 最後到免稅店購買自用伴手禮！

尋覓伴手禮的最後一站！前往無須護照也可買免稅品的DFS。

買到自用伴手禮！

POINT
在DFS旗下沖繩T廣場購買的商品，可到機場免稅品櫃台領取。

超過100件商品免稅。

＋半天

還有好多活動可玩！

時間夠的話務必要挑戰一下海洋或森林活動！基本上需事先預約。

SEA【大海！】

在計畫中加入換裝、準備和結束後的休息時間，玩個盡興吧！

水上飛板
→P.26
享受海上飛天散步的活力運動！

與海洋生物親密接觸
→P.33、191
推薦給親子同樂的互動體驗。不會游泳也沒關係。

FOREST【森林！】

森林活動多在沖繩北部的山原區。

獨木舟
→P.36
參加團體行程，划著獨木舟航行於紅樹林間。

健行
→P.183
推薦給戶外活動愛好者。享受1～3小時的森林浴。

＋1DAY 要做什麼？

開車或坐船登上附近的離島！！

沖繩本島周圍有許多可以玩上一整天的飯店和離島！

古宇利島
→P.179
行駛在風景秀麗的古宇利大橋上跨海前往。有多處美景。

CAFE

t&c TOURAKU
坐在咖啡館的戶外區，古宇利大橋和伊江島一覽無遺。

今歸仁村古宇利1882-10
☎0980-51-5445 營10:00～18:00 休不定 交從許田IC約28km 🚗有
美麗海水族館周邊
▶MAP P13 E-1

善哉冰
600日圓

上：Tinu海灘的「心型岩」。
下：古宇利大橋。

伊江島
→P.181
自本部島搭快艇只要30分鐘！有觀景台和海灘。

買點島上特產吧。

落花生和島薤很有名。

甘蔗釀成的萊姆酒le Rum Santa Maria。

聳立在島中央的城山（Tatchu）。

BEST PLAN 04

方便聰明的打包小撇步

準備沖繩之旅的行李用品

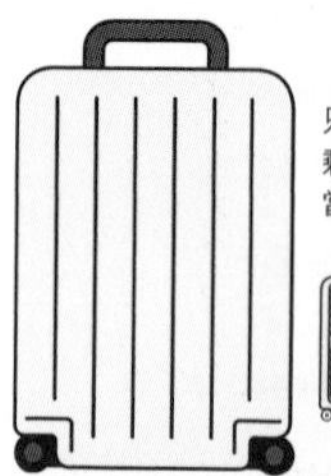

只裝一半，剩餘空間要塞當地的戰利品！

3天2夜用的行李箱

3天2夜的旅行帶登機箱就夠了！不過要是買了很多伴手禮帶回家，最好準備大行李箱才夠裝。

FASHION

沖繩一向炎熱。就算冬天平均溫度也在17℃左右，不像其他縣市那麼寒冷，但也會有氣溫驟降的時候，最好帶件外套。

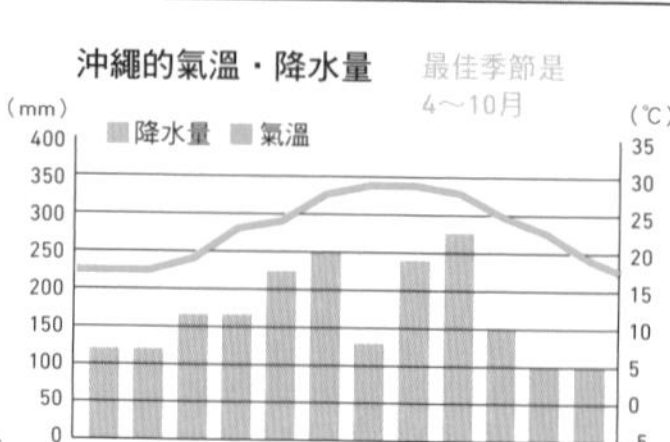

須留意8、9月多颱風。

各月份的穿搭指南

1～2月

晚上會突然降溫，須準備厚外套。

3～4月

白天穿短袖OK。準備穿脫方便的外套。

5～10月

白天日照強烈，須帶陽傘或帽子。

11～12月

可穿襯衫或薄針織衣。有時穿短袖也OK。

COSMETICS

沖繩紫外線強烈。一定要帶防曬乳。尤其是女性，曬後的肌膚修護也很重要。

防曬乳

可到當地藥妝店買。盡量在飛機落地前擦好。

曬後舒緩乳液、面膜

紫外線對肌膚的傷害大。最好選用低刺激性的曬後修護品。

海灘戲水必備物品

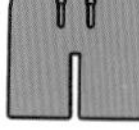

泳衣

雖然當地也買得到，但為了不浪費寶貴的旅行時間，最好自己帶去。

海灘鞋

夏天也有人會穿上逛街。

毛巾

可以租借，但自備一條比較方便。

防水包

準備可裝下手機和毛巾等物品的小提袋會很方便。

T恤・帽T

兼具防曬功能。最好準備穿脫方便的衣著。

決定好出發日期後，就趕快開始準備旅行用品！
充分確認下列物品是否已準備妥當，避免在當地手忙腳亂。
那霸和首里以外的地區，附近大多沒有便利商店等店家，
不要只想著到當地再買，帶齊基本必需品再出發比較保險。

MONEY

有些地方不能刷卡，所以現金要帶夠。
常停車的話，多帶點零錢比較放心。

省錢之旅只要
2萬台幣就夠了

錢包
有些地方附近沒有ATM，
多帶點現金在身上。

零錢包
最好帶個裝零錢的小錢包。

3天2夜的平均預算　約3萬台幣

◎事先費用
機票…7000～1萬2000台幣
飯店…3000～1萬台幣
租車…3000～6000台幣

◎當地費用
… 4500台幣
… 4500台幣
… 3000台幣
… 1500台幣
… 3000台幣

每人花費不同，以上金額僅供參考。

當地使用的輕便手提包
可放貴重物品、手帕或旅遊書等。帶著笨重行李出門，加上天氣炎熱，一下子就走累了，分類打包才是上策。

方便自駕遊的隨車物品

在沖繩開車移動的時間相當長。備好以下物品，降低行車時的不便及焦躁感！

車用充電器
可幫手機充電。有些租車公司會提供。

墨鏡
開車時常會遇到陽光太刺眼，戴上墨鏡比較舒服。

糖果・口香糖
長途開車時的提神點心。

零錢
能迅速掏出來付高速公路的過路費。

塑膠袋
裝垃圾用。可以拿到加油站扔掉。

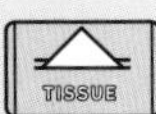

面紙
必備的實用物品。拿來擦汗等都很方便。

…etc.

除了錢以外，再放入機票、雨具、飲料等讓旅程更舒適的隨身用品。

機票
事先印好電子機票。

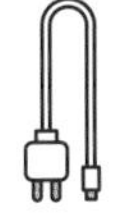

手機充電器
在旅遊景點，手機的耗電量比想像中還快。

雨具
隨身攜帶以防突如其來的大雨。

購物袋
因購物等東西變多時就很方便。

水
隨時補充水分避免因炎熱造成身體不適。

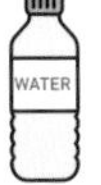

BEST PLAN 05

有了這些代表去過沖繩！
沖繩戰利品寶物大公開

非擁有不可的代表性商品！

☐ ITEM 01 陶器

傳統工藝陶器有很多設計樸實的日常用品。不過，陶藝家的作品所費不貲。因為體積笨重，大量購買的話就用宅配寄回家。

價格：500日圓～3萬日圓

購自這裡GO！

宮陶房>>>P.135
一翠窯>>>P.135

襯托沖繩海天一色的玻璃

☐ ITEM 02 琉球玻璃

在家看著玻璃就能想起沖繩的碧海。仔細包妥避免回程路上破裂！搭飛機時不要放在托運行李中，手提帶上機艙比較安全。

價格：500日圓～5000日圓

購自這裡GO！

glacitta'琉球玻璃工房 >>>P.132
宙吹玻璃工房 虹>>>P.133

GOODS 喜歡與眾不同的特色物品

☐ ITEM 03 布製品

琉球織品的圖案有紅型和設計師時尚造型等，從小配件到包包，品項齊全。可以在工作室附設的藝品店買到。

價格：500日圓～1萬日圓

購自這裡GO！

SHIYON機織工房>>>P.136
MIMURI>>>P.137

GOODS 沖繩自傲的在地啤酒！

☐ ITEM 04 Orion啤酒商品

大家知道喝慣的在地啤酒，Orion啤酒擁有自家品牌商品，如啤酒杯、T恤等，品項豐富到令人驚呼居然連這都有！

價格：200日圓～

購自這裡GO！

Jisakasu>>>P.160
Orion本部度假SPA飯店>>>P.201

挑選沖繩風圖案

☐ ITEM 05 手巾

印上風獅爺或鳳梨等沖繩代表性圖案的手巾頗受歡迎。選擇可當包巾使用的大尺寸也很實用。因為體積輕巧不笨重，適合買來送朋友。

價格：1000日圓～

購自這裡GO！

雜貨屋〔SO〕>>>P.171
KUKURU那霸店>>>P.137

GOODS 只要一件就能展現沖繩特色

☐ ITEM 06 沖繩主題小物

用鯨鯊、沖繩秧雞、朱槿花等洋溢沖繩色彩的羊毛氈徽章來裝飾手邊物品！充滿手作溫暖的設計十分可愛！

價格：1500日圓～

購自這裡GO！

海想國際通店>>>P.57

GOODS 驚嚇面具保濕面膜

☐ ITEM 07 風獅爺保濕面膜

貼在臉上就能變成風獅爺（！）的「美麗風獅爺面膜」，是能引起小騷動的趣味伴手禮。體積輕巧就算買很多也不會造成負擔！

價格：1000日圓

購自這裡GO！

WASHITA SHOP國際通總店>>>P.150

香皂、沐浴鹽等

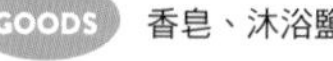

☐ ITEM 08 保養品

使用月桃或香檬等沖繩素材製成的沖繩保養品讓美麗UP！無添加劑及使用有機原料等對肌膚溫和的天然保養品，一定會受到女性歡迎。

價格：800日圓～3000日圓

購自這裡GO！

Organic & Aroma Petaluna永旺那霸店>>>P.43
La Cucina SOAP BOUTIQUE>>>P.43

從傳統工藝品、點心到酒類，沖繩伴手禮的種類相當豐富！
到哪裡買什麼比較好，預算要抓多少等，以下為不知該如何挑選伴手禮的人，介紹沖繩的必買好物。
上飛機時要留意行李不要超重了

FOODS 買這個就對了

☐ ITEM 09 金楚糕

說到沖繩的知名點心非金楚糕莫屬。因為生產店家眾多，請參考P.146比較考慮後再選購最喜歡的商品。適合當分送用伴手禮。

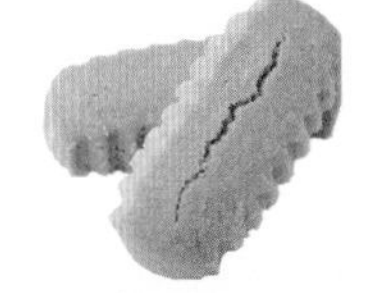

價格：500日圓～3000日圓

購自這裡GO！

新垣金楚糕本舗 牧志店>>>P.146
WASHITA SHOP國際通總店>>>P.150

FOODS 送這個給老爸

☐ ITEM 10 泡盛

沖繩縣內有多家釀酒廠，生產各款名酒。也有熟成古酒。常見泡盛品牌有殘波、瑞泉和久米島的久米仙等。可以請店員介紹。

價格：1500日圓～

購自這裡GO！

泡盛之店 琉夏>>>P.154
WASHITA SHOP國際通總店>>>P.150

FOODS 品質嚴選

☐ ITEM 11 飯店自有品牌商品

在高級度假飯店的販賣部，售有各款飯店主廚監製的食品雜貨或SPA提供的排毒茶等嚴選商品。把飯店的優雅氣氛帶回家吧。

價格：1000日圓～5000日圓

購自這裡GO！

The Busena Terrace>>>P.188
沖繩椰樹花園度假村>>>P.190

FOODS 沖繩的輕鬆小點

☐ ITEM 12 開口笑

開口笑是沖繩版的甜甜圈。口味豐富有紅芋、黑糖等，真空包裝約可存放一週，相當耐放。不妨買回家配茶聊天。

價格：100日圓～1000日圓

購自這裡GO！

WASHITA SHOP國際通總店>>>P.150
松原屋製菓>>>P.154

FOODS 環保珊瑚咖啡

☐ ITEM 13 咖啡

利用風化珊瑚烘焙成沖繩特有的咖啡。單包裝的濾掛式咖啡，造型簡潔俐落。推薦給咖啡愛好者。

價格：150日圓～

購自這裡GO！

WASHITA SHOP國際通總店>>>P.150
THE COFFEE STAND>>>P.117

FOODS 沖繩即食料理包！

☐ ITEM 14 沖繩麵

附麵、湯頭調味包和肉塊等配料，只要鍋子就能輕鬆完成！機場或伴手禮店一定有賣。可單包購買，價格不貴。

價格：100日圓～

購自這裡GO！

SanA 那霸Main Place>>>P.152

FOODS 自家再現沖繩味！

☐ ITEM 15 辣椒汁

沖繩料理必備，用泡盛浸漬島辣椒而成的辛辣調味料。可送給嗜辣者＆愛下廚的人。雖然包裝大多是玻璃瓶，但也有手掌大小的小紙盒裝。

價格：500日圓～

購自這裡GO！

SanA 那霸Main Place>>>P.152
WASHITA SHOP國際通總店>>>P.150

FOODS 沖繩料理必備食材！

☐ ITEM 16 SPAM罐頭

可做苦瓜炒什錦或飯糰的萬用食材。罐頭包裝很耐放！沖繩縣內的超市大多有賣，機場也買得到。

價格：300日圓～

購自這裡GO！

SanA 那霸Main Place>>>P.152
Jimmy's大山店>>>P.153

要買送人用的基本款伴手禮，推薦WASHITA SHOP國際通總店（>>>P.150）！那霸機場也有設櫃。

OKINAWA NEWSPAPER

沖繩的觀光客年年增加，不斷有新開幕的飯店或潮流名店成為話題焦點。以下送上眾所矚目的最新資訊！

令人嚮往的知名飯店陸續開幕！

海濱度假飯店現正熱烈登場

海濱度假飯店以西海岸為中心陸續開幕。以下是以優質服務備受好評的3間知名飯店。

沖繩哈利庫拉尼（Halekulani）飯店

夏威夷的老字號奢華飯店登陸沖繩。全海景客房加上能體驗到健康生活的溫泉SPA，令人期待。

恩納村字名嘉真下袋原1967-1外
從許田IC約5km　有
西海岸度假區 ▶MAP P11 D-2

現正沿著恩納村海邊興建，約1.7km長。

瀨良垣島沖繩凱悅飯店

在360度的藍海包圍下，整座島嶼成為度假村。

凱悅集團首度在日本推出的海濱度假飯店。將於漂浮在海面的瀨良垣島上開幕。

恩納村瀨良垣1108
電話098-966-2589
從許田IC約13km　有
西海岸度假區 ▶MAP P10 C-2
標準客房每晚每間3萬日圓～
IN 15:00　OUT 11:00

沖繩北谷希爾頓逸林度假飯店

可以使用隔壁沖繩北谷希爾頓度假飯店的泳池和SPA。

步行範圍內即有大型商業設施和海灘。飯店內擁有附設滑水道的兒童泳池，適合親子同樂。

北谷町美濱43
098-901-4600
從沖繩南IC約6km　有
中部 ▶MAP P22 B-2
每晚9763日圓～
IN 15:00　OUT 12:00

按「讚」連連 尋找IG打卡甜點

首重色彩繽紛的沖繩甜點

除了沖繩善哉冰外，還有從夏威夷再次進口回日本的刨冰等豐富種類！

圓滾滾的眼珠好可愛

在牛奶刨冰下放了湯圓&紅豆。
白熊（大）626日圓

稻嶺冰品專賣店兼餐館的白熊>>>P.106

用陶器裝刨冰

紅芋黑糖善哉冰580日圓，淋上薑汁黑糖蜜提味。

鶴龜堂善哉冰的紅芋黑糖善哉冰>>>P.106

可自選糖漿的刨冰S 380日圓
田中水果店的刨冰>>>P.108

TOWN

現在最夯的熱門景點是石川曙!!

時髦的外國人住宅咖啡館聚集於此

在沖繩本島中央位置的宇流麻市石川曙地區，近年來增加了不少利用外國人住宅改建成的時髦咖啡館。因為面向東海岸，還可欣賞海景。找家喜歡的咖啡館坐坐吧。

法式鄉村肉醬三明治，1000日圓

庫克先生三明治，1100日圓

在眺望大海的庭院中設有木製鞦韆。

附設外國人住宅民宿

Capful

早餐頗受好評的民宿兼咖啡館。法國土司或沙拉等以健康為取向的餐點，很受女性顧客歡迎。

>>>P.119, 171

週五和週六也提供晚餐。

庫克先生三明治相當美味！

NIWA 咖啡館

由老闆親手打造的裝潢閃耀著品味光芒。餐點也不含糊，如自製布里歐許麵包做成的庫克先生三明治。

>>>P.171

PLAY

走訪美照景點

找出珍藏拍照景點！

時髦的壁畫牆或沙灘上的鞦韆等，有越來越多讓人忍不住就想拍照打卡的景點。來拍張旅行紀念照吧。

正因為是人煙稀少的祕境海灘更要拍張照。

以大海為背景拍一張

放在沙灘上的鞦韆。前方有愛心邊框，可以拍出穿越愛心的可愛。

長濱海灘>>>MAP P13 D-1

美式風格壁畫牆

位於北谷町的購物商場等複合設施，美國村。境內有許多壁畫牆。

美國村>>>P.145

化身天使

位於充滿本土迷人氣息的今歸仁村，縣道旁的民謠居酒屋牆上。離長濱海灘（左記）也很近。

今歸仁村的天使牆>>>MAP P13 D-1

TOPICS

沖繩觀光客人數的最高歷史紀錄！

2017年的觀光客人數超過939萬人，據說多於同年的夏威夷觀光客人數。因為是郵輪的停靠港及以台灣為首的亞洲外國遊客增多，人數連續5年正成長。

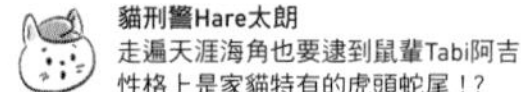

貓刑警Hare太朗
走遍天涯海角也要逮到鼠輩Tabi阿吉。
性格上是家貓特有的虎頭蛇尾！?

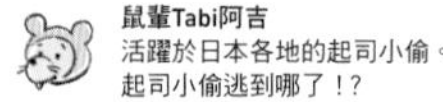

鼠輩Tabi阿吉
活躍於日本各地的起司小偷。
起司小偷逃到哪了！?

貓刑警
Hare的追捕之旅
沖繩篇
1

我是貓刑警，
名叫Hare。

追捕鼠輩Tabi阿吉
來到沖繩。
❶
Tabi阿吉
明明才4月，
好熱啊！

Tabi阿吉
在哪裡…
閃亮
沙
沙
沙
沙
……

…總之先從大海
開始查吧！
焦躁不已
焦躁不已
❷

海裡…
嗯
嗯
沒有異常！

這裡也
沒有呀
嗯
嗯

❸
呀！

哈
哈
哈

我玩瘋了…

❶ 沖繩就算冬天平均氣溫也在17℃上下。到了4月約21℃，白天晴朗時建議穿短袖。 ❷ 沖繩自4月起開放海灘。剛開放時的海水還有點冷，到了6月水溫才適合戲水。 ❸ 在海灘可體驗各式水上活動。種類依海灘而異，有些地方的選項多達20種。

PLAY

♫ HOW TO PLAY

沖繩「玩樂」事件簿

在太陽下玩個痛快！
放開胸懷擁抱大自然的同時，
也要做好萬全準備預防意外發生。

事件1

好痛…明明塗了防曬乳，在海邊玩一天還是出事了！

要去海邊玩當然要做好防曬措施！明明塗了防曬乳，回頭卻發現曬傷了！

解決！ 沖繩的紫外線強度約是北海道的2倍。務必做好萬全的防曬措施。

南國沖繩的紫外線比日本本島強。請選用防水型防曬乳。要完全遮蔽的話建議穿防曬泳衣。

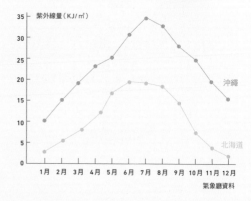

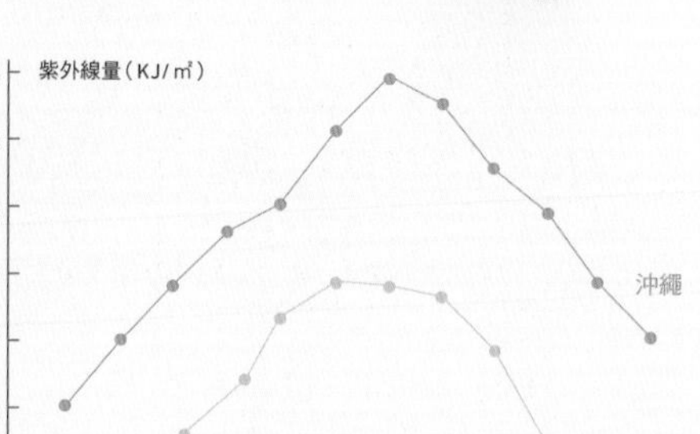

氣象廳資料

事件2

摸到長相奇特的海中生物…應該沒關係吧？

美麗的沖繩海洋，就算淺灘也有很多魚群。在海邊戲水時可以抓長相奇特的生物嗎？

海膽就算好吃也不能抓

漁業法禁止一般大眾捕捉海產。因為限制區域等地有所規範，不想戴呼吸器潛水的人請洽詢漁業工會。

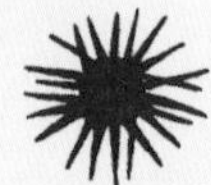

解決！ 要小心這些生物

在海邊戲水或浮潛時須留意不要在水裡受傷。因為有些海洋生物有毒，絕對不可隨意碰觸！

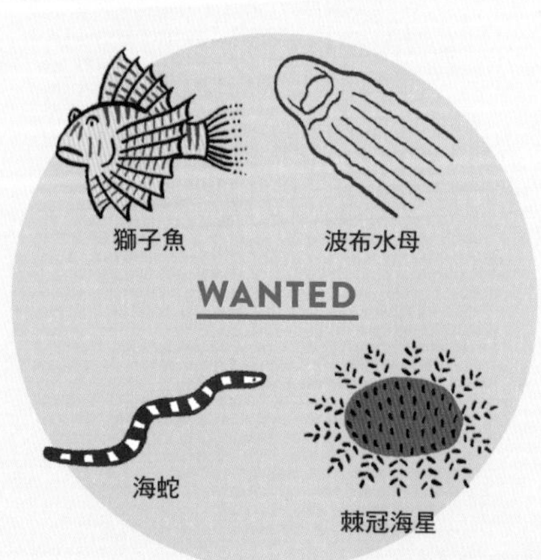

事件3

因為下雨，今天的行程泡湯了…

旅程首日！去游泳囉～做好萬全準備要出門時，卻突然下起雨。今天一整天要玩什麼呢？

解決！ 設施豐富的度假飯店最讓人放心 看看室內有什麼好玩的吧

沖繩一過黃金週就進入雨季，8～9月是颱風季節。不過，事先查好下雨也能玩的室內雨天備案，就能放心出遊。請參考以下建議。

上：設施豐富的度假村，就算不出飯店也能玩得開心。
下：推薦沖繩美麗海水族館等能玩上一整天的大型設施。

設施豐富的度假飯店

飯店	地區	設施
巴塞那特雷斯飯店 >>>P.188	西海岸度假區	●餐廳、咖啡館、酒吧 ●SPA ●室內泳池 ●商店
沖繩麗思卡爾頓飯店 >>>P.189	西海岸度假區	●餐廳、咖啡館、酒吧 ●SPA ●室內泳池 ●商店 ●圖書室
沖繩北谷希爾頓度假村 >>>P.194	中部	●餐廳、咖啡館、酒吧 ●SPA ●室內泳池
沖繩文藝復興度假村 >>>P.191	西海岸度假區	●餐廳、咖啡館、酒吧 ●溫泉 ●室內泳池 ●商店 ●手作工房
日航Alivila飯店 >>>P.201	西海岸度假區	●餐廳、咖啡館、酒吧 ●SPA ●室內泳池 ●商店
Orion本部度假SPA飯店 >>>P.201	美麗海水族館周邊	●餐廳、咖啡館、酒吧 ●溫泉 ●SPA ●室內泳池 ●商店 ●卡拉OK
JAL奧間私人度假村 >>>P.201	山原	●餐廳、咖啡館、酒吧 ●SPA ●室內泳池 ●商店 ●美甲沙龍 ●兒童遊戲區

室內設施

類別	設施	地區	說明
觀光	沖繩美麗海水族館 >>>P.48	美麗海水族館周邊	不受天氣影響的歡樂水族館。有劇院或導覽行程等可以玩上一整天。
觀光	琉球玻璃村 >>>P.133	南部	有琉球玻璃手作體驗、美術館、商店和娛樂設施等，全都是室內活動！
觀光	Orion Happy Park >>>P.77	美麗海水族館周邊	1小時左右的工廠參觀行程頗受歡迎。也有提供Orion啤酒的餐廳。
購物	永旺夢樂城沖繩來客夢 >>>P.144	中部	附設電影院的大型購物中心。從最近的車站過來週末有免費接駁車可搭，相當舒適。
購物	DFS旗下沖繩T廣場 >>>P.145	那霸	地理位置優越，歌町站出站即達就算下雨也不擔心。館內也有餐廳。
購物	美國村 >>>P.145	中部	區內有13棟複合式商業設施。移動路線在室外，但也有室內娛樂設施。
購物	第一牧志公設市場 >>>P.78	那霸	不光是購物也可到餐館吃飯。直通有屋頂的拱廊街。

很多天然海灘（>>>P.28）沒有管理員或救生員在現場，須特別注意安全，小心發生溺水意外。

PLAY 01

豐富的水上活動！

暢遊度假村海灘

到南島玩，最想去白沙灘！
前往擁有美麗大海和沙灘，還有活動可玩，豐富度120%的地點！

在舒適的度假村海灘玩遍各項活動！

從真榮田岬 開車約 5 分鐘

和透明海水相輝映的白沙灘

Renaissance海灘

「沖繩文藝復興度假村」內的私人海灘。獲得日本環境省評定為「百大優質海水浴場」。水上活動和各項行程頗受歡迎，新手也能輕鬆參加。

恩納村山田3425-2 電話098-965-0707
營業時間 9:00～19:00（7～10月8:00～19:30）
休 全年無休 費 遊客3240日圓（住宿房客免費）
交 從那霸機場約49km，石川IC約4km 有
有淋浴間 有洗手間 有商店
西海岸度假區 ▶MAP P10 A-2

清爽的藍白色遮陽傘。

RENAISSANCE BEACH

MANZA BEACH　NIRAI BEACH

有立槳衝浪等話題活動。

或許會在珊瑚礁遇見小丑魚等熱帶魚。

地理位置優越可看到萬座毛

萬座海灘

位於觀光名勝萬座毛對面，擁有美麗珊瑚礁的白沙灘。從海灘下水的浮潛等活動頗受歡迎。

恩納村瀨良垣2260 098-966-1211 營 9:00～18:00（依季節而異） 休 全年無休
費 免費 交 從屋嘉IC約7km
有（4～10月收費）
有淋浴間 有洗手間 有商店
西海岸度假區 ▶MAP P10 C-2

可看到海水漲退潮！

Nirai海灘

位於日航Alivila飯店前的天然海灘。水質透明度為沖繩首屈一指，還有豐富的水上活動。天氣晴朗時可遠眺慶良間群島。

讀谷村儀間600 098-982-9111（日航Alivila飯店）
營 9:00～18:00（依季節而異）
休 全年無休 費 免費（部分收費） 交 從沖繩南IC約18km
有
有淋浴間 有洗手間 有商店
西海岸度假區 ▶MAP P8 A-1

海灘上遮陽傘並列。海灘旁的潟湖可和海豚做親密接觸。

在RENAISSANCE海灘必玩的 BEACH ACTIVITY 4種超人氣活動

海上拖曳傘

需時：約60分鐘

8000日圓

乘著船上打開的拖曳傘飄向空中！可以欣賞到藍天碧海的全景。

水上飛板

需時：約30分鐘

6000日圓

利用噴射引擎的力量浮在海面上。會為初學者指導講解可以放心。

香蕉船

需時：約10分鐘

1000日圓

坐在香蕉造型的橡皮艇上，感受水上摩托車高速拉曳的快感！

與海豚共游

需時：約60分鐘

2萬日圓～

聽完講解，坐在船上和海豚共游。

KANUCHA BEACH

擁有滑水道的卡努佳海洋樂園。

四周是山原自然景觀的私人海灘

卡努佳海灘

以寧靜閒適氣氛著稱的度假村海灘。這裡的水上活動推薦水上飛板，利用水上摩托車的噴射力量飛向天空。

名護市安部156-2 ☎0980-55-8880（Hotel & Villas） 營9:00～18:00 休開放期間無休（戲水期間4～10月） 費遊客1620日圓（住宿房客免費） 交從許田IC約20km 有

有淋浴間 有洗手間

美麗海水族館周邊 ▶MAP P14 B-3

OKUMA BEACH

有浮潛等豐富活動。

現在就想跳入的遼闊長型海灘！

奧間海灘

由JAL奧間私人度假村管理，長約1km的天然海灘。水上活動種類多樣，也有新手可放心嘗試的項目。

國頭村奧間913 ☎0980-41-2222（JAL奧間私人度假村） 營9:00～18:00（11～12月～17:00） 休全年無休 費遊客750日圓（住宿房客免費） 交從許田IC約35km 有（收費）

有淋浴間 有洗手間 有商店

山原 ▶MAP P16 B-3

度假飯店的商店售有泳衣或戲水用品等。就算忘記帶也沒關係！

PLAY 02

嬉戲碧海間！挑戰水上活動

浮潛或潛水等潛入海中的活動很好玩，不過這次想挑戰動態項目！
體驗一下現在正流行的水上活動吧。

來自法國的新穎水上運動

水上飛板（Flyboard）

需時：約30分鐘 ¥ 7290日圓 須預約

利用水上摩托車的引擎吸入海水再迅速噴射出去，就會躍上天空。可上下左右四處翱翔。

體驗這項活動！

新舊玩家都適合

月亮海灘

寬廣平坦的月牙形白沙灘。清爽的藍白遮陽傘形成度假村海灘才有的景致。水上活動種類豐富，若名額未滿也接受當天報名。

恩納村前兼久1203
☎098-965-1020（月亮海灘飯店）
㊖8:30～18:00（依季節而異）
㊡全年無休 ㊪500日圓
㊯從石川IC約4km 🚘有（收費）

西海岸度假區 MAP P10 A-1

透過力道十足的水壓躍上天空！

HOW TO

租水上飛板的流程

STEP 1

先報名

到飯店門口左邊的「水上活動俱樂部」報名。

STEP 2

解說

在海灘聽工作人員說明。結束後就能下水玩！

STEP 3

練習！

剛開始先趴著。腹部朝下熟悉腿部動作。

STEP 4

成功！

當身體能維持平衡就表示大功告成。試著在天空中站起來吧！

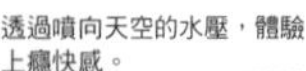

透過噴向天空的水壓，體驗上癮快感。

一覽沖繩的美麗海景

海上拖曳傘

需時：30分鐘～1小時20分鐘

7000日圓 須預約

藉由汽艇拖曳漂浮到空中。從那霸的三重城港或沖繩美麗海水族館附近的本部港出發。

漫步雲端從天空
俯瞰整片蔚藍美景

眼前是一望無際的絕景。

海灘

體驗這項活動！

豐富的體驗項目

Sea World

提供多種水上活動。當中以沖繩本島很少見的海上拖曳傘最受歡迎。從距離海面40～50m高的空中俯瞰浮在海上的島嶼。

那霸市若 3-3-1
☎098-864-5755
㊪8:00～20:00
㊡全年無休
㊇從那霸機場約6km
有
那霸 ▶MAP P18 C-1

一次可坐3人等多人同樂，頗具吸引力。

坐在船上，打開降落傘就會飛上天空！

活動

以戴帽子等方式，
做好萬全的防曬對策！♪

初學者也沒問題！

立式划槳（SUP）

需時：約90分鐘

6000日圓 須預約

站在板子上划槳移動。附解說課程就算初學者也OK。所有道具皆可租借。單人費用8000日圓。

兜風

站在板子上於海上航行。

SPA

體驗這項活動！

教練是感情好的一家人

Ohana SUP OKINAWA

由屢次在SUP大賽中獲獎的教練，田口一家來指導，宛如家人般的氛圍頗具魅力。也可以體驗沙灘瑜珈。

今歸仁村玉城738
☎080-9852-7689
㊪9:00～18:00左右 ㊡全年無休
㊇從許田IC約20km 有
美麗海水族館周邊 ▶MAP P13 E-2

參加水上活動俱樂部行程時，須注意店家場所和集合地點時有變動。

PLAY 03

純粹放空！

在天然海灘享受優閒時光

WATCH

尖帽浮島

浮在海上的是從本島搭30分鐘渡船即可抵達的伊江島。海拔約170m的尖山，城山是島上的地標。

WATCH

連綿不斷的自然造型

珊瑚礁和熱帶魚群聚的碧藍海岸，有連綿800m的白沙灘。

WATCH

本島數一數二的透明海

海水清澈到連海底都看得一清二楚，水質透明度高居本島首位。

SESOKO BEACH

靜謐的海灘也是其魅力之一。

開車約20分鐘

適合浮潛

瀨底海灘

位於和本部半島以橋樑連結的瀨底島西岸，屬於天然海灘。以本島首屈一指的水質透明度而自豪，游泳區域內也能浮潛。180度的夕陽美景頗具吸引力。

本部町瀨底5583-1 ☎0980-47-7000 ㊎9:00～17:00（7～9月～17:30） ㊡天候不佳時 ㊋從許田IC約25km 🚗有（收費）

有洗手間 有淋浴間 有商店

美麗海水族館周邊 ▶MAP P12 C-2

CHECK!

找找看在哪裡！

氣氛浪漫！

上：走在海灘上，發現充滿南國風情的嶙峋巨石！
下：落日緩緩沉入水平面下，是著名的夕陽景點。

樂遊POINT

- 熱帶魚的種類豐富，是適合浮潛的環境！
- 海灘上的水上活動商店，提供用具租借服務。
- 設施完善，備有停車場和淋浴間等，相當舒適。

沖繩的人工海灘數量眾多，但自然原始的天然海灘卻格外美麗。在水質透明度高居本島首位的極品海灘上，忘卻時間，重拾心靈平靜。

WHAT IS

天然海灘

海水透明度高的天然海灘，正因為沒有人工修飾，能保有自然原始之美。雖然沒有設施完善的人工海灘方便，但擁有寄居蟹等多種海中生物，享受與大自然融為一體的感覺，頗具吸引力。

WATCH

震撼十足！嶙峋巨石

退潮時就會現出全貌的巨石。漲潮時有眾多小魚群聚集過來。

WATCH

窺視海中模樣

船底安裝上玻璃，可以觀察海中風情的玻璃船航行其間。

WATCH

淺灘連綿的安全海灘

海灘平淺，是最適合戲水的環境。就算小孩也能放心地玩。

可以搭玻璃船進行海中觀察。

從和平祈念公園

開車約25分鐘

南部第一的天然海灘

新原海灘

淺灘長達2km的天然海灘。並立於海上的巨石值得一看。大潮退潮時可以走到礁坪深處，觀賞岩石區周圍聚集的小魚。

南城市玉城百名 ☎098-948-1103
營8:30～16:30（夏季～17:00）
休 開放期間無休（游泳期間4～10月） 費 免費 交 從南風原北IC約13km 有（收費）

有洗手間 有淋浴間 有商店

南部 ▶MAP P5 E-2

CHECK!

環境清靜優閒，相當推薦！

沒有開發成度假村的海灘祕境。

新原海灘

樂遊POINT

- 可以搭乘玻璃船觀察生物，適合親子同遊。
- 海灘平緩，可以欣賞風平浪靜的海面。
- 也能玩香蕉船等水上活動

坐在海邊閒聊～

HAHAHAHAHAHA

新原海灘附近，有幾家可眺望碧海的海景咖啡館。

PLAY 04

充滿情調的橘色海面！

令人陶醉的海灘夕陽

沉入名護灣的夕陽美景令人陶醉

從許田休息站

開車約15分鐘

海水透明度高的白沙灘

21世紀森林海灘

位於21世紀森林公園內的白沙灘。因為面向名護灣受潮汐影響少，波浪平穩。

名護市宮里2-2-1

0980-52-3183（名護市勞工福利中心） 營9:00～21:30（週日～17:00） 休 開放期間無休（游泳期間4月下旬～9月下旬） 費 免費 交 從名護IC約10km 有

有洗手間 有淋浴間 有商店

美麗海水族館周邊 ▶MAP P12 A-3

在夕陽映照下的沙灘尋找貝殼也充滿樂趣。

DAYTIME

波浪平穩是適合親子同遊的海灘

海灘分成3區，可玩沙灘排球或烤肉。

CHECK!

找到貝殼！

和名護市立棒球場相鄰！

上：在美麗的白沙上仔細尋找，或許會發現可愛貝殼。
下：附設職棒球隊的訓練營地和露天舞台。目前整修中。

WHEN IS

日落時間

事先查好日落時間以免錯過稍縱即逝的夕陽。沖繩的日落時間比日本本島慢，和東京相比約差20分鐘～1小時。

月	時間	月	時間
1月	17:49	7月	19:26
2月	18:12	8月	19:16
3月	18:30	9月	18:50
4月	18:46	10月	18:16
5月	19:01	11月	17:48
6月	19:17	12月	17:37

※日落時間僅供參考

白天暢遊結束，接著享受傍晚的浪漫時刻。沖繩有很多夕陽美景勝地。盡情欣賞染成橘色的天空和大海吧。

充滿異國情調！傍晚時在海灘散步

整修過的海灘步道適合慢跑。

從美國村
開車約5分鐘

椰子步道宛如置身國外

安良波海灘

廣受當地人和外國觀光客歡迎的夕陽美景勝地。落日時分充滿情調。

北谷町北谷2-21
☎098-926-2680（安良波公園安良波海灘管理處）
㊎ 9:00～18:00（依季節而異） ㊡ 開放期間無休（游泳期間4月下旬～10月底）
㊫免費 ㊋從北中城IC約7km
有
有洗手間 有淋浴間 有商店
中部 ▶MAP P22 B-3

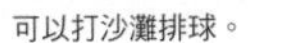
可以打沙灘排球。

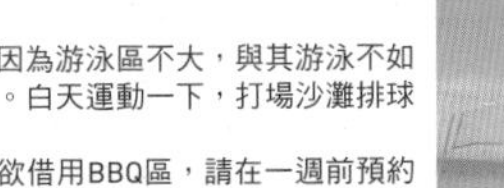
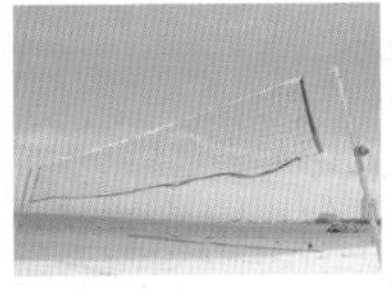

CHECK!

附設BBQ區！

左：因為游泳區不大，與其游泳不如玩水。白天運動一下，打場沙灘排球吧。
右：欲借用BBQ區，請在一週前預約（098-936-9442安良波公園商店）。

夕陽之美連住在附近的外國人都認同。

城市綠洲！年輕人喜愛的市區海灘

從美國村
步行即達

逛完街順道走走

北谷日落海灘

位於沖繩中部的市區海灘。海灘內設有烤肉區（須預約）。

北谷町美濱2 ☎098-936-8273 ㊎ 9:00～18:00（依季節而異） ㊡ 開放期間無休（游泳期間4月～11月）
㊫免費 ㊋從沖繩南IC約6km
有
有洗手間 有淋浴間 有商店
中部 ▶MAP P22 B-2

市區裡的休閒風

CHECK!

緊鄰美國村！

左：位於充滿美式風情頗受歡迎的北谷區內。
右：大型購物城美國村（>>>P.145）就在海灘旁邊。買完東西或吃飽飯就去海灘走走吧。

日落時間指的是太陽上方到達水平面的時間。要看夕陽西下的風景請提早出發。

PLAY 05

感受極致的藍！
潛水&浮潛

透過和海中魚群共游的潛水&浮淺，
感受夢幻海洋世界。

LET'S DIVING!!

LET'S DIVING！！潛入夢幻藍海世界

人氣潛水勝地
藍洞

位於真榮田岬的人氣潛點。洞內藍光閃耀充滿神祕感。參加浮潛行程即可一探究竟。

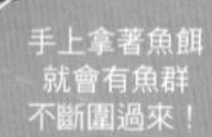

WHAT IS

潛水和浮潛的差異
潛水是背著氣瓶潛入海中深處。浮潛則是在淺灘輕鬆移動。

能在哪個海域玩？
推薦真榮田岬「藍洞」等地的西海岸度假區。雖然在海灘也能玩，但須注意有些地方禁止這項活動。

初學者也能玩嗎？
當然沒問題。不只潛水，連浮潛都有潛水店的工作人員陪同，可以放心玩。

可借潛水相機拍照留念。

INFORMATION

搭乘專船前往藍洞浮潛

提供專船接送及多種器材，就算當天報名也可以。免費提供潛水相機。

需時：約2小時

3480日圓～

預約 打電話或上網預約（接受當天預約）

設施齊全頗受女性歡迎，空手來就能參加。

要去「藍洞潛水」就來這裡！

Marine Support TIDE 殘波

搭乘專船出發藍洞潛水，看到海中絕景的機率很高，頗受好評。也有海上和河上獨木舟或夜間浮潛等行程。

讀谷村宇瀨名波950　☎098-958-2646
營 8:00～22:00　休 全年無休　交 從石川IC約15km　🚗有
西海岸度假區 ▶MAP P8 A-1

可拍攝水中紀念照。

INFORMATION

可在藍洞中拍照攝影。推薦給初學者參加的行程。

需時：約2小時30分鐘（8:00～、10:30～、13:20～、15:30）

藍洞潛水體驗8800日圓（未稅）、藍洞浮潛3800日圓（未稅）

預約 須預約

提供新手教學課程可放心參加。

行程豐富可玩一整天

MARINE CLUB Nagi

水上活動行程豐富，有浮潛、潛水和海上獨木舟等。在以真榮田岬為中心的海上景點遊玩。

恩納村山田501-3　☎098-963-0038
營 7:30～22:00　休 全年無休　交 從石川IC約7km　🚗有
西海岸度假區 ▶MAP P10 A-3

鯨鯊近在眼前！

INFORMATION

與鯨鯊同游潛水

在淺水處的保護網範圍內潛水，就算初學者也能輕鬆參加。

需時：約2～3小時

1萬3000日圓

預約 一天前打電話或上網（e-mail）預約

潛水後提供按摩或全身美容服務，頗受歡迎。

筋骨活動後是全身舒壓美容

Gum～我們的夢想～

滿足潛水者的心願，看見鯨鯊的行程很受歡迎。在水中看到2頭鯨鯊從眼前游過，內心只有感動可言！

浦添市港川2-10-11　☎098-870-6102
營 依行程而異　休 全年無休　交 從西原IC約6km　🚗有
中部 ▶MAP P7 F-2

PLAY 06

距離本島50分鐘內可達！

前往交通方便可當天來回的離島

沖繩本島周圍散布數座保有自然原貌的小島。
前往交通方便的隱密小島來趟跳島一日遊吧。

ZAMAMI ISLAND

POINT!
- 賞鯨勝地
- 人氣潛水地點

可以近距離看到鯨魚生動地躍出水面。

周邊海域以水質澄澈透明而自豪，是頗受歡迎的潛點。

親眼目睹野生大鯨魚

① 座間味島

被選定為國家公園的慶良間群島之一。座間味村賞鯨協會在12月上旬～4月上旬會舉辦賞鯨之旅。

座間味村座間味　☎098-987-2277（座間味村觀光協會）　從泊港搭渡輪（Ferry Zamami）約2小時／2120日圓（單程）、快艇（Queen Zamami）約50分鐘／3140日圓（單程）

離島 ▶MAP P3 E-3

AKA ISLAND

POINT!
- 自在穿梭於各海灘
- 頗受潛水玩家歡迎

有橋樑通往鄰近小島，可以跨足隔島海灘！

是人氣歷久不衰的潛點。樸素的村落也充滿魅力。

穿梭於熱帶魚和珊瑚樂園間

② 阿嘉島

是慶良間群島中頗受潛水玩家歡迎的小島。特色鮮明的海灘分布於島上，散發獨特魅力。從阿嘉大橋看出去的美景也很迷人。

座間味村阿嘉　☎098-987-2277（座間味村觀光協會）　從泊港搭渡輪（Ferry Zamami）約2小時／2120日圓（單程）、快艇（Queen Zamami）約50分鐘／3140日圓（單程）

離島 ▶MAP P3 E-3

KUEFU ISLAND

POINT!
- 美麗的珊瑚礁海
- 參加浮潛團就能登島

Kuefu島是座無人島。
參加團體行程就能登島。

環顧360度遼闊的珊瑚礁海。

那霸出發20分鐘就到的無人島

③ Kuefu島

位置優越，從那霸出發只要20分鐘，是人氣No.1的無人島。由漂浮在慶良間群島Chiibishi環礁的珊瑚碎片所構成。

渡嘉敷村（集合地點：泊港北岸旁的Happy Island號前）　☎098-860-5860（渡嘉敷公司）　從泊港搭遊艇約20分鐘／4900日圓～（團體）

離島 ▶MAP P3 E-3

WHERE IS

一日離島

沖繩擁有160座大小島嶼。其中搭渡輪即可抵達的離島，可在當天輕鬆來回。這裡的海域比本島更漂亮，為水上活動帶來加倍樂趣！

2014年慶良間群島列為國家公園

這些星羅棋布的岩礁島嶼，漂浮在海水透明度高，擁有慶良間藍美名的海上，加上只棲息於此處的海龜和座頭鯨等動物，保有完美的自然生態，所以列為國家公園。

據說日本的珊瑚約有6成生存於慶良間群島。

從渡久地港搭船 約15分鐘

④水納島

渡久地港

沖繩本島

從泊港搭船 約50分鐘

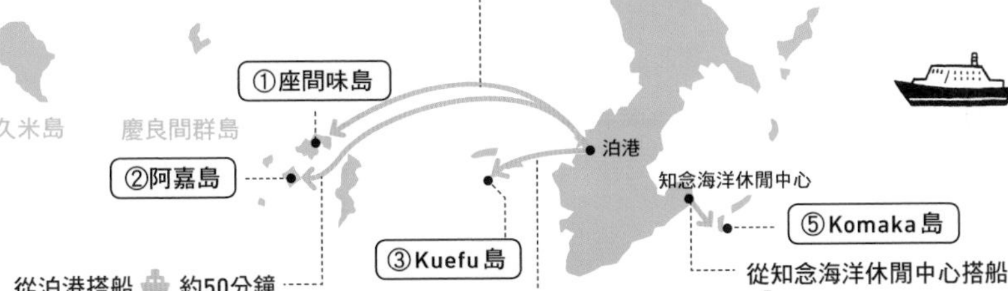

從泊港搭船 約50分鐘

從泊港搭船 約20分鐘

從知念海洋休閒中心搭船 約15分鐘

MINNA ISLAND

POINT!

- 離本島只有15分鐘！
- 魅力十足的悠哉小村

從本島的渡久地港搭渡輪只要15分鐘。宛如世外桃源。

充滿南國風情的朱槿花。

到牛角麵包島玩個盡興

④ 水納島

居民約有40人的月牙形小島。海灘設施齊全，也有小吃店和餐館。一邊漫步於西側的西濱海灘上，一邊欣賞村落風景，心情格外平靜。

本部町瀨底 ☎0980-47-5572（水納海運公司） ㊋ 從渡久地港搭快艇（New Wing Minna）約15分鐘／900日圓（單程）※建議事先預約

美麗海水族館周邊 ▶MAP P12 B-2

KOMAKA ISLAND

POINT!

- 可自由浮潛
- 寧靜無人島

沒有多餘設施的寧靜小島，可以租借浮潛道具

搭乘休閒中心的專用小船即可抵達

繞行全長800m的小島一圈

⑤ Komaka島

漂浮在知念岬和久高島間的小島。海灘上的淺水區是頗受歡迎的浮潛地點。從港口搭船約15分鐘即可抵達，相當方便。

南城市知念久手堅 ☎098-948-3355（知念海洋休閒中心） ㊋ 從知念海洋休閒中心搭接駁船約15分鐘／2500日圓（往返）

南部 ▶MAP P3 E-3

也有當天來回離島的潛水或浮潛行程。可向那霸市內的旅行社預約。

PLAY 07

走吧，乘著獨木舟往亞熱帶大自然出發！

到紅樹林探險

WHAT IS

慶佐次川紅樹林獨木舟之旅

乘著獨木舟，穿過紅樹林主流，前往支流。和專業導遊一起觀察棲息在此的生物。

獨木舟2.5小時行程

- 需時：約2小時30分鐘
- ¥ 6000日圓
- 預約 須前一天預約
- 開始 漲潮時（須洽詢）

服裝&隨身物品

帽子
不要忘記戴帽子防曬！女性請戴寬帽緣的帽子以有效防曬。

服裝
穿著行動方便的防水服裝。身體一定會弄濕務必準備替換服裝。

救生衣
免費租借，尺寸齊全從小孩到大人都可以穿。穿在衣服外面。

鞋子
自備淋濕也OK的溯溪鞋或涼鞋。最好是平底鞋。

划著船槳
興奮地前往未知世界！

沖繩的自然之美不光是海洋！
置身於擁有壯闊亞熱帶植物的茂密林間，
呼吸清新空氣以療癒身心。

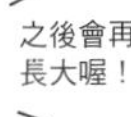

路線兩旁成長中的年輕紅樹林。

HOW TO

START LET'S GO！
紅樹林獨木舟之旅

STEP 1
活動報到
開始前15分鐘集合。登記及換裝完畢後OK。

STEP 2
學習基本動作
團體導遊會在河邊教導獨木舟的基本操作。

STEP 3
出發！
該實際上場了！剛開始動作生硬，慢慢就會前進了。

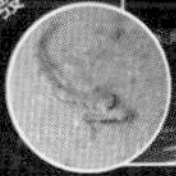

發現！

在行程途中巧遇的彈塗魚。

STEP 4
往上游前進
進入上游的紅樹林間。距離一拉近更覺林貌壯闊。

STEP 5
出海
順河而下出海，水光景色也跟著變化。海風拂面而來。

體驗這項行程！

乘著獨木舟前往樹林．大海

山原俱樂部

在本島最大的紅樹林區舉辦海上獨木舟或獨木舟之旅的商店。前往紅樹林區探險的活動頗受歡迎，有當地專業導遊細心帶領，可放心參加。

東村慶佐次155 ☎0980-43-2785
營 8:00～22:00 休 全年無休
交 從許田IC約27km 🚗有
山原 ▶MAP P14 C-2

除了慶佐次川外，中部區域的億首川、比謝川等地也有紅樹林獨木舟之旅。

溫暖的亞熱帶氣候 交織成美麗大自然

據說沖繩是珊瑚礁隆起而成的島嶼。海水透明度高，有黑潮暖流經過，是有利珊瑚和魚群生存的環境。也看得到海龜和鯨魚等動物。但近年來因水溫上升（地球暖化）等影響，珊瑚瀕臨絕種，保護珊瑚成為重大課題。

另外在內陸上，本島北部的廣闊森林區名為「山原」，有超過1000種以上的植物。代表性植物有常綠闊葉樹的大葉苦櫧、蕨類植物的筆筒樹等。而在慶佐次川、億首川、比謝川等地有日本主要，只生存於沖繩的野生紅樹林區。以天然紀念物沖繩秧雞為首的多種珍貴生物就棲息在這些森林裡。

引人注目的還有島上色彩鮮豔的花卉。以象徵沖繩的刺桐花為首，朱槿花、九重葛等色彩活潑的紅色、黃色花朵，更添沖繩的南國風情。

清澈無比的鈷藍色海洋，和島上滿山遍野的茂盛花草。沖繩最引人入勝的可說是這色彩繽紛、物種豐饒的大自然。在上千種色彩的包圍下用全副身心感受大自然的力量。

孕育沖繩的美麗海洋

珊瑚的祕密

據說世界上現存的珊瑚種類約有800種，經確認約有200種生長於沖繩。一起來看海中重要角色，珊瑚的生態！

象鼻是人氣拍照景點！

突出於東海的萬座毛，是隆起的珊瑚礁所形成。為大自然雕琢出的天然藝術。

珊瑚淨化海洋！

珊瑚雖是動物，卻和植物一樣吸取海水中的二氧化碳，再把氧氣排入水中。排放氧氣時具有淨化空氣和物質的作用。藉由珊瑚的淨化能力讓水質保有美麗透明度。

聚集在珊瑚附近的熱帶魚，以吃珊瑚排出的豐富礦物質維生。

珊瑚和珊瑚礁不同！

「珊瑚」是生物。「珊瑚礁」指的是地形。「珊瑚」的石灰質骨骸堆積而成的地形稱為「珊瑚礁」。雖然容易搞混，但兩種物質完全不同，這點要記清楚。

須預約的自然體驗行程！

野外宿營

開著露營車遊走於沖繩本島的大自然中，並在外過夜的探險行程。僅限熟客報名。

需時：2天1夜
2萬5000日圓～
預約 須預約（打電話或上網）
Earthship沖繩
☎ 098-975-6312

珍貴生物棲息地

紅樹林

亞熱帶植物紅樹林生長的林間，就像叢林區！前往觀察外形奇特的紅樹林和生物吧。

在沖繩才看得到的

花卉與生物

在譽為生物寶庫的沖繩，有不少只有這裡才看得到的花卉和生物。南國花朵和瀕臨絕種的生物尤其引人注目。

MANGROVE

列為國家天然紀念物的慶佐次灣紅樹林。像章魚腳般的樹根。

受歡迎的獨木舟之旅！

有些地方建有步道，但獨木舟之旅最具特色。帶著去叢林探險的心情，一邊觀賞棲息於此的生物，一邊享受獨木舟划槳的樂趣。

獨木舟之旅的情景（>>>P.36）。

引人注目的生物！

紅樹林中住著螃蟹、蝦虎魚和翠鳥等多種生物。據說以生活在比謝川的種類最多。一起仔細觀察自然生態吧。

雄性招潮蟹的單邊蟹螯特別大。

在空中翩翩起舞的大白斑蝶是日本最大的蝴蝶。

FLOWER

鮮豔的沖繩花卉

盛開於島上各處的可愛花朵。若是發現花蹤就靠近觀察一下吧。

朱槿花
在沖繩暱稱「紅花」（Akabana）的常見花種。可做成朱槿花茶。

刺桐
主要在10～4月間開花。外形像包著細長花萼的「葉片」，呈紅、紫或白色。

ANIMAL

瀕臨絕種的生物

沖繩的動物約有5900種。但是，最近在環境破壞和外來種入侵的影響下，有越來越多的動物瀕臨絕種。以下是代表性生物。

沖繩秧雞
是眾所皆知「不會飛的鳥」。鳥喙粗，呈紅色。棲息於沖繩本島的山原。

西表山貓
僅生存於八重山的西表島上。特徵是身上散布著暗褐色斑紋。

TA瀑布健行

在岩石區或河流間前進，走到平南川上游的瀑布。夏天可在瀑布下的潭水游泳。穿著行動方便的服裝來挑戰。

- 需時：約2小時
- 5000日圓
- 預約 須預約（僅接受電話）
  NPO法人大宜味全方位旅遊協會
  ☎0980-44-1960

古宇利島觀星團

在古宇利大橋附近散步，和星光一起照相。肉眼就能看見小星球的光芒。

- 需時：約30分鐘～1小時
- 3500日圓
- 預約 須預約（打電話或上網）
  古宇利島潛水店
  ☎080-2799-0567

絕對不能隨意摘取野生的花草或樹木帶回家。一起用心守護美麗的沖繩大自然吧。

PLAY 08

展現在眼前的遼闊湛藍絕景！ 上濱海公路兜風

前往人氣離島的海上兜風

古宇利大橋

全長約1960m，是沖繩第2長的離島架橋。自屋我地島筆直通往古宇利島，從橋上看出去的景色，格外動人。兩旁是一望無際的寬闊海洋。

今歸仁村古宇利
☎0980-56-2256（今歸仁村經濟課）
從許田IC約22km
美麗海水族館周邊 ▶MAP P13 E-2

古宇利島又名「戀島」，有心形岩等多處風景名勝。

古宇利大橋

飛向天際的爽快感

彼岸橋（Nirai橋・Kanai橋）

全長約660m的絕景橋，特色是轉彎的大U形路。架在縣道86號線到國道331號線上，從縣道86號線（橋的上部）這側前進，眼前視野遼闊宛如奔馳於空中。

南城市知念吉富
☎098-948-4611（南城市觀光協會）
從南風原北IC約17km
南部 ▶MAP P5 E-3

彼岸（Niraikanai）是沖繩方言中「大海彼端的烏托邦」之意。

南部第一的超廣角之路。

Nirai橋・Kanai橋

沖繩有許多條賞景兜風路線。
以下介紹必去的2條濱海公路。
看著湛藍大海兜風，一路快意暢行。

不可錯過熱門的心形岩。

古宇利島
Kouri Island

看到兩邊
出現大海就是戀島到了

好想一直
開下去！

古宇利大橋的玩法

① 從步道拍紀念照！

在跨海大橋上，有可下車賞景的步道。兜風途中，以海為背景拍張紀念照吧。

橋面道路禁止停車，所以請停在橋旁的路邊停車區。

② 從高處眺望大橋

建議到位於古宇利島高處的咖啡館，一邊眺望大橋一邊休息。

位於屋我地島這邊的「美麗露台」（Chura Terrace），有小吃店、餐廳和紀念品店。

畫出大彎
連接樂園的海洋

彼岸橋的玩法

① 從景觀好的這端前進

橋的起點和終點高低差約80m，從縣道86號線往下開看出去的海景比較美麗。

② 前往景色無敵的縣道86號線觀景台

除了橋上的中間部分外，橫跨在縣道86號線上的隧道上方設有觀景台。可以欣賞到如左圖的景色。

天氣好時，最遠可看到久高島。

每座橋都設有步道，想要仔細欣賞美景的人，建議把車停在停車場再步行上橋。

PLAY 09

一流環境頂級產品 當個SPA美人！

好想在沖繩優閒的氣氛下放鬆身心！以下推薦連環境也充滿魅力的SPA，利用當地素材產品變得更美麗！

泳池景觀

度假感MAX！在開放的發呆亭中進行療程

在發呆亭下享受療程是夏天才有的體驗。

奢侈的頂級SPA

CoCo Spa

在設有私人露台的單人套房進行頂級修護療程。使用朱槿花或香檬等沖繩天然素材。推薦夏季限定的庭園修復療程。

宇流麻市石川伊波501（沖繩椰樹花園度假村內）
098-965-1000 營 14:00～24:00（最後預約時間22:00） 休 全年無休 交 從石川IC約2km 有

中部 ▶MAP P8 C-1

INFORMATION

庭園修復療程

在戶外發呆亭進行按摩療程。夏季（6～9月中旬的15～18點）限定。

需時：約30分鐘～

6480日圓～

預約 須預約（僅接受電話）

上：保養結束後在充滿南國氛圍的露天浴池休息。下：位於沖繩椰樹花園度假村內，使用朱槿花或香檬等沖繩素材製成的產品。

WHAT IS

沖繩SPA

特色是使用沖繩天然素材進行療程。主要使用沖繩石灰岩、各縣生產的鹽、香檬、朱槿和月桃等。

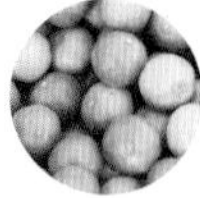
香檬

朱槿花

月桃

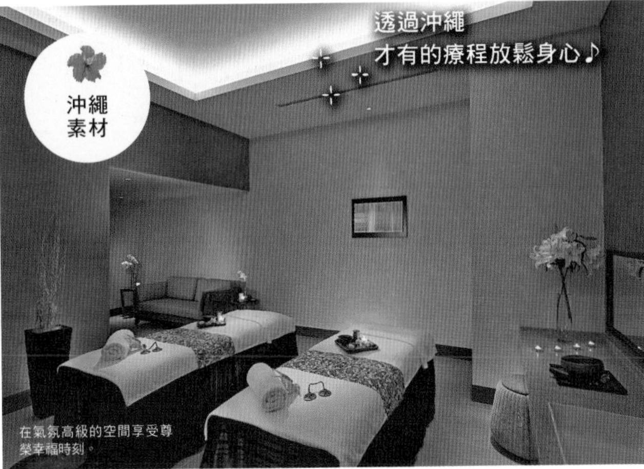

在氣氛高級的空間享受尊榮幸福時刻。

① 從大門踏進琉球的療癒世界。
② 在宮古島的天然環境下由農家培育出的白花鬼針草。
③ 萃取白花鬼針草成分製成的沖繩原創保養品「UMUI」。

位於度假飯店的SPA

AMAMI SPA

提供使用沖繩天然素材的療程，或世界最先進的護膚保養等多種選項。也有沐浴在沖繩晨光下做瑜珈的活動選項。

北谷町美濱40-1 1F（沖繩北谷希爾頓度假村內）
☎098-901-1160
營 10:00～22:00（最後預約時間21:00） 休 全年無休 交 從北中城IC約6km
有
中部 ▶MAP P22 B-2

INFORMATION

美體放鬆修護療程

採用瑞士按摩、夏威夷按摩等原創全身修護療程。

需時：約1小時
1萬3500日圓（未稅）
預約 須預約

帶回沖繩保養品！

附棉布袋的YUKUI花香浴鹽，1080日圓 Ⓐ

琉球精油各1944日圓，以沖繩為主調的綜合精油 Ⓐ

天然香皂1242日圓，香味和色彩種類豐富 Ⓑ

保濕美容液3078日圓，使用久米島的海洋深層水 Ⓑ

乾性肌專用的齋場御嶽香皂1404日圓，以齋場御嶽為商品主題 Ⓒ

清新芳香的齋場御嶽複方香精油1080日圓 Ⓒ

工作室自製手工香皂

Ⓐ La Cucina SOAP BOUTIQUE

選用月桃或香檬等沖繩當地素材，以冷製法製作的天然香皂店。也有芳療精油或浴鹽等身心舒緩產品。

那霸市松尾2-5-31 ☎098-988-8413 營 12:00～20:00 休 全年無休 交 YUI RAIL美榮橋站步行約15分鐘 無
那霸 ▶MAP P20 C-3

在沖繩擁有4家分店的人氣商店

Ⓑ Organic & Aroma Petaluna永旺那霸店

販售使用有機先進國家澳洲與沖繩島上素材製成的保養品。

那霸市金城5-10-2永旺那霸1F ☎098-594-6616 營 10:00～22:00 休 全年無休 交 YUI RAIL小祿站出站即達
有
那霸 ▶MAP P18 B-2

少量生產的手工保養品

Ⓒ Island Aroma OKINAWA

在沖繩南部知念製作手工皂的工作室附設商店。以沖繩聖地為概念的香皂和精油頗受好評。

南城市知念字吉富42
☎098-948-3960 營 10:00～18:00
休 週日、假日 交 從南風原南IC約14km 有
南部 ▶MAP P5 E-3

在沖繩很常見的「月桃」，是開白花的薑科植物。據說有殺菌和舒緩效果。

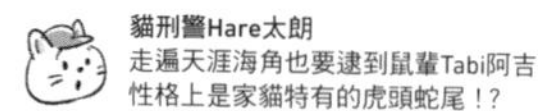

貓刑警Hare太朗
走遍天涯海角也要逮到鼠輩Tabi阿吉。
性格上是家貓特有的虎頭蛇尾！？

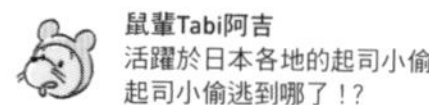

鼠輩Tabi阿吉
活躍於日本各地的起司小偷。
起司小偷逃到哪了！？

貓刑警 Hare的追捕之旅 ②

接獲鼠輩Tabi阿吉
前往古宇利島的線報！

租車

❶

今天一定要逮到他！

但是…！

58號線風景
雖美卻塞車了！

❷

大人～
您辛苦了！

哇！
Tabi
阿吉！

休息結束！

噗
啪
啪
啪
啪

給我
停下來！

喂！

我先走囉～！

呼…
路終於通了。

過了這座橋
就是古宇利島…

哇！
就像奔馳在海面上！

超棒！

❸

古宇利大橋

咦？

噗

前面來的是…？

Tabi阿吉！
你要回去了！？

唉唷～
大人您好慢喔。

給我站住～

沙
沙

在古宇利島
慢慢玩吧！！

❶ 在沖繩，那霸市內才有電車（YUI RAIL），建議租車自駕。2天1夜約5000日圓～，價格便宜。 ❷ 在出入皆開車的沖繩，經常塞車。從那霸北上時，主要道路國道58號線塞得特別嚴重，須注意。 ❸ 連接名護市屋我地島和今歸仁村古宇利島的古宇利大橋，是頗受歡迎的美景勝地。

TOURISM

HOW TO TOURISM

沖繩「觀光」事件簿

沖繩有許多景點。事前查清楚資料以提高觀光效率，避免浪費時間。

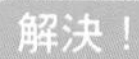

事件1

道路交通管制！今天好像有什麼活動…

說到那霸的國際通，就是買東西吃東西，悠哉散步的街道！雖想這麼做，但今天好像有大型活動，進行交通管制！

解決！ 事先知道就放心 整年活動行事曆

封街進行的大型活動，除了交通管制外，還有商店停止營業或提早關門等多項臨時調整事宜。最好先查明主要活動的行事曆。

CHECK書前別冊P.26！

1月上旬～2月上旬	本部八重岳櫻花祭	本部町 八重岳櫻之森公園
2月中旬	沖繩馬拉松	沖繩市 沖繩縣綜合運動公園
5月上旬	那霸爬龍	那霸市 那霸港新港碼頭
6月23日	沖繩慰靈日	系滿市 和平紀念公園
8月下旬	沖繩全島太鼓舞大會	沖繩市Koza運動公園田徑場、胡屋十字路口周邊
10月中旬	那霸大拔河慶典	那霸市國際通、久茂地十字路口、奧武山公園

事件2

想參觀世界遺產！到底去哪裡比較好？

到了沖繩必看琉球王國時代的世界遺產。除了首里城外好像還有很多城牆遺跡，但要去哪裡參觀呢？

解決！ 沖繩的世界遺產 散布在本島各地9處

說到世界遺產，從北到南都有，地點分散各處。有可入內參觀建築的首里城公園、只剩遺跡的城牆等等，到介紹世界遺產的網頁看看吧。

詳情請看>>>P.60

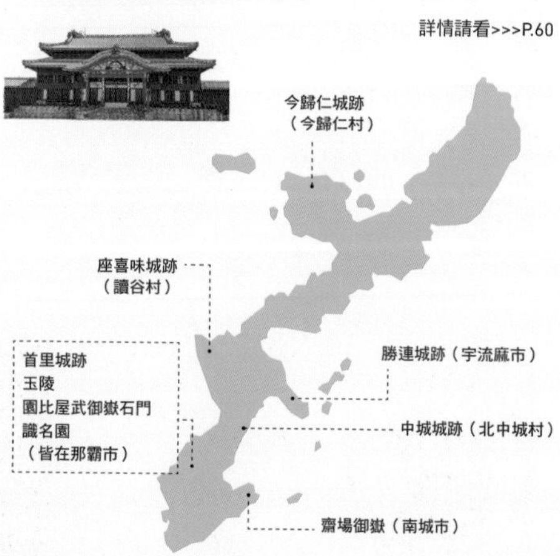

事件 3

國際通禁止通行！Transit mall是什麼？

開車開到一半，發現那霸主要街道國際通禁止通行！明明昨天才經過這裡，為什麼會這樣？？

解決！ 了解國際通的規定

總是擠滿觀光客的國際通，其實設有行人徒步區時間，這段期間禁止汽車進入。除此之外，若能事先知道以下6件事，旅行起來更方便。

1 Transit mall是什麼？

指的是行人徒步區。每週日12～18點在國際通的縣政府北口路口到蔡溫橋路口間實施。

2 注意單向通行

平日早晚的通勤時段，為了避免塞車，單向馬路會調撥成公車專用道。

3 先寄行李再購物

旅遊服務中心提供大件行李寄放服務。每天每件500日圓。也有投幣式置物櫃。

那霸市旅遊服務中心

那霸市牧志3-2-10 TENBUSU那霸1F
☎098-868-4887 營9:00～20:00 休全年無休
交YUI RAIL牧志站步行約5分鐘 停有（收費）
 那霸 ▶MAP P21 D-2

4 拿折價券

在國際通分發的「國際通導覽MAP」，附有周邊商店的折價券。

5 免費Wi-Fi

那霸市內以國際通為首的車站等共有300個地點提供免費Wi-Fi。（☎098-943-2110 那霸市區振興課）

6 商店開到22點

國際通兩旁餐飲店和商店的營業時間比較晚。多家伴手禮店開到22點左右。

沖繩縣內人氣No.1的景點！

征服沖繩美麗海水族館！

「美麗海」（Churaumi）是沖繩方言，意思是「清澈的海洋」。
這裡是縣內數一數二的人氣景點，館內相當寬敞。掌握3個參觀重點就不會遺漏任何可看之處。
世界最大的鯨鯊、色彩鮮豔的熱帶魚群……組成奇幻的海洋世界。

黑潮之海的水槽大小

深10m，寬35m，縱深27m的驚人尺寸。壓克力板的厚度也有60cm。

背上覆滿白色斑點。

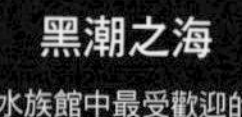

黑潮之海

水族館中最受歡迎的巨大水族箱。

Jinta的全長

名為Jinta的鯨鯊是世界最大的飼養生物。全長居然有8.7m。

鯨鯊

生存於熱帶地區的大型鯊魚。行動緩慢生性溫馴。

從各個角度觀賞「黑潮之海」

水族館內最受歡迎的水槽！從各個角度觀察2隻自在游泳的鯨鯊和約70種1萬6000隻的海洋生物吧。

C 巨大水槽觀賞區

「黑潮之海」的大水槽正面底下、上面共設有56席專用座位。可從正前方觀賞整個黑潮之海，也是最佳拍照地點。坐在專用座位一邊休息一邊感受海洋之美。

A 美麗海劇場

透過高畫質影片，介紹棲息於沖繩沿岸到外海的各種生物生態及人類與海洋間的關係。在影片放映以外的時間開放劇場。可坐在劇場的座位上欣賞黑潮之海。

高畫質影片播放TIME
需時：約20分鐘
依時期而異

B 海洋觀賞區

半圓形的天花板以透明壓克力板製成。可以從各種角度眺望，就像走在海底般。抬頭就能看見游過頭頂的鯨鯊或鬼蝠魟腹部。

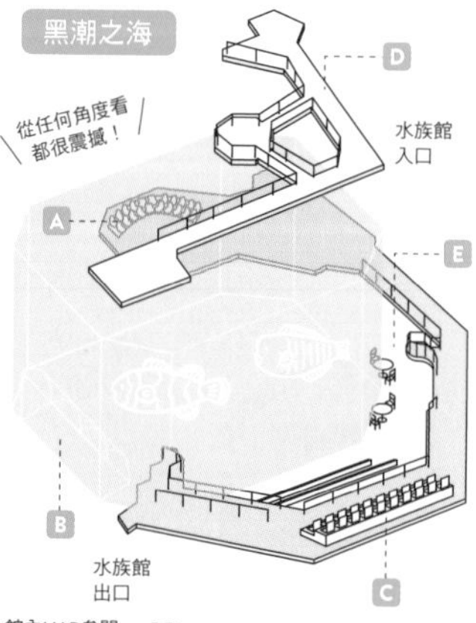

館內MAP參閱>>>P.51

世界首例

鬼蝠魟誕生

2007年人工飼養的鬼蝠魟生下寶寶，是世界成功繁殖的首例。

需時：約2小時
1850日圓

沖繩首屈一指的觀光景點

沖繩美麗海水族館

全年總入館人數超過300萬人。展示約740種，2萬1000隻海洋生物，是擁有最多世界第一和世界首例紀錄的水族館。2隻鯨鯊悠游其間的巨大水槽「黑潮之海」是必看處。

本部町石川424（海洋博公園內）
☎ 0980-48-3748 營 3～9月8:30～19:00、10～2月8:30～17:30 休 12月第1週的週三和隔天 費 1850日圓 交 從許田IC約27km 🚗有
美麗海水族館周邊 ▶MAP P12 C-1

從上面看！

D 黑潮探險（水上參觀行程）

從水上甲板觀看黑潮之海的人氣行程。在玻璃走道觀察鯨鯊。參加「黑潮探險」行程，就能走在透明玻璃上，從上面一窺鯨鯊游泳的姿態。

水槽講解TIME
約20分鐘
9:30、10:00、10:30、18:00（18:30、19:30※僅在夏季）
參觀TIME
8:30～11:00（10:45前入場）、17:30～閉館（閉館15分前入場）

E 「Ocean Blue」咖啡館

坐在水槽旁的VIP座位享用甜點或塔可飯等輕食，鯨鯊游過身邊。一邊觀賞黑潮之海，一邊度過奢侈的咖啡時光。
營 3～9月：8:30～19:00、10～2月：8:30～17:30

以水族館生物為主題做成的可愛馬芬。1個520日圓。

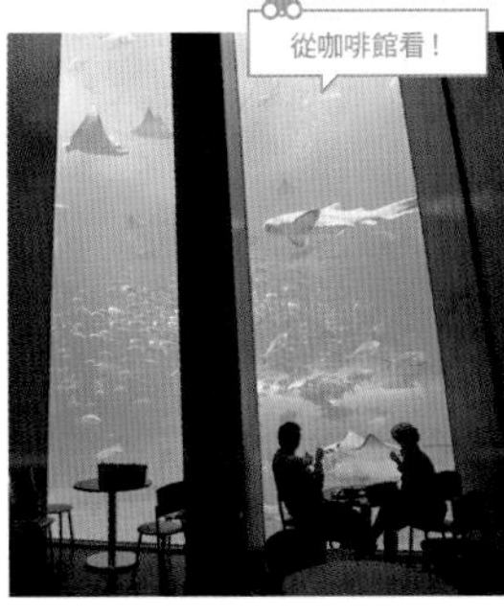
從咖啡館看！

WHAT IS

行前須知

在休息站或便利店購買優待票
在名護市的許田休息站、縣內Lawson、全家便利店等地，可以買到8～9折的預售票。

當天可無限次出入館內
在出入口出示門票票根，並於手上蓋印章，就能再度入館。享受館內白天和夜晚的不同氛圍。

免費租借語音導覽機
必須在一週前打電話或E-mail預約。可從語音導覽機中聽到各水槽的詳細解說。

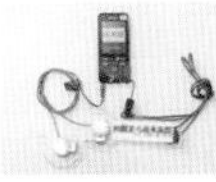

大件行李寄放館內置物櫃
善用入口大廳旁的寄物櫃（開放時間是8:30～關門前。特大型500日圓、大型300日圓、小型100日圓）。

P7立體停車場離水族館最近
海洋博公園內的停車場（免費）共有9處。可停在離目的地最近的地方。 >>>P.53

製作沖繩生物圖鑑
水族館提供10種免費的「美麗海觀察指南」。一邊參觀一邊收集，就能做成生物圖鑑。

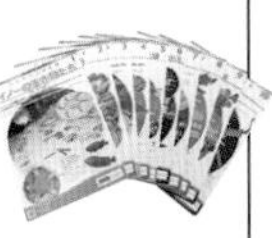

沖繩美麗海水族館內提供免費Wi-Fi。每次30分鐘，不限次數。

盡情遊覽 POINT 2

細看人氣水槽中的魚群

4層樓建築的水族館，入口位於3樓。從入口走到1樓出口觀賞必看水槽&魚群。

鐮魚

細長的背鰭飄來盪去，相當可愛。

龍王鯛

全長可達2m，屬於隆頭魚科。

特徵是頭部前方的大凸額。

餵食解說TIME
約15分鐘
13:00

A 熱帶魚之海

越往內走深度越深，從明亮的淺灘到陰暗洞窟，重現珊瑚礁的複雜地形。

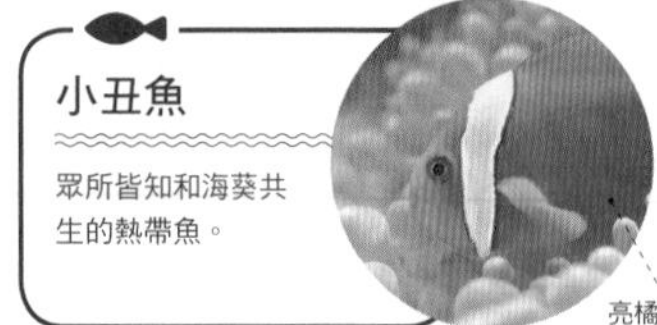

小丑魚

眾所皆知和海葵共生的熱帶魚。

亮橘色外表的小魚。

依時間和氣候改變水槽樣貌

「熱帶魚之海」和「珊瑚之海」的水槽沒有屋頂，直接引進自然光。依參觀時段或當天氣候呈現出不同的水槽風景。

水槽解說TIME
約15分鐘
11:00、15:30

水槽解說TIME
約15分鐘
10:30、12:30、14:30

B 珊瑚之海

展示的種類約有70種800個群體，其中還有存活10年以上的珊瑚。顏色和造型繽紛多姿。

擬刺尾鯛

棲息於珊瑚礁海域的岩礁中。

魚身是漂亮的寶藍色。

在近乎天然的環境下養殖活珊瑚

飼育員重現潛入本部町海域中見到的珊瑚礁風景。引入水族館前方大海的新鮮海水，讓珊瑚生活在舒適的環境下。

館內MAP

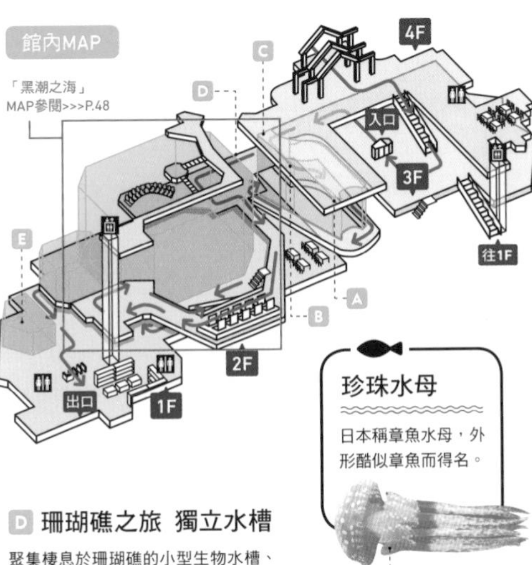

C 礁池的生物群

礁池（INO）是沖繩方言，指的是圍繞著珊瑚礁的潟湖。可以觸摸生活在淺灘的生物群，如色彩豐富的海星和海參等。

可摸到海星和海參
一進館內就能看到觸摸池。不光是看，還能直接觸摸海洋生物。

飼育員解說TIME
約15分鐘
經常

珍珠水母

日本稱章魚水母，外形酷似章魚而得名。

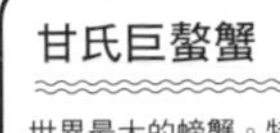

傘下有8隻口腕和附屬棒。

D 珊瑚礁之旅　獨立水槽

聚集棲息於珊瑚礁的小型生物水槽、重現紅樹林生態的水槽等，共有30個大小水槽。

橫帶園鰻&花園鰻

橫帶園鰻的特徵是白黃相間條紋。花園鰻則是黑色斑點。

僅從沙中探出頭和身體的上半部。

特徵是側面的黑色斑點。

E 深海之旅

重現水深超過200m的黑暗深海世界。擁有約70種深海生物的海底世界，每樣展示都值得仔細觀賞。

鋸鯊

突出的長嘴，有一排鋸狀牙齒，是罕見的深海鯊魚。

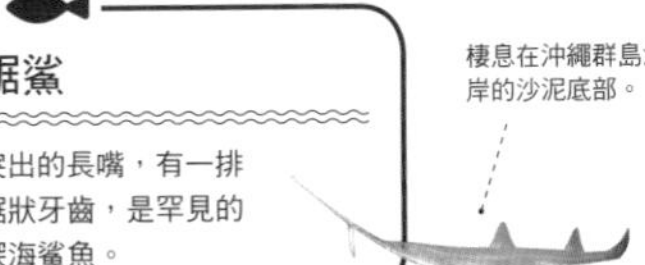

棲息在沖繩群島沿岸的沙泥底部。

甘氏巨螯蟹

世界最大的螃蟹。特徵是細長的蟹腳。

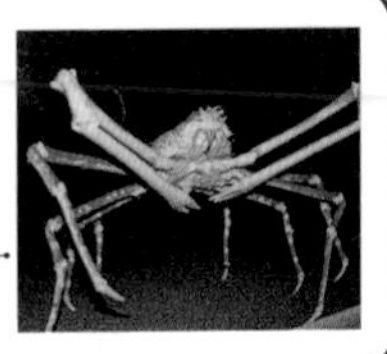

大型巨螯蟹張開蟹腳約可達4m長。

盡情遊覽 POINT 3

購買水族館原創伴手禮

還有沖繩美麗海水族館的限定商品！找出可愛的原創商品吧。

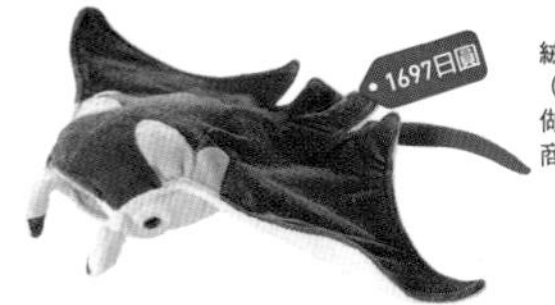

1697日圓

絨毛玩偶
（NEW仿真鬼蝠魟M）
做出鬼蝠魟細部特徵的原創商品。

1234日圓

矽膠錢包
（鯨鯊）
觸感柔軟有彈性的零錢包。還有海豚和公牛鯊造型。

540日圓

Mimi筆
紅黑2色原子筆。有花園鰻等數種造型。

Blue Manta禮品店
位於水族館1樓出口附近的禮品店。提供無論大小重量，日本境內一律1200日圓的宅配服務。

若想拍個人紀念照，館內各處允許拍照。只是，不可使用三腳架、自拍棒等妨礙他人的工具。

TOURISM 02

許多免費景點！

在海洋博公園與海洋動物面對面

沖繩美麗海水族館位於海洋博公園境內。
園區內的海洋主題設施全部免費參觀，有精采的海豚表演和海牛館、海龜館等。
連同水族館排在一起參觀吧。

可愛的海豚大跳躍 令人超感動！

還能看到表演訓練與新奇的健康檢查情景！

廣闊的公園內有多項設施

海洋博公園

需時 約2小時

以「太陽、花、海洋」為主題的國家公園。除了沖繩美麗海水族館外，還有介紹沖繩歷史、文化和自然的設施。

本部町石川424 ☎0980-48-2741（海洋博公園管理中心） 營 3～9月8:00～19:30、10～2月8:00～18:00（※時間依各設施而異）
休 12月第1週的週三和隔天
費 免費入園（※園內有付費設施）
交 從許田IC約27km 🚗有
美麗海水族館周邊 ▶ MAP P12 C-2

海洋動物 ① 海豚

觀賞在大型戶外泳池自在游泳的海豚們。池內還有養偽虎鯨和南方瓶鼻海豚。

可以近距離看到愛親近人的海豚。

此處必看！

海豚劇場

觀賞精通各種才藝的聰明海豚們獻上震撼十足的表演。

海豚表演TIME
需時：約20分鐘
11:00、13:00、14:30、16:00
（17:30※僅在4～9月）

此處必看！

潛水員表演池

在海豚劇場附設的潛水員表演池，海豚將挑戰潛水員出的考題。可以透過玻璃學習海豚生態。

潛水員表演TIME
需時：約15分鐘
11:50、13:50、15:30

此處必看！

海豚潟湖

在海豚劇場旁邊的海豚潟湖，有從甲板上餵飼料給海豚的餵食體驗。按抵達的先後順序餵食，有人數限制，額滿為止，不想錯過機會就要早點到。

海豚近在眼前！

海豚餵食體驗TIME
10:00～12:00、13:00～13:20、13:45～14:15（發放號碼牌13:20～13:45）
15:15～15:45（發放號碼牌14:45～15:15）
※依序餵食，飼料費500日圓

海豚觀察會TIME
需時：約15分鐘
10:00、11:30、13:30、15:00（在海豚劇場舉辦。10：00這場有時也會在海豚潟湖進行）

在水中悠然自得的姿態好可愛

海牛咀嚼食物的畫面難得一見。幸運的話就看得到！

海洋動物 ❷ **海牛**

海牛據說是美人魚的原型。因為屬於瀕危物種，列為國際保護動物。成年後的海牛體重可達300～1000kg。

此處必看！

海牛館

飼養4頭美洲海牛的人氣景點。在建築物1樓可從水面上觀察海牛的姿態，另外，地下室也設有水中觀察室。

慢慢觀察5種珍貴的海龜～

也有產卵用的沙坑喔！

海洋動物 ❸ **海龜**

可看到玳瑁、綠蠵龜，和日本少見的麗龜等。聽說1994年，玳瑁成功產卵、孵化，是世界首例。

此處必看！

海龜館

飼養5種海龜。可以從水上看到海龜在水面游泳的姿態，也可在地下室看海龜悠游水中的泳姿。

WHAT IS

海洋博公園

公園面積廣大，設有9處停車場。選擇離目的地近的停車場吧。順帶一提，離沖繩美麗海水族館和海豚劇場最近的是P7停車場。

搭乘遊覽車
在寬敞的公園內輕鬆移動！

可搭乘1次100日圓的循環巴士。每隔6～30分鐘行駛於園內的13處停靠站，方便在寬敞的公園內移動。1日周遊券則是200日圓。

還有這些！

海洋博公園內的景點！

沖繩鄉土村

重現17～19世紀的沖繩村落。會舉辦各種活動和體驗項目。
㊇ 3～9月8:30～18:30、10～2月8:30～17:00
㊎免費 MAP P12 C-2

海洋文化館

介紹以沖繩為首，太平洋地區海洋民族的歷史和文化。星象儀也頗受歡迎。
㊇ 3～9月8:30～18:30、10～2月8:30～17:00
㊎190日圓 MAP P12 C-2

翡翠海灘

呈Y字型突出的珊瑚砂海灘。戲水之外，也可享受散步樂趣。
㊇ 8:00～19:00（10月～17:30） ㊡ 開放期間無休（游泳期間4～10月底）
㊎免費 MAP P12 C-1

熱帶夢幻中心

2000株蘭花為首，館內開滿鮮豔的熱帶、亞熱帶花卉。也有結實累累的水果溫室。
㊇ 3～9月8:30～18:30、10～2月8:30～17:00
㊎ 760日圓（出示水族館票根，門票半價）
MAP P12 C-2

海豚劇場很受歡迎，尤其是旺季經常擠滿遊客。建議早一點坐在能觀賞到震撼畫面的前排座位！

TOURISM 03

看東西&吃東西&買東西！！

漫步國際通

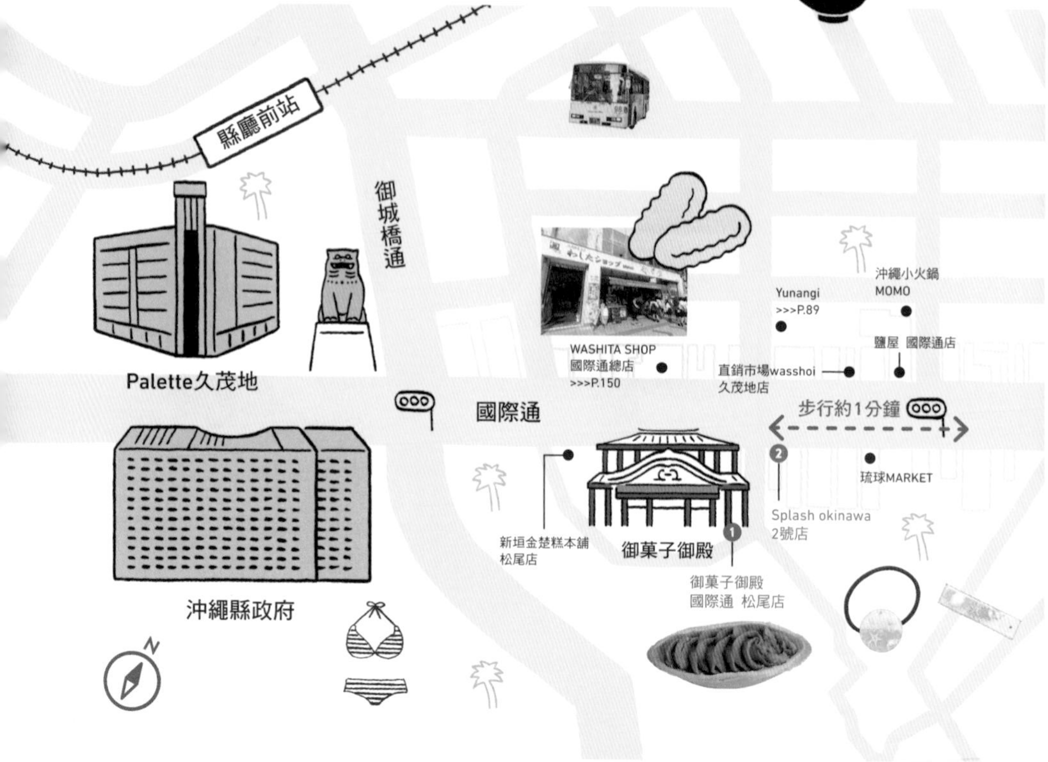

縣廳前站

御城橋通

Palette久茂地

沖繩縣政府

國際通

WASHITA SHOP
國際通總店
>>>P.150

Yunangi
>>>P.89

沖繩小火鍋
MOMO

鹽屋 國際通店

直銷市場wasshoi
久茂地店

步行約1分鐘

新垣金楚糕本舖
松尾店

御菓子御殿

❶ 御菓子御殿
國際通 松尾店

❷ Splash okinawa
2號店

琉球MARKET

WHAT IS

國際通

注意單向通行

平日早晚的通勤時段，因為單向馬路會調撥成公車專用道，開車時要注意。

伴手禮店開到22點

街道兩旁的餐飲店和商店，特色是營業時間較晚。不需在意時間可以盡情地逛。

寄放行李

那霸市旅遊服務中心除了投幣式置物櫃外，櫃台也可以寄放行李。
>>>P.47

要買沖繩特產就是這裡！

御菓子御殿
國際通松尾店

首創紅芋塔而聞名的點心店。彷彿回到琉球王國時代的紅瓦建築相當醒目。紅芋塔6個裝648日圓。

那霸市松尾1-2-5
☎ 098-862-0334 營 9:00～22:00（8～9月～22:30）
休 全年無休 交 YUI RAIL縣廳前站步行約4分鐘
🚗 無

那霸 ▶MAP P20 A-3

熱帶風情滿點的沖繩雜貨

Splash okinawa 2號店

以「沖繩設計沖繩才有的雜貨」為概念。以貝殼等海洋生物為圖案的首飾或家居雜貨種類豐富。髮圈885日圓、繡字毛巾手帕756日圓。

那霸市松尾1-3-1 ☎ 098-988-1238 營 10:00～22:00
休 全年無休 交 YUI RAIL縣廳前站步行約5分鐘 🚗 無

那霸 ▶MAP P20 B-3

軟嫩易入口的漢堡排

Zooton's

從漢堡排、圓麵包到培根都堅持自製的漢堡店。最受歡迎的酪梨起司漢堡是820日圓。不強調食材的個別風味，整體搭配得恰到好處。

那霸市久茂地3-4-9
☎ 098-861-0231 營 11:00～20:30（週二、日～16:30）
休 全年無休 交 YUI RAIL縣廳前站步行約5分鐘 🚗 無

那霸 ▶MAP P20 B-3

延伸至那霸市中心全長1.6km的主街！這條街上應有盡有，
能滿足美食購物各種需求，一起從街頭走到街尾吧。
慢慢逛的話，一定可以找到喜歡的東西。

買到超美味的生牛奶糖

MA-SAN MICHEL

在店內工作室製作手工牛奶軟糖的人氣商店。提供以芒果為首，黑糖、椰子等沖繩當地口味。包裝也很可愛適合當伴手禮。5顆裝580日圓。

那霸市久茂地3-29-70
☎098-863-8989
營10:00～21:00
休全年無休
交YUI RAIL美榮橋站步行約8分鐘 🚗無
那霸 ▶MAP P20 B-3

圓滾滾的甜甜圈球擄獲人心

BALL DONUT PARK

位於新天堂通附近的甜甜圈店。把水果、堅果或醬料撒在小甜甜圈球上。最受歡迎的是味道清爽的檸檬&砂糖（8個裝）410日圓。

那霸市牧志1-1-39
☎098-988-9249
營12:00～20:00
休全年無休
交YUI RAIL縣廳前站步行約8分鐘 🚗無
那霸 ▶MAP P20 C-3

這就是沖繩冰

BLUE SEAL冰淇淋 國際通店

使用沖繩食材的創新口味最受歡迎，如今已擴展至日本全國的冰淇淋店。也賣可麗餅。

那霸市牧志1-2-32
☎098-867-1450
營10:00～22:30（週五、六～23:00） 休全年無休
交YUI RAIL縣廳前站步行約8分鐘 🚗無
那霸 ▶MAP P20 C-2

渾身散發海灘風情

Okinawan Resort Ti-da Beach

主打海灘風情飾品和雜貨的精品店。有色彩豐富的2700日圓蠟燭等多款藝術家手作商品。

那霸市松尾2-2-13 Shatore松尾 ☎098-917-1004
營12:00～20:00 休不定
交YUI RAIL美榮橋站步行約15分鐘 🚗無
那霸 ▶MAP P20 C-3

從那霸機場搭YUI RAIL到離國際通最近的縣廳前站只要13分鐘，交通方便。從縣廳前站到國際通走路只要5分鐘。

8 嘟嘟車租借處
那霸國際通店

沖映通

HAPINAHA
>>>P.158

沖繩T恤橫丁
Blue Coco

久高民藝店

HAN'S國際通店

A&W
國際通牧志店

睦橋Kadoya

1

星巴克

HAPINAHA

2

KUKURU那霸店
>>>P.137

Albatross銀飾館

國際通

水果市場

4

Calbee+
沖繩國際通店

7 Shop Naha

唐吉軻德

3

牛排屋88國際通店

TENBUSU那霸

國際通屋台村

現烤起司塔
專賣店PABLO
沖繩國際通店

市場本通

睦橋通

平和通

第一牧志公設市場
>>>P.78

沖繩人最愛吃的漢堡

A&W國際通牧志店

沖繩人最愛去，暱稱「ENDA」的漢堡店。3樓的露天座位頗受歡迎。加了牛肉、番茄和奶油起司等的經典漢堡The★A&W漢堡，定價是650日圓。中杯麥根沙士220日圓可免費續杯。

那霸市牧志2-1-21
☎ 098-943-2106 ㊫ 9:00～22:00 ㊡ 全年無休
YUI RAIL牧志站步行約5分鐘 無

那霸 ▶MAP P21 D-2

創立50年的精品鑑賞店

久高民藝店

老字號精品店，販售老闆精挑細選的沖繩傳統工藝品。寬敞的店內擺滿琉球玻璃、紅型、陶器、花織等商品。作品都有標明藝術家或工作室名稱，可以安心選購。

那霸市牧志2-3-1 K2大樓1F ☎ 098-861-6690
㊫ 10:00～22:00 ㊡ 全年無休 YUI RAIL牧志站步行約5分鐘 無

那霸 ▶MAP P21 D-2

研發紅芋甜點

現烤起司塔專賣店PABLO

沖繩國際通店

爆紅的起司塔專賣店。沖繩限定款紅芋起司塔1296日圓，加上外帶商品，種類豐富。

那霸市松尾2-8-19唐吉軻德國際通店1F ☎ 098-867-8260 ㊫ 11:00～23:00（依季節時有變動） ㊡ 不定
YUI RAIL美榮橋站步行約8分鐘 無

那霸 ▶MAP P21 D-2

沖繩零食供應站

Calbee+

沖繩國際通店

卡樂比的直營門市店。沖繩當地的限定口味「甜味薯條（紅芋）」310日圓頗受歡迎。個別包裝的「黑糖薯塊」825日圓，很適合當伴手禮。

那霸市牧志3-2-2
☎ 098-867-6254（卡樂比客服組） ㊫ 10:00～21:00（熟食小吃～20:30） ㊡ 全年無休 YUI RAIL牧志站步行約5分鐘 無

那霸 ▶MAP P21 D-2

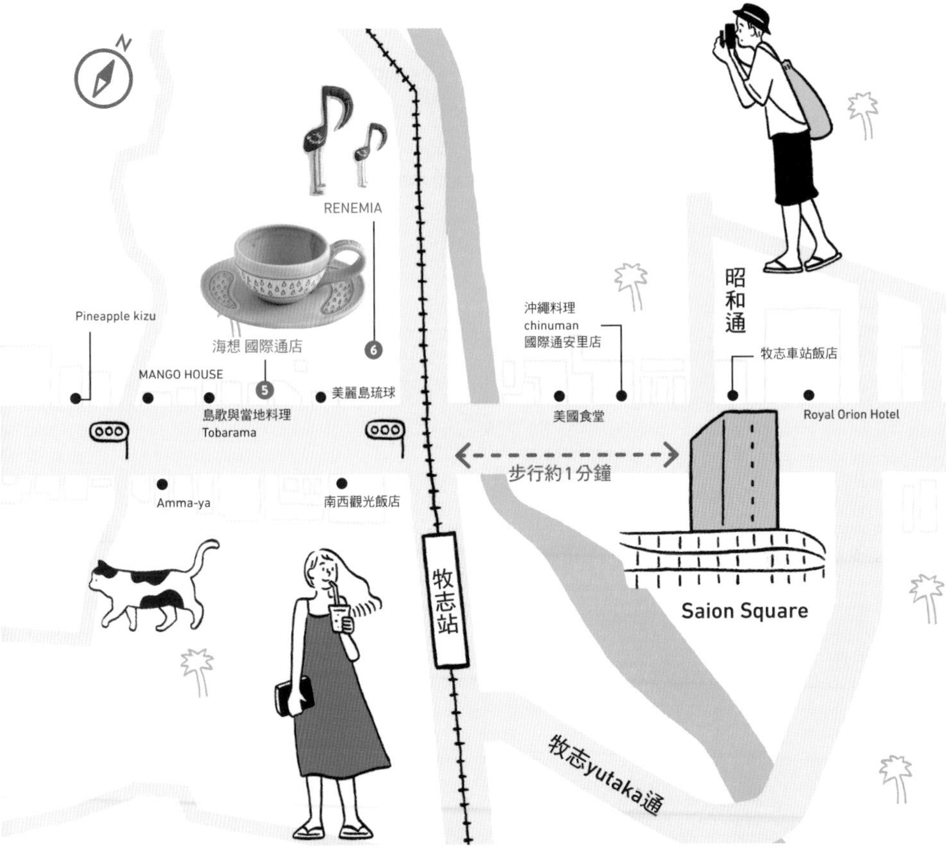

RENEMIA
Pineapple kizu
海想 國際通店
6
MANGO HOUSE
5
美麗島琉球
島歌與當地料理
Tobarama
Amma-ya
南西觀光飯店
沖繩料理
chinuman
國際通安里店
昭和通
牧志車站飯店
美國食堂
Royal Orion Hotel
步行約1分鐘
Saion Square
牧志站
牧志yutaka通

縣內藝術家的作品齊聚一堂

海想國際通店

沖繩縣內有數家「海想」店鋪，這家成立時間最久。除了原創商品外，還有沖繩縣內人氣藝術家&工作室的作品，如陶器、琉球玻璃等，種類豐富。雙子堂的杯盤組4277日圓。商品會依進貨情形而有所不同。

⌂那霸市牧志2-7-22 COSMO大樓1樓 ☎098-863-7117 營10:00～22:00（週六、日、假日～23:00） 休全年無休 交YUI RAIL牧志站步行約2分鐘 🚗無

那霸 ▶MAP P21 E-2

宛如藝廊的商店

RENEMIA

在藝廊般的簡潔空間，陳列縣內創作者的手工藝品、藝術品、自製香草茶等的精品店。紅鶴布偶1620日圓～、育陶園的唐草茶碗5400日圓。

⌂那霸市牧志2-7-15 ☎098-866-2501 營13:00～18:00 休週日（展覽期間照常營業） 交YUI RAIL牧志站步行約2分鐘 🚗無

那霸 ▶MAP P21 E-2

沖繩伴手禮大集合

Shop Naha

位於那霸市旅遊服務中心的沖繩縣特產直營店。以沖繩「良品」為主題網羅各式沖繩伴手禮。以78（Naha，和那霸的日文念法同音）為造型的Naha餅（8片裝）842日圓，很適合當伴手禮。蒐集觀光資訊時順便進來逛逛吧。

⌂那霸市牧志3-2-10 TENBUSU那霸1F ☎098-868-4887（那霸市旅遊服務中心） 營10:00～20:00 休全年無休 交YUI RAIL牧志站步行約5分鐘 🚗有（收費）

那霸 ▶MAP P21 D-2

租借嘟嘟車

嘟嘟車租借處
那霸國際通店

持有一般汽車駕照就能借台彩色嘟嘟車趴趴走。因為駕駛方法特殊，建議習慣開車或騎車的人租借。4人座1小時3480日圓（保險2300日圓）

⌂那霸市牧志2-16-19（YOU-I租車公司內） ☎098-840-1611 營8:00～19:00 休全年無休 交YUI RAIL美榮橋站步行約5分鐘 🚗無

那霸 ▶MAP P21 D-2

國際通全長1.6km。依地點不同有時搭YUI RAIL從縣廳前站逛到牧志站比較輕鬆。也可善用計程車！

TOURISM 04

不只賞景！更有多種玩法

在絕景勝地的感動體驗

突出於美麗深藍大海的岬角，隨著清晨與傍晚呈現不同的自然風貌，十分迷人。景色優美，還可乘船或潛水，在擁有多重樂趣的風景名勝，將壯闊美景盡收眼底。

碧藍大海，美不勝收。

WATCH

象鼻

突出於海面的斷崖形狀酷似象鼻。崖上有遼闊的天然草皮。

WATCH

珊瑚礁

周邊海水透明度高享譽盛名，底下的珊瑚礁一覽無遺。

享受萬座毛的遠近雙重絕景

白天傍晚皆美景！

萬座毛

琉球石灰岩斷崖和清澈透明的海水相當美麗。是頗受歡迎的夕陽勝地，一到傍晚就擠滿人。

恩納村恩納 ☎098-966-2893（恩納村觀光協會）㊝自由參觀 ㊋從屋嘉IC約6km 🚗有

西海岸度假區 ▶ MAP P10 C-2

免費停車場

旁邊的免費停車場可停放40台車，旺季期間常會停滿。

HOW TO

繞行萬座毛

萬座毛周邊設有步道，走一圈約10～20分鐘。沿著步道有珍貴的野生植物。

林投樹和草海桐等亞熱帶植物茂盛。

夫妻岩

並立於海上的2座小礁石。中間以注連繩相連，有喜結良緣之意。

要看清楚名景象鼻，從萬座毛的觀景區眺望最清楚！

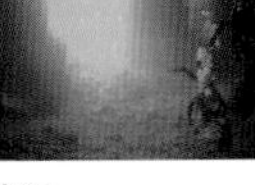

+α

藍洞

真榮田岬是人氣潛點。洞窟內藍光粼粼，充滿神祕感。參加浮潛團等就能入內一探。

海水透明度頗受潛水客好評

真榮田岬

人氣潛點，走下樓梯就能直接入海。

恩納村真榮田469-1 ☎098-982-5339（真榮田岬管理事務所）營 7:00～18:30（依季節而異） 休 全年無休 費 免費 交 從石川IC約7km 🚗 有（收費）

西海岸度假區 ▶MAP P10 A-3

+α

殘波岬休憩廣場

Ti-da33

位於殘波岬旁的複合設施。有烤肉區，在互動廣場還可餵食山羊。

☎098-958-0038

搶眼上鏡的白色燈塔

殘波岬

高30m斷崖峭壁連綿約2km遠。天氣晴朗時可一覽慶良間群島風光。

讀谷村宇座 ☎098-958-3041（燈光會殘波岬分所） 營 自由參觀（燈塔9:30～16:30、10～4月9:00～16:00） 費 燈塔參觀費200日圓 交 從石川IC約14km 🚗 有

西海岸度假區 ▶MAP P8 A-1

+

👀+α 樂賞雙重美景！

夕陽

可飽覽沉入東海水平線的落日美景，這裡也是有名的夕陽勝地。

玻璃底船

鯨魚造型船的船底用玻璃製成。盡享海中散步樂趣。

+α

海中觀景塔

從24扇窗戶觀察360度的遼闊海底世界。

觀察熱帶魚群的海洋世界

部瀨名海中公園

位於部瀨名岬的前端。可透過海中觀景塔和專用船觀賞海中世界。

名護市喜瀨1744-1 ☎0980-52-3379 營 9:00～17:30（11～3月～17:00，海中觀景塔7～8月～19:00） 休 全年無休（會依海況停止營業） 費 海中觀景塔+玻璃底船2060日圓 交 從許田IC約5km 🚗 有

西海岸度假區 ▶MAP P11 D-2

伴手禮SHOP

伴手禮店

停車場兩旁有多家洋溢昭和情懷的伴手禮店，充滿懷舊氣氛。

萬座毛的名稱由來，取自琉球王尚敬曾讚譽其為「可坐萬人的草原」。

TOURISM 05

流傳至今的琉球王國繁榮軌跡

尋訪世界遺產

2000年12月，沖繩世界遺產登錄為日本第11個世界文化遺產。
走訪9處世界遺產，親身感受遺產訴說的琉球歷史。

裝點琉球王國的誕生 5座古城

首里城正殿深受中國建築的影響。

統一琉球王國的據點

首里城跡

建於俯瞰那霸市區的高台上，是座色彩鮮豔的城堡。雖然築城的年代與城主已不可考，但1429年琉球統一後，作為政治行政及國家禮儀場所、國王住處，擔任了450餘年的王府中樞機關。過去因沖繩戰役等四度被燒毀，目前看到的是復原後的建築。

首里城公園>>>P.70

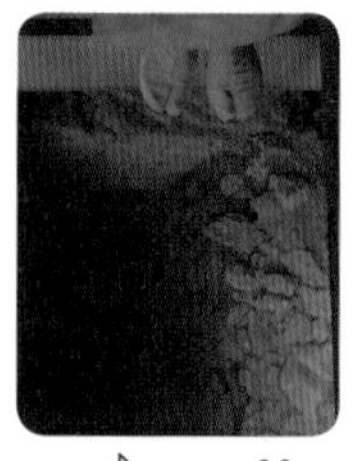

位於地下的世界遺產「遺跡」
首里城正殿地底下殘留的石牆正是登錄世界遺產的城跡。

從志慶真門郭可以看見大海。

全長1.5km，結構穩固的城牆
以人力堆砌而成的蜿蜒石牆，訴說當時北山王的勢力。

擁有10個城郭的雄偉城跡

今歸仁城跡

位於沖繩本島北部本部半島北邊，是琉球統一前北山王的居城。以規模僅次於首里城而自豪的巨大山城，特色是如龍般蜿蜒盤踞在山坡上的城牆和能遠望湛藍大海的美景。也有不少人前來參觀位於古城內外的祭拜所和御嶽。這裡也是眾所皆知，1～2月盛開的緋寒櫻勝地。

今歸仁村今泊5101 ☎0980-56-4400（今歸仁村古城交流中心） 營8:00～17:30（5～8月～18:30） 休全年無休
費門票400日圓（今歸仁城跡和歷史文化中心通票）
交從許田IC約26km 🚗有

美麗海水族館周邊 ▶MAP P13 D-2

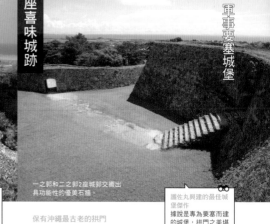

座喜味城跡
軍事要塞城堡

一之郭和二之郭2座城郭交織出具功能性的優美石牆。

護佐丸興建的最佳城堡傑作
據說是專為要塞而建的城堡，拱門之美堪稱卓越。

保有沖繩最古老的拱門

座喜味城跡

15世紀初期由築城名將護佐丸所建。護佐丸是中山軍的武將之一，參與中山王尚巴志進攻北山之戰，立下攻陷今歸仁城的戰功後，蓋了座喜味城。由一之郭和二之郭組成的城牆厚實堅固，勾勒出獨特的曲線美。是所有城堡中，唯一沒有祭拜所或御嶽的古城。

讀谷村座喜味708-6 ☎098-958-3141（讀谷村立歷史民俗資料館） 營自由參觀 交從石川IC約14km 🚗有

西海岸度假區 ▶MAP P9 D-1

沖繩的世界遺產

名為琉球王國的獨立國家。以海外貿易而馳名的獨特王國文化和信仰型態特質獲得肯定，得以登錄為世界遺產。

登錄名稱 琉球王國的城堡及相關遺產群

遺產類別 文化遺產

登錄年 2000年（平成12年）

世界遺產MAP

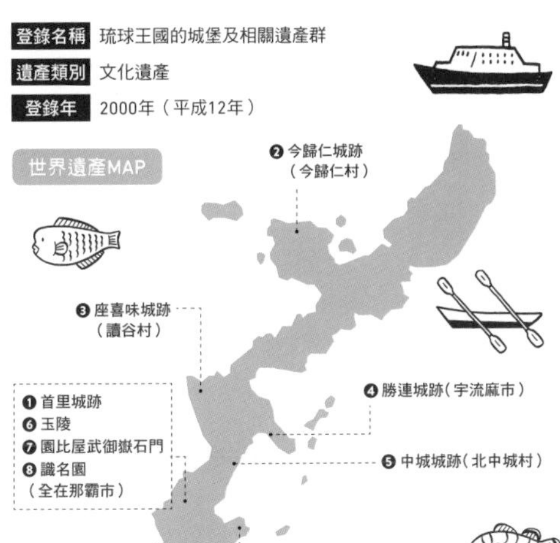

琉球王國是？

從15世紀前半期起450餘年間，以首里為中心而存在的王國。琉球境內三國分立，中山王尚巴志統一後，創立琉球王國。受到中國和日本的影響，發展出獨特的文化。

14世紀中期 三王國分立：北山　中山　南山

15世紀前半期 中山王尚巴志統一三山：琉球王國（第一尚氏王朝）

一天內尋訪9處世界遺產？

因為地點分散從北到南都有，要在一天內看完所有遺產時間上相當緊迫。最好花兩天以上時間慢慢走訪。配合其他觀光勝地或美食一路遊玩吧。

10 【首里城跡】琉球王朝畫卷遊行

首里城祭的主要活動。參加者穿著華麗衣裳在國際通上遊行，重現琉球物語。

12 【中城城跡】中城城大奧風草節

1.2 1月下旬～2月上旬 【今歸仁城跡】今歸仁城跡櫻花祭

勝連城跡
勝連城跡的石牆巧妙地運用地形。
覬覦天下的阿麻和利之城
城堡結構活用丘陵的高低差
高低差達20m的石牆，勾勒出美麗曲線蜿蜒而上。
中城城跡
巧妙運用地形，曲線優美的城牆。
感受琉球戰亂的城堡
多處遺跡保有原貌
可能是身為公家機關，所以在沖繩戰役中破壞甚少。

盡情享受超廣角的碧海景致

勝連城跡

這裡是打著推翻首里王府的反旗，第10代城主阿麻和利的居城。推行海外貿易，為勝連帶來繁榮的阿麻和利是當地英雄。1458年打倒政敵中城城的護佐丸後，接著進攻首里城卻戰敗而亡。從勝連城一之郭眺望中城灣，視野遼闊，是絕佳觀景地。

宇流麻市勝連南風原3908　☎098-978-7373（勝連城跡休息處）　㊫自由參觀（休息處9:00～18:00）　㊋從沖繩北IC約10km　🚗有

中部 ▶MAP P9 D-2

威風凜凜的難攻不落城

中城城跡

15世紀中旬座喜味城主護佐丸為了牽制阿麻和利遷居至此。擁有美麗石牆和6個城郭，砌石技術之高獲得培理艦隊一行人的稱讚。從砌法不同的石牆可以看出時代變遷。被阿麻和利率領的琉球王府軍攻陷時，護佐丸在這裡迎來死期。

北中城村字大城503　☎098-935-5719　㊫8:30～18:00（10～4月～17:00）　㊡全年無休　㊐400日圓　㊋從北中城IC約5km　🚗有

中部 ▶MAP P8 C-3

除了這5座古城外，沖繩境內還有200多處古城。不僅是城堡，也包括只剩天然石頭堆成的遺跡。

琉球文化的遺物 4處相關遺產

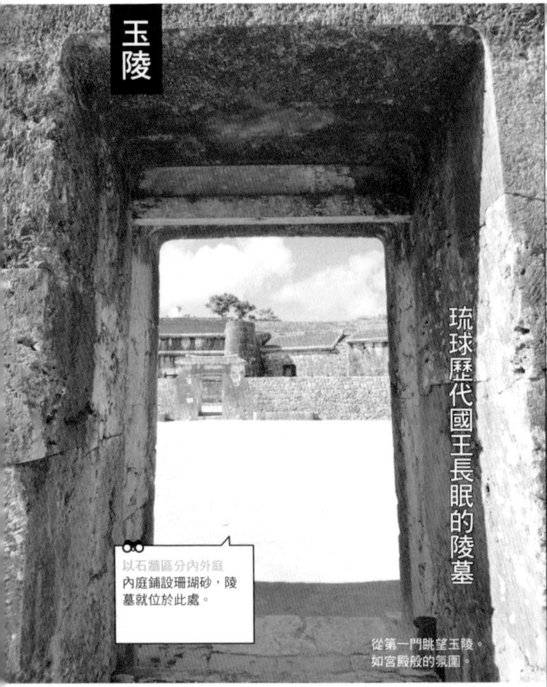

玉陵

琉球歷代國王長眠的陵墓

以石牆區分內外庭
內庭鋪設珊瑚砂，陵墓就位於此處。

從第一門眺望玉陵。如宮殿般的氛圍。

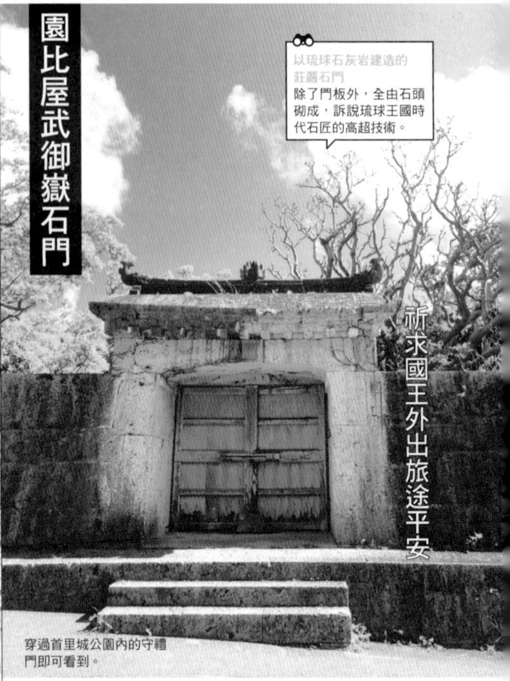

第二尚氏王朝的雄偉陵墓，1501年尚真王為遷葬父親尚圓王所建。墳墓外形據說是沖繩特有的破風墓原型。墓室分成東室、中室、西室三區，中室安放撿骨前的遺體，東室埋葬國王和王妃，西室埋葬特定王族。

面向陵墓由左依次是東室、中室、西室。

位於墓室東塔，鎮守國王陵寢的石獅子。

充滿謎團的國王陵墓

玉陵

那霸市首里金城町1-3　☎098-885-2861　營9:00～17:30　休全年無休　費300日圓　交YUI RAIL首里站步行約15分鐘　🚗無

首里 ▶MAP P23 D-1

園比屋武御嶽石門

祈求國王外出旅途平安

以琉球石灰岩建造的莊嚴石門
除了門板外，全由石頭砌成，訴說琉球王國時代石匠的高超技術。

穿過首里城公園內的守禮門即可看到。

國王出城時，在此祈求旅途平安的祭拜所，第二尚氏王朝第3代尚真王於1519年興建的石門。琉球人認為神明從天降臨樹木或岩石上，石門後方的廣闊森林是聖地。也是「東御迴」（>>>P.69）的起點，現今參拜者也絡繹不絕。

位於石門旁的石碑。記載登錄世界遺產的經過。

祈求國王平安的神聖石門

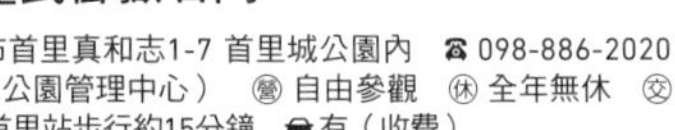

園比屋武御嶽石門

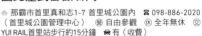

那霸市首里真和志1-7 首里城公園內　☎098-886-2020（首里城公園管理中心）　營自由參觀　休全年無休　交YUI RAIL首里站步行約15分鐘　🚗有（收費）

首里 ▶MAP P23 E-1

齋場御嶽

必看！

琉球王國最崇高的聖地

御嶽內的6處祭拜所
從入口起大庫理、寄滿、Shikyuyodayuru、Amadayuru、三庫理和Chonohana等祭拜所散布其間。

最早的祭拜所「大庫理」，在此舉行就任儀式等國家祭典。

琉球王府地位最高的祝女（女祭司），聞得大君的就任儀式「御新下」也在此處進行，是相當神聖的御嶽。御嶽內有6處祭拜所。以前禁止男性進入，據說就連國王也只能來到御嶽前。是創建琉球的神明阿摩美久（>>>P.68）最初設立的7個御嶽之一。

2塊巨石互相支撐的「三庫理」。

與阿摩美久神話息息相關的聖地

齋場御嶽

>>>P.66

從位於「三庫理」內的祭拜所遠眺久高島。

識名園

琉球王族別墅

融合日本和中國文化的庭園
以日本庭園的架構為基礎，混搭中國風與琉球風設計的建築。

開滿四季遞嬗的花卉，風景優美的迴遊式庭園。

位於首里城以南約3km處，是琉球王族的別墅。作為王族休養、接待中國皇帝的使者、冊封使的場所。建於1799年尚溫王時代，在沖繩戰役中毀損，修復整建後對外開放。園內種滿熱帶林木，建有中國風涼亭「六角堂」和石橋的迴遊式庭園相當美麗。

立在池塘中央的中國風涼亭「六角堂」。

紅瓦屋頂的宅邸是琉球式建築。

招待冊封使的王族別墅

識名園

那霸市真地421-7　☎ 098-855-5936　營 9:00～17:30（10～3月～17:00）　休 週三（若遇假日順延至隔天）
費 400日圓　交 YUI RAIL首里站開車約10分鐘　🚗 有
那霸 ▶MAP P23 E-3

至今仍會在園比屋武御嶽石門和齋場御嶽舉行祭拜儀式。請謹言慎行勿隨意攀談或拍照。

TOURISM 06

南部最大的熱帶叢林區

到甘加拉山谷來場祕境探險

位於南部的甘加拉（Gangala）山谷，坐擁遠古自然景觀，生命力旺盛。
有不少值得一看的景點，如亞熱帶植物、涼爽的鐘乳石洞等。
跟著導覽團開心尋訪能感受到神祕生命的療癒地吧！

導覽團景點 ①

細葉榕王

就算在甘加拉山谷中，這樹的存在仍是令人震撼。樹齡約150年。長達15m的氣根緩緩移動攀爬，因此又稱「會走路的榕樹」。

需時
約1小時20分鐘

漫步於大自然
創造的神祕山谷中

在大自然中深呼吸

甘加拉山谷

2萬年前的人類「港川人」很可能住在這片亞熱帶森林區，目前仍在調查中。參加導覽團一睹歷史上的珍貴遺跡。

南城市玉城前川202　☎098-948-4192　營9:00～18:00（預約報名）
休全年無休　交從南風原南IC約6km
有

南部 ▶MAP P5 D-2

體驗DATA

導覽團

需時：約1小時20分鐘
¥ 2200日圓
預約 一天前預約
（當天需洽詢）
出發時間 10:00/12:00/14:00/16:00

氣勢驚人的細葉榕王，充滿生命力。

跟著導覽團參觀！

景點 ②

Inagu洞

Inagu是沖繩方言「女性」的意思。以前可進入洞穴參拜，但現在只能從上方往內看。在此祈求順產及良緣。

可以看到香爐！

好涼爽！

提著燈走進洞穴。

景點 ③

Ikiga洞

Ikiga是「男性」的意思，自古就有人們來此祈求生命的誕育與成長。和Inagu洞相鄰。

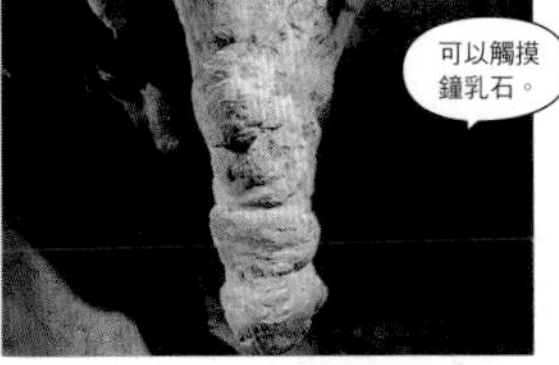

可以觸摸鐘乳石。

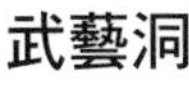

景點 ④

武藝洞

或許港川人曾住在這裡？

這裡是導覽團的最後一站。挖掘出約3000年前的石棺，據說裡面有呈俯臥姿態的40多歲男性骨骸。另外也有大量化石出土。

挖出許多化石！

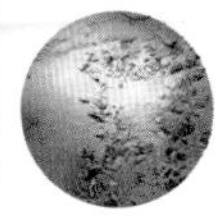

石棺出土的地方。

HOW TO

甘加拉山谷的玩法

甘加拉山谷雖然擁有珍貴的大自然與化石，卻能輕鬆入內參觀。以下介紹旅程規畫重點。

只有預約制的導覽團才能漫遊山谷

為了保護地質與自然環境，只有預約者才能進入山谷參觀。可上官網或打電話預約。有時會依當天情況增加場次。

任何季節都OK！

無論哪個季節來都能看到翠綠植物，能親身體驗沖繩的大自然，不過，建議夏天時過來，可以欣賞到陽光灑落林間的美景。

就算下雨導覽團依舊出發

路途中有樹葉可代替雨傘，走在洞穴裡也不會淋濕，就算下雨也能玩。不過，最好穿著行動方便的服裝與鞋子。

運氣好的話還能看到考古調查情景

在每年的固定時期，會有當地研究人員在此進行考古，挖掘石器或人骨等。

從CAVE CAFE也看得到。

必看日本唯一！？的洞穴咖啡館！

位於甘加拉山谷入口，直接在天然鐘乳石洞內開設的咖啡館。一般遊客也可以進來用餐。建議參加者在集合時間前過來，悠哉地在此等候導覽團出發。

冰淇淋（單球）330日圓
酸味明顯的朱槿花是新口味。

朱槿花蘇打 370日圓
也有加了朱槿花和沖繩水果的各式果汁。

在鐘乳石洞咖啡館休息片刻

CAVE CAFE

在有無數鐘乳石垂下的天然鐘乳石洞內開設的咖啡館。

南城市玉城前川202 ☎ 098-948-4192 營 10:00～17:30 休 全年無休 交 從南風原南IC約6km 🚗 有

南部 ▶MAP P5 D-2

因為在鐘乳石洞內，就算夏天也涼爽。

透過導覽員的解說能可清楚認識甘加拉山谷。別忘記導覽團須事先預約。

TOURISM 07

琉球神話的誕生地

在2大聖地充電

在祭拜所立正站好 祈求心靈平靜

齋場御嶽MAP

三庫理
大庫理
石板路
寄滿
331
御門口
綠之館Sefa
P
售票處
南城市地區物產館

琉球王國最崇高的聖地

齋場御嶽

需時 約1小時

在開闢琉球的傳說中也曾登場，是琉球最崇高的聖地。枝繁葉茂的聖域中有大庫理等6處神域，現在也是信仰膜拜地。目前登錄為世界遺產。

- 南城市知念久手堅539
- ☎098-949-1899（綠之館Sefa）
- 營 9:00～17:30（11月～2月～17:00） 休 不定 費 300日圓
- 交 從南風原北IC約16km 🚗有

南部 ▶MAP P5 F-3

兩塊琉球石灰岩靠在一起形成三庫理。 刊登許可：南城市教育委員會

尋訪2大聖地的走法

搭乘渡輪就能連續拜訪2大聖地。以下介紹一天就能走完的方法。

購票

在南城市地區物產館停車後購票。從這裡走到御嶽入口約10分鐘。

祭拜所巡禮

走訪「大庫理」、「寄滿」、「三庫理」3處祭拜所。

在三庫理膜拜

穿過2塊巨石，一走進裡面的祭拜所，就能看到遠處的久高島全景。

搭渡輪前往久高島

從安座真港搭渡輪前往久高島，單程約25分鐘。

從安座真港出發

琉球王朝的2大聖地，目前仍是當地人的信仰膜拜區。
走完充滿神聖空氣的「齋場御嶽」後，
從附近港口搭渡輪前往「久高島」。
接連拜訪讓心情平靜的神祕能量景點吧。

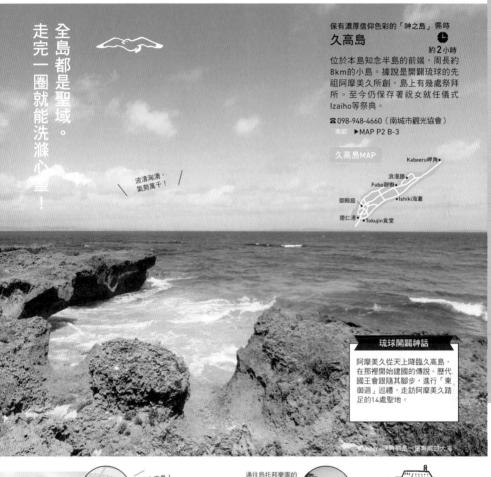

全島都是聖域。走完一圈就能洗滌心靈！

波濤洶湧，氣勢萬千！

保有濃厚信仰色彩的「神之島」

久高島

需時 約2小時

位於本島知念半島的前端，周長約8km的小島。據說是開闢琉球的先祖阿摩美久所創，島上有幾處祭拜所。至今仍保存著祝女就任儀式Izaiho等祭典。

☎098-948-4660（南城市觀光協會）
南部 ▶MAP P2 B-3

久高島MAP

Kabeeru岬角
浪漫路
Fubo御嶽
Ishiki海灘
御殿庭
德仁港
Tokujin食堂

琉球開闢神話

阿摩美久從天上降臨久高島，在那裡開始建國的傳說。歷代國王會跟隨其腳步，進行「東御迴」巡禮，走訪阿摩美久踏足的14處聖地。

Kabeeru岬角前是一望無際的大海。

抵達久高島！

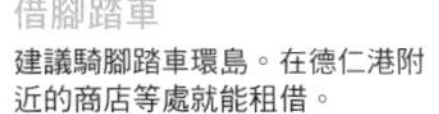

借腳踏車

建議騎腳踏車環島。在德仁港附近的商店等處就能租借。

通往烏托邦樂園的Ishiki海灘。

名勝巡禮

島內有幾處舉行祭典的地區等神聖場所。上圖是Fubo御嶽，禁止進入。

GOAL

Kabeeru岬角

位於島的東北角的絕景岬角。波浪洶湧襲來。是島民的絕佳烏賊海釣點。

在聖地須格外注意參觀規矩，如不可大聲喧嘩，不可隨意碰觸或帶走當地物品等。

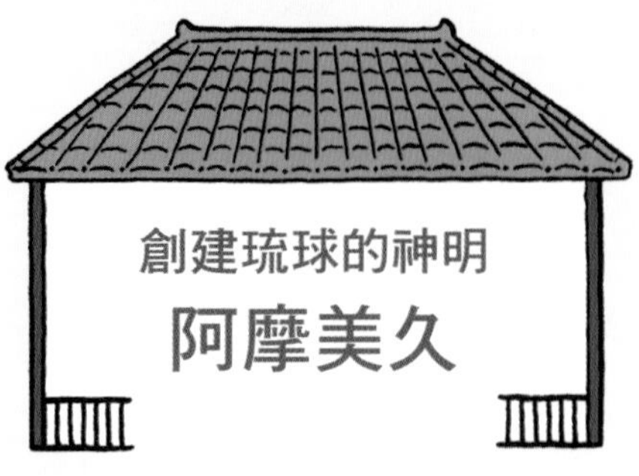

流傳於沖繩的琉球開闢神話

沖繩也有講述王國成立的開闢神話。記載於現存敘述有關沖繩宗教最古老的書籍《琉球神道記》中。

從天而降的女神阿摩美久（Amamikiyo）和男神志仁禮久（Shinerikiyo），從漂流於海上的小島創建國土。接著因風的流動，阿摩美久懷了志仁禮久的孩子，據說從此子孫昌榮。

在沖繩，至今仍有建國傳說中的地點，讓神話得以傳頌後世。前來探訪故事中的地點吧。

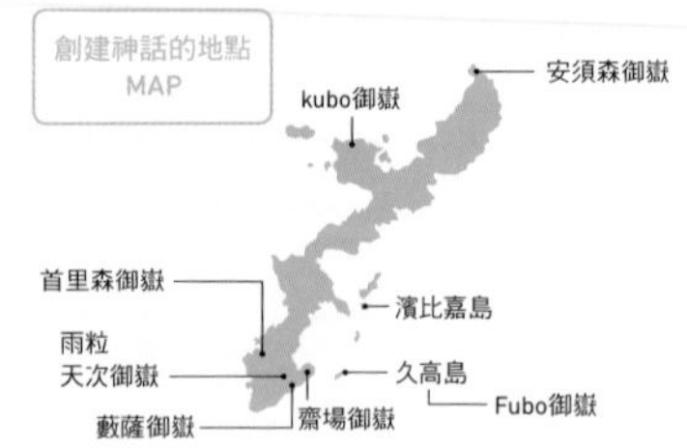

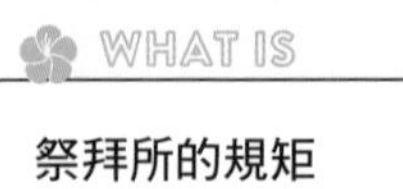

WHAT IS

祭拜所的規矩

最好心裡想著祭拜所是神聖的場所，避免穿著過於華美的服飾。不能有妨礙祭祀者的行為。留意不要爬到祭壇或石牆上，不要觸碰香爐等。

創建神話之地 1

傳說阿摩美久降臨於久高島>>>P.67

從位於東海彼岸極樂世界而來的神明，最初降臨在久高島上，接著往沖繩本土移動。傳聞起點就在久高島最北端的Kabeeru岬角。是眺望遼闊的珊瑚礁岸及美麗大海的美景勝地。久高島被尊為神之島，是沖繩境內能量最強的景點。相傳和神明無緣者無法上島。

阿摩美久最先降臨的Kabeeru岬角。是知名的能量景點，許多人來此膜拜。

創建神話之地 2

奉天命而造的 7個御嶽

「開闢七御嶽」在阿摩美久的建國故事中登場。阿摩美久奉天帝之命在琉球建造7個御嶽。當中最重要的是齋場御嶽，被譽為琉球王國時代最崇高的聖地。穿過2塊巨石形成的三角形隧道，從前面的三庫理遙拜所可以遠眺久高島。

琉球開闢七御嶽

① 安須森御嶽（國頭村邊土）
② Kubo御嶽（今歸仁村〔今歸仁城跡附近〕）
③ 齋場御嶽（南城市知念）>>>P.66
④ 藪薩御嶽（南城市玉城）
⑤ 雨粒天次御嶽（南城市玉城）
⑥ Fubo御嶽（南城市知念〔久高島〕）
⑦ 首里森御嶽（那霸市〔首里城內〕）

齋場御嶽的三庫理。裡面設有遙拜所。

創建神話之地 3

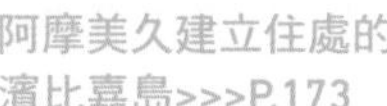

不妨依序走訪。

阿摩美久建立住處的 濱比嘉島>>>P.173

以阿摩美久和志仁禮久的住家而聞名的濱比嘉島，就在開車穿過海中道路的彼端。島內有居住遺跡「Shirumichu」和祭祀二神的「Amamichu」靈場，有很多人來此祈求無病消災、五穀豐收和子嗣。其他各處也有和眾神相關的地點，整座島都是聖地。

祭祀二神的Amamichu。現在仍有當地人來此祈願。

據說神明在此蓋房生活的Shirumichu。求子相當靈驗。

尋訪琉球創建神話和王朝的成立 **聖地巡禮之旅**

走趟「東御迴」

「東御迴」是依序巡迴參拜相傳是阿摩美久降臨後走訪定居的14處聖地（靈場）。據說沖繩國王曾到這些聖地巡禮，祈求國運昌榮和五穀豐收。從那霸的園比屋武御嶽石門出發，繞行分散於南部的聖地。因為一天就可走完，請務必挑戰看看。

◎「東御迴」路線

需時 約8小時

1 園比屋武御嶽
2 御殿山
3 親川
4 場天御嶽
5 佐敷上御城
6 Teda御川
7 齋場御嶽
8 知念御城
9 知念大川
10 受水·走水
11 Yaharadukasa
12 濱川御嶽
13 Minton御城
14 玉城御城

在「東御迴」淨化的鹽
鹽護身符

PICK UP

「SHIYON機織工房」的符袋中，放有工匠自身巡禮淨化過的鹽！

>>>P.136

要走訪「東御迴」，建議參加旅行團。雖說是聖地，也只有岩石、樹木和水，地點難以分辨。

TOURISM 08

流傳後世的琉球王國盛景

繞首里城公園一圈！

首里城公園保存了沖繩觀光重點，登錄為世界遺產的首里城及城郭、城門。
一邊參觀史蹟一邊在園內逛一圈，感受昔日繁榮鼎盛的琉球王朝時代的歷史餘韻。

需時
約1小時30分鐘

追尋朱紅彩繪的琉球王國歷史！

紅瓦
約17世紀起瓦片屋頂開始普及，當時用的是灰瓦。之後則為紅瓦。

浮道
位於首里城正面的浮道，以前只有國王和貴賓才能行走其上。

御庭
御庭地板鋪設紅白相間的磚石，相當醒目。是舉行儀式時整隊的指標。

沖繩首屈一指的觀光勝地

首里城公園

占地廣大的國家公園，位於能俯瞰那霸市區的高台上。以1992年復原的世界遺產首里城為中心，有內外城郭、首里門和歡會門等建築物。公園內分成付費區和免費區。

🏠 那霸市首里金城町1-2 ☎ 098-886-2020 營 收費區4～6月、10～11月8:30～19:00、7～9月～20:00、12～3月～18:00（閉館前30分鐘停止售票） 休 7月的第1週週三及隔天 費 820日圓 交 YUI RAIL首里站步行約15分鐘 🚗有（付費）

首里 ▶MAP P23 E-1

暢遊首里城 POINT!

POINT 1

早上開門後，每天舉辦的首里城開門儀式「御開門式」。

POINT 2

加入導覽團參觀收費區內的景點。

WHAT IS

首里城

琉球王國時代的國王王宮

建於13世紀末～14世紀，作為王國中心的首里城，相當繁榮。當時的遺跡列為世界遺產。

1945年消失
因沖繩戰役等原因，過去共燒毀4次。左圖是瑞泉門的昔日風貌。

1992年復原
目前保留下來的建築物，是以18世紀之後的首里城為原型而修復。

首里城公園的亮點是蔚藍天空下，朱紅絢爛的首里城正殿建築。

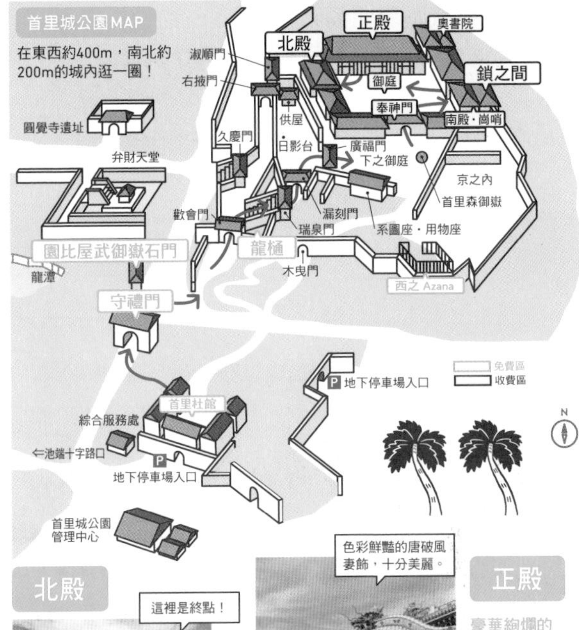

北殿

這裡是終點！

迎入賓客

從奉神門看過來的左邊。是作為迎賓館或行政設施的場所。也有講解昔日情景的影片。

正殿

色彩鮮豔的唐破風妻飾，十分美麗。

豪華絢爛的中樞設施

從基壇起高約18m，寬約29m，是沖繩最大的木造建築。在此處理政務及舉行儀式。

位於2樓的御差床，是供國王使用的私人空間。

龍樋

首里城第一的湧泉。

王宮的飲用水

作為王宮的飲用水，從龍口流出的神聖湧泉。

鎖之間

從這裡開始是收費區

王子的休閒起居空間

王子的休息處，招待客人的房間。目前供應茶和傳統點心（310日圓）。

提供茉莉花茶和金楚糕等。

園比屋武御嶽石門

穿過大門就看到世界遺產

祈求國王平安的膜拜所

建於1519年的石門。祈求國王出外平安的神聖場所，登錄為世界遺產的構成資產。

守禮門

從這裡出發！

最先出現的朱紅色大門

造型美麗的首里城大門。成為日幣2000元紙鈔上的圖案而聲名大噪。

首里城公園內有餐廳、咖啡館和禮品店，設施完善。一邊休息一邊慢慢逛吧。

TOURISM 09

保留懷舊風情的石板路

首里的歷史散步

漫步於昔日以首里城為中心所建，洋溢懷舊氣氛的城下町。
走訪琉球王朝時代的遺跡，享受歷史散步的樂趣吧。

石板路和紅瓦連綿延伸 優閒自在的散步路線

首里MAP

雖然多少會遇到上下坡路段，但步行就能逛完。

⇧ YUI RAIL 儀保站
池端
龍潭通
當藏
0m 100m
29
首里高中
首里城前
龍潭②
沖繩縣立藝術大學
YUI RAIL 首里站 ⇒
弁財天堂①
49
右手邊是紅屋瓦的首里城公園管理中心
START
守禮門
③玉陵
平緩的下坡路段
石板路入口
首里城公園
仔細看清楚，石板路在這裡！
守禮金城町石板路⑤
金城大樋川⑥
赤 marusou 通
那霸IC ⇒
④首里金城町的大榕樹
N
GOAL

WATCH

自首里城延伸而出的「真珠道」

琉球王國時代，為了防守而興建的軍用道路。獲選為「日本道路100選」。

首里漫步路線

從首里城開始，走訪琉球王國相關景點的路線如下！
建議挑選陽光不大的早晨或傍晚出發。

START

AM 10:00

首里城

步行
約5分鐘

供奉水中女神的佛堂
弁財天當時是供奉於隔壁的圓覺寺中。

AM 10:05

❶ 弁財天堂

位於1502年建造的人工池圓鑑池中央的佛堂。供奉掌管海上平安的弁財天。

那霸市首里真和志町
☎098-886-2020
營 自由參觀
交 YUI RAIL首里站步行約15分鐘
首里 ▶MAP P23 E-1

步行
約3分鐘

招待中國使者的場所
學習中國的園林技術而建。

AM 10:20

❷ 龍潭

位於首里城北側的人工池。昔日在此招待中國皇帝的使者，舉辦划船、宴會。是「首里八景」之一。

那霸市首里真和志町 ☎ 098-886-2020 營 自由參觀 交 YUI RAIL首里站步行約15分鐘

首里 ▶MAP P23 E-1

步行
約5分鐘

在左右塔可看到石獅像！

內部分成東、中、西3室。

AM 10:50

❸ 玉陵

建於1501年，琉球王國時代第二尚氏王統的陵墓。是沖繩最大的破風墓，埋有王族的遺骨。墓前祭堂上的裝飾相當漂亮，必看裝飾勾欄的龍或花鳥雕刻。也登錄為世界遺產。周圍石牆環繞。

>>>P.62

步行約10分鐘

AM 11:30

❹ 首里金城町的大榕樹

推測樹齡200年以上的大榕樹，在昭和47年（1972）指定為國家天然紀念物。是能感受到生命力的能量景點。

那霸市首里金城町 ☎ 098-917-3501（那霸市市民文化部文化財課）
營 自由參觀 交 YUI RAIL首里站步行約20分鐘
首里 ▶MAP P23 E-1

倖免於戰火的大樹
躲過沖繩戰役倖存下來的6棵老樹。

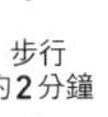

步行
約2分鐘

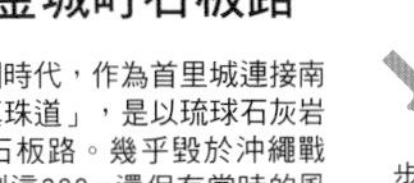

AM 11:40

❺ 首里金城町石板路

建於琉球王國時代，作為首里城連接南部地區的「真珠道」，是以琉球石灰岩鋪設而成的石板路。幾乎毀於沖繩戰役，目前只剩這300m還保有當時的風情。

那霸市首里金城町 ☎ 098-917-3501（那霸市市民文化部文化財課）
營 自由參觀 交 YUI RAIL首里站步行約20分鐘
首里 ▶MAP P23 E-1

步行
約1分鐘

潤澤世人喉嚨的公共水井
正面祭祀著水井之神。

AM 11:50

❻ 金城大樋川

曾是穿梭於石板路上的人群與馬匹的補水站，也用於民生用水，屬於金城村的公共水井。

那霸市首里金城町
☎ 098-917-3501（那霸市市民文化部文化財課）
營 自由參觀 交 YUI RAIL首里站步行約20分鐘
首里 ▶MAP P23 D-1

步行
約3分鐘

BUS GOAL

石板路前巴士站

相傳神明會在農曆6月15日降臨於大榕樹上，保佑民眾心想事成。

TOURISM 10

好想嘗試一下！

沖繩當地的體驗景點♪

想體驗當地風情！穿著琉球王國的民族服裝、製作冰淇淋、看島歌的現場表演等，到沖繩才有的體驗景點來趟特色之旅。

琉球服裝

穿琉球服飾拍紀念照 15分鐘變身「沖繩美人」!?

需時：10～15分鐘

1080日圓～

琉球服裝的工作人員（左）及紀念照

在世界遺產體驗琉球

首里城公園

首里城曾是琉球王國時代的行政中心。守禮門前有穿琉球服裝拍紀念照的攝影攤位。

>>>P.70

WHAT IS

琉球民族服裝

名為「琉裝」，是琉球王國時代王室等身分高貴的人們穿著，類似和服的服裝。染上紅色、黃色、藍色等色彩鮮豔的紅型圖案服飾是王族女子的禮服。特色是不繫腰帶，只用一條帶子綁在腰部固定。

Let's變身拍照

START

和守禮門前穿琉球服裝的工作人員打招呼。如果不忙，馬上就能著裝拍照！

從各色服裝中挑選喜歡的圖案。只要將服裝套在外衣上就能輕鬆換裝完畢。

完成～

準備好後開始拍照。提供單借服裝和請專業攝影師拍照等內容。

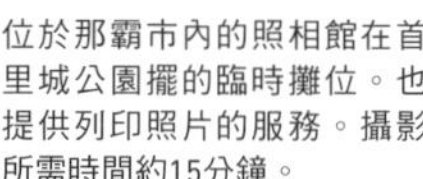

體驗這項活動！

NAKAO照相館

位於那霸市內的照相館在首里城公園擺的臨時攤位。也提供列印照片的服務。攝影所需時間約15分鐘。

☎098-884-3688 營、休 比照首里城公園的營業時間

那霸 ▶MAP P23 E-1

海邊音樂餐廳

okinawan music kalahaai

欣賞沖繩音樂同時品嘗料理的音樂餐廳。從週日到週五有琉球舞蹈和傳統音樂表演，週六則是Rinken Band的現場演唱會。

北谷町美濱8-11 ☎098-982-7077
營 18:00～21:00（第1場19:00～、第2場20:00～） 休 全年無休 費 門票2800日圓～ 交 從沖繩南IC約6km
有（付費，北谷町營大型停車場）
中部 ▶MAP P22 B-2

需時：45分鐘
一般現場表演2800日圓
（附一杯飲料）
沉浸在沖繩民謠歌聲中的沖繩氛圍
島歌現場表演

三線琴等傳統樂器音色優美。一天有兩場舞台表演。

邊看現場表演邊品嘗沖繩料理。若想坐到好位置建議提早入場。

製作冰淇淋
到冰淇淋王國邊吃邊玩♡
需時：45～60分鐘
1500日圓

工作人員會講解作法。

體驗結束後還有霜淇淋吃。

製作自己專屬的沖繩冰棒

BLUE SEAL冰淇淋樂園

沖繩在地的冰淇淋連鎖店，BLUE SEAL的體驗館。除了可以製作原創冰棒外，還有零下20℃的冷凍室體驗。

浦添市牧港5-5-6 ☎098-988-4535
營 9:00～18:00 休 全年無休
費 免費入館，體驗費用1500日圓
交 從西原IC約5km 有
中部 ▶MAP P6 C-1

Let's製作冰棒

粉嫩色調的可愛裝潢。位於BLUE SEAL牧港總店隔壁。冰棒手作體驗需預約。

挑選喜歡的造型和口味依自己的喜好做裝飾。做好的冰棒附外帶保冷袋。

BLUE SEAL冰淇淋樂園的冰棒手作體驗一天有五場。因為超受歡迎請提早預約。

TOURISM 11

參觀！玩樂！美食！

前往沖繩的主題樂園！

闔家同樂&玩上一整天是主題樂園的最大魅力！
玩遊樂設施、品嘗名產美食、參觀工廠等……
在充滿沖繩特色的主題樂園玩個過癮！

體驗全方位的「沖繩」！

玉泉洞號稱擁有日本國內最多的鐘乳石。

沖繩魅力齊聚一堂

沖繩世界

沖繩縣內規模最大的主題樂園，可體驗沖繩的歷史和文化。經過30萬年才形成的玉泉洞最有看頭。

南城市玉城前川1336 ☎098-949-7421
㊟9:00～17:00 ㊡全年無休 ㊫玉泉洞+王國村1240日圓、全區套票1650日圓 ㊍從南風原南IC約6km 有

南部 ▶MAP P5 D-2

在古民宅參加各項體驗。

震撼十足的Super Eisa太鼓舞。

設施

鐘乳石洞玉泉洞
琉球王國城下町
毒蛇博物館公園
南都酒廠
餐廳、商店及其他

program

- Super Eisa
- 毒蛇表演秀及其他

需時：約2小時
1240日圓

琉球的藝能遊行表演最有看頭

琉球村

遷移100年以上的古民宅建築，重現琉球村落。提供傳統藝能的參觀或體驗活動。

恩納村山田1130 ☎098-965-1234
㊟8:30～17:00（2018年7月以後9:00～17:30）
㊡全年無休 ㊫1200日圓 ㊍從石川IC約7km
有

西海岸度假區 ▶MAP P10 A-3

三線琴教室1000日圓即可體驗。

手作紅型杯墊600日圓。

設施

移建古民宅
體驗工作室
服裝租借
餐廳、商店及其他

program

- 黑糖手作體驗
- 風獅爺著色教室及其他

需時：約3小時
1200日圓

透過遊行充分感受琉球的表演藝術！

以太鼓舞打頭陣的遊行超吸睛。

備受矚目耳熟能詳的廣告歌

在沖繩音樂下載網站連續三週獲得冠軍的，居然是「名護鳳梨公園」的廣告歌。說不定「Papa Pineapple」的歌詞已經深植腦海了？

同一首歌在公園不停播放。

好多南國水果和植物！

洋溢南國風情的公園入口。

品嘗熱帶水果

名護鳳梨公園

全是鳳梨的主題公園。乘坐鳳梨號繞行園內廣大的鳳梨田。

名護市為又1195 ☎0980-53-3659 營9:00～18:00 休全年無休 費850日圓 交從許田IC約13km 🚗有

美麗海水族館周邊 ▶MAP P13 E-3

超大鳳梨聖代。

鳳梨號。

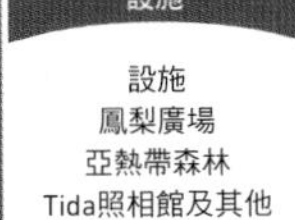

設施

設施
鳳梨廣場
亞熱帶森林
Tida照相館及其他

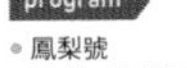

program

- 鳳梨號
- 試喝、試吃及其他

需時：約1小時
850日圓

在美味的參觀工廠微醺？

Orion Happy Park

沖繩縣代表啤酒Orion的工廠。參觀時間約1小時，還能喝到現榨啤酒。

名護市東江2-2-1 ☎0980-54-4103（預約專用） 營9:20～16:40 休全年無休 費免費（須預約參觀） 交從許田IC約7km 🚗有

美麗海水族館周邊 ▶MAP P12 B-3

Orion啤酒商品。

設施

啤酒工廠
藝廊
餐廳
商店

program

- 參觀工廠
- 試喝

需時：約1小時
免費

生啤酒　無糖無酒精　南方之星

徹底研究沖繩啤酒

參觀從碾碎原料到裝瓶、裝罐的製造流程。

在Orion Happy Park的2樓有「山原之森」餐廳，可以品嘗到Orion啤酒和沖繩料理。

TOURISM 12

擠滿當地人的沖繩廚房

到第一牧志公設市場探險去！

那霸市中心必逛的觀光勝地就是牧志公設市場。
享受採購伴手禮、邊走邊吃等各種樂趣。
在當地食材齊聚一堂的大型市場，徹底了解「沖繩飲食」！

約有60年歷史的超大市場

第一牧志公設市場

由戰後黑市發展而成的平民廚房。包括市場周邊共聚集了130家店面，販售肉、魚、蔬菜及加工食品等。還有很多沖繩當地才有的稀奇食材，只看不買也很有趣。

♠那霸市松尾2-10-1 ☎098-867-6560
㊎10:00～20:00（依店鋪而異） ㊡第4週週日
㊋YUI RAIL牧志站步行約15分鐘 🚗無

那霸 ▶MAP P21 D-3

一走進拱頂商店街就看到市場。
入口居然有13處。

市場內依種類劃分店鋪，乾貨種類豐富。

也有苦瓜醬菜。

和店鋪老闆對話的歡樂購物時光。

顔の皮・チラガーな
の珍グルメも

有樓梯或手扶梯可上2樓，
還有豬頭皮等稀奇美食

HOW TO

如何深遊市場

不只是購物！沖繩老手旅客不妨在市場品嘗新鮮食材？

挑戰「現買代煮」！

體驗一下牧志公設市場特有的「現買代煮」服務，在市場就能吃到現買食材。

到1樓購買

首先在市場1樓的鮮魚鋪購買新鮮魚貨。和店員一邊交談一邊挑選。要做生魚片的話，可以請店員幫忙切好。

上2樓吃

帶著鮮魚上2樓，現場烹煮。可炸可燴煮，提供多種烹調法。代煮費每家店都一樣，每人500日圓（3道菜以內）。

名為炸彈，裡面包飯的魚板。

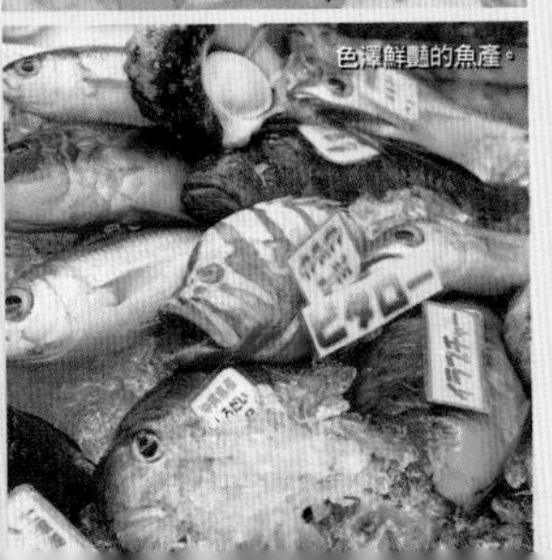

色澤鮮豔的魚產。

Recommend Shop

1F

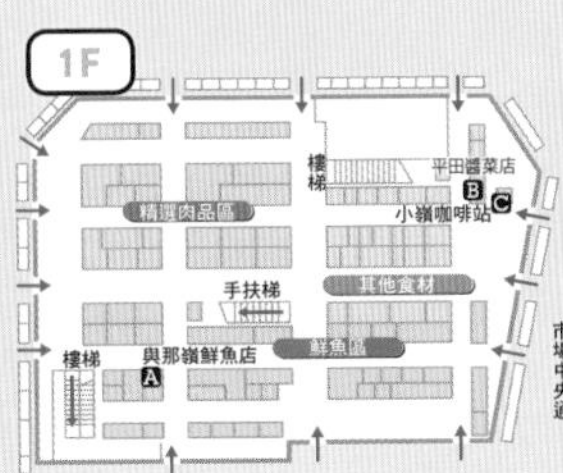

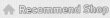

現買代煮OK！

第三代店主親切服務頗受好評

A 與那嶺鮮魚店

提供現買代煮服務，可在2樓餐館品嘗當地鮮魚。

☎098-867-4241

韓式泡菜口味等4種島薤醬菜2000日圓

排滿沖繩食材製成的小菜

B 平田醬菜店

提供用苦瓜或島薤等當地食材製成的醬菜或珍饈。

☎098-867-0950

冰檸檬汁可外帶。

超過60年的老字號飲品店

C 小嶺咖啡站

冰檸檬汁120日圓，使用100%的香檬榨汁。

☎無

2F

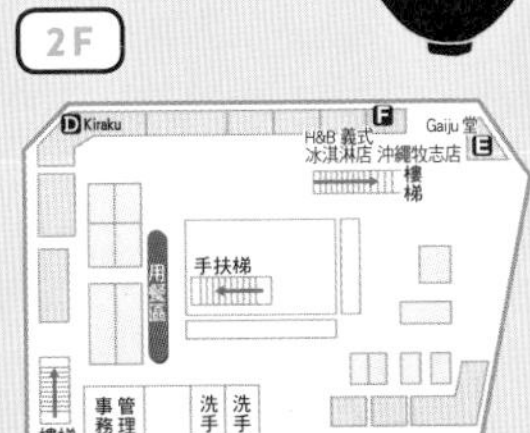

有代煮服務，炸烏尾冬。

推薦海鮮料理

D Kiraku

提供各種沖繩料理的餐館。還有超值合菜1500日圓～。

☎098-868-8564

附炊飯的Gaiju麵午間套餐850日圓

挑戰海蛇料理！

E Gaiju堂

沖繩麵專賣店。名產是加了海蛇的伊良部海蛇麵1550日圓。

☎098-861-5400

3層義式冰淇淋500日圓

甜點在這！

F H&B義式冰淇淋店 沖繩牧志店

將南國的新鮮水果和義式冰淇淋放在陶製器皿中攪拌製成特色冰品。

☎090-8708-9047

寬敞的市場依類別劃分成鮮魚區、精品肉品、加工食品區等。2樓還有沖繩料理餐館！

貓刑警Hare太朗
走遍天涯海角也要逮到鼠輩Tabi阿吉。
性格上是家貓特有的虎頭蛇尾！？

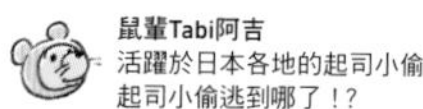
鼠輩Tabi阿吉
活躍於日本各地的起司小偷。
起司小偷逃到哪了！？

貓刑警 Hare的追捕之旅 ③

這次得到Tabi阿吉現身於美麗海水族館的線報。

鯨鯊餵食秀快要開始了。❶

趕快去看。

哇！

❷

好大啊！

咦！Tabi阿吉！

飄

從哪裡進去的！？

啊！

咻

張口吞下

被吃掉了！？

呀！

…

呸

❸

啊，嚇死我了。

啊，嚇死我了。

❶ 沖繩美麗海水族館的鯨鯊餵食秀（餵食解說）1天2次，分別是15點和17點。可以看到鯨鯊活潑的泳姿。 ❷ 鯨鯊「Jinta」全長8.7m！是世界最大的飼養生物。 ❸ 鯨鯊性情溫和，主食是磷蝦等小型浮游生物，不會襲擊人類。

EAT

HOW TO EAT

沖繩「美食」事件簿

想盡情享受沖繩特有的飲食文化！事先了解以下資訊在餐廳就能從容應對。

事件1

點了強棒麵，卻送來沒見過的菜…

在餐館自然地點了「強棒麵」。隨著「讓您久等了」的招呼聲，端上來的卻是飯，不是麵！！

解決！ 沖繩有很多就算名稱一樣，卻是當地特有的菜色。

除了強棒外，還有善哉、煎蛋等數種名稱雖然一樣，內容卻不相同的「沖繩」特有料理。像把刨冰淋在紅豆上的「善哉」等，便是炎熱的沖繩才有的菜色。和沖繩縣以外的料理做一番比較，也很有意思。

善哉
說到善哉指的是冰品。把刨冰淋在紅豆上。

強棒飯
把苦瓜、午餐肉一起炒好再淋入蛋汁後，蓋在米飯上的丼飯料理。

煎蛋
沖繩的作法不是做成煎蛋捲，而像平坦的煎蛋皮。

事件2

進了餐館，卻看不懂菜單！

到當地餐館吃特色菜，菜單上卻有很多像咒語般有看沒有懂的文字……

解決！ 記住沖繩方言！

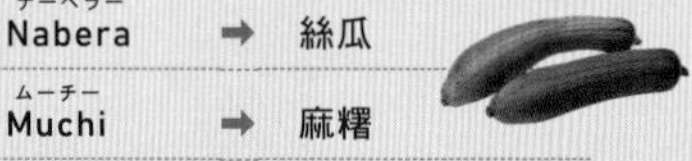

- ◎ Suba（すば）➡ 蕎麥麵
- ◎ 中身(Nakami)（なかみ）➡ 豚豬內臟
- ◎ Tebichi（てびち）➡ 豬腳
- ◎ Chiraga（チラガー）➡ 豬頭皮
- ◎ Hija（ヒージャー）➡ 山羊肉
- ◎ Masu（マース）➡ 鹽
- ◎ Asa（アーサ）➡ 石蓴
- ◎ Fuchiba（フーチバー）➡ 魁蒿
- ◎ Nabera（ナーベラー）➡ 絲瓜
- ◎ Muchi（ムーチー）➡ 麻糬

另請參閱P.24的沖繩方言指南！

事件3

想吃新鮮海產，卻不知道哪裡比較好！

一提到四周環海的沖繩就想到鮮魚料理！想吃當地人也愛吃的美味鮮魚，該到哪裡吃好呢？

解決！ 若在那霸就到第一牧志公設市場買好請人代煮！

建議到那霸市區的第一牧志公設市場（>>>P.78）。在市場內的鮮魚鋪買魚並請商家處理好，再拿到餐館請人代煮。挑戰一下現買代煮的服務吧！

STEP1 挑魚

有建議吃法嗎？

每條魚適合的烹調法不同，可以問問店家。

在市場1樓的鮮魚店挑魚。各買一尾紅笛鯛和雙帶烏尾冬合計2400日圓。

STEP2 現場處理

賣場裡面有小廚房，生魚片可以直接切片裝盤。

魚的新鮮度最重要！

店員會當場將買好的魚以熟練的手法處理乾淨。沒多久就完成擺盤漂亮的生魚片！

STEP3 上2樓餐館

當然也可以點米飯等其他配菜。

麻煩您了！

把其他的魚帶到2樓餐館。交給店員後到位子上坐好。代煮費是3道菜以內500日圓。

參考其他島魚餐廳！>>>P.96

STEP4 上菜！

大隻的魚一半做生魚片，剩下的燉煮或做魚雜湯。能吃到各種菜色超滿足！

生魚片盤

清淡高雅的紅笛鯛生魚片。

鹽蒸紅笛鯛

用鹽和酒簡單蒸煮而成的漁夫菜。

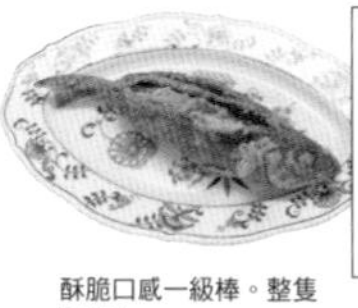

炸烏尾冬

酥脆口感一級棒。整隻都能吃。

魚雜湯

魚頭和魚尾煮成魚雜湯，不浪費任何鮮味！

在沖繩餐館，也有名為味噌湯的定食選項。沖繩專屬加了大量配料的味噌湯，分量驚人。

EAT 01

總之先來這裡。實力派沖繩麵店

說到沖繩名菜，首先就是沖繩麵。
從多家沖繩麵專賣店中，挑選出廣受當地人和旅客喜愛，名副其實的美食麵店。
品嘗一碗代代相傳，讓人食指大動的純樸美味極品。

簡單純粹 沖繩麵之首

POINT
實力佐證！

① 柴魚高湯

僅用柴魚、豬肉和鹽熬煮出清澈的高湯，滋味清爽卻喝得到鮮美精華。

② 自製手打麵

早上4點開始準備，以傳統製法做出的麵條特色是彈牙有咬勁。

③ 配料

放在麵上的配料是縣產豬肉加泡盛燉煮入味的五花肉和瘦肉。

紅燒肉 450日圓

有豬肉、白蘿蔔、昆布、用島豆腐自製的油豆腐等。為了不影響麵條風味，調味清淡。

沖繩炊飯 200日圓

另一道隱藏版招牌菜色。飯粒充分吸飽豬肉的鮮味。

首里麵（中） 500日圓

麵類選項只有這一道，足見對味道充滿自信。每碗麵都會附薑絲。

上：店內充滿閒適的居家氣氛。提供榻榻米座位區和座椅區。
下：開店前30分鐘就在排隊！

連日大排長龍的名店

首里麵

明治38年創業的老店。沖繩縣內人氣爆紅的名店，經常大排長龍。午餐時間更是人聲鼎沸，最好錯開時間過來。從開店前就要排隊的人氣名店。用豬肉和柴魚熬煮的清爽湯頭堪稱絕品。因為中午過後就會賣光，建議提早過來用餐。

那霸市首里赤田町1-7 Shiroma演奏會藝廊1F ☎098-884-0556
營 11:30～14:00（賣完打烊） 休 週日、不定期 交 YUI RAIL首里站步行約3分鐘 停 有

首里 ▶MAP P23 F-1

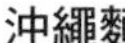
WHAT IS

沖繩麵

沖繩麵的特色是用柴魚和豬骨為基底熬出清爽又有層次的湯頭，加上麵粉製成的彈牙麵條。用榕樹等的木灰加水沉澱後的上層淨水取代鹼水，以傳統作法揉製麵團。

左：店內由充滿歷史味的古民宅改建而成。可以坐在榻榻米上悠哉放鬆。右：位於首里的高地上，綠意環繞下的舒適空間頗具魅力。

沉穩的古民宅麵店

Shimujo沖繩麵店

以紅瓦屋頂古民宅改建成的餐廳。建築物登錄為有形文化財，可以在走廊上悠哉用餐。配上薑絲和蔥等佐料，清爽不油膩。

那霸市首里末吉町2-124-1　☎098-884-1933
㊎11:00～15:00（賣完打烊）　㊡週三
㊛YUI RAIL市立病院前站步行約6分鐘　有
首里 ▶MAP P19 E-1

軟嫩Q彈的豬肋排和麵條是絕配！

為您送上這碗講究的沖繩麵！

豬肋排麵800日圓

細細熬煮的柴魚和縣產豬骨高湯調和出既清爽又飽滿的醇厚湯頭。

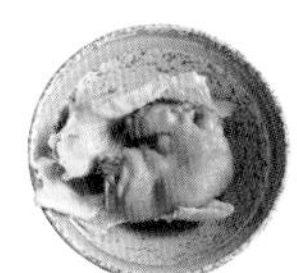

燉豬腳 300日圓

店家精心燉煮的配菜，請務必品嘗看看。推薦細火慢燉的燉豬腳。

彈牙手打麵和清爽湯頭的完美結合

沖繩炊飯 250日圓

炊煮入味的手工炊飯。限定100碗每次都賣光！

左：店內洋溢舒服的懷舊氣氛。也有墊高的日式座位區。
右：縣內首屈一指的人氣名店。大招牌相當顯眼。

擁有110年歷史的「風格」

沖繩麵專賣店 岸本食堂

明治38年創業的老店。沖繩縣內人氣爆紅的名店，經常大排長龍。午餐時間更是人聲鼎沸，最好錯開時間過來。

本部町渡久地5　☎0980-47-2887　㊎11:00～17:30　㊡週三　㊛從許田IC約23km　有
美麗海水族館周邊 ▶MAP P12 C-2

岸本麵（大）650日圓

柴魚湯頭和手打麵的彈牙口感是店內自豪的賣點。堅持自古流傳下來的傳統製法，碗中盛滿店家的驕傲。

有很多店家的營業時間短，或是麵或湯頭售完即打烊，因此最好早點去以避開擁擠的午餐時間。

EAT 02

配料種類豐富！

各種沖繩麵的試吃評比

豆腐腦

豆腐腦麵（大）
620日圓　C

純白的沖繩麵！其實是麵條上蓋滿沖繩名產豆腐腦。清淡&爽口的風味中帶有濃醇豆腐香氣。

豆腐腦 ➡ 軟嫩的碎豆腐

和口感鬆軟的豆腐腦是絕配

麵條中加了散發出特殊香氣的胚芽！

胚芽

胚芽麵（中）
680日圓　F

一般的沖繩麵條色白滑順，但這裡的咬起來卻帶顆粒感。因為麵團中加了胚芽，揉出風味十足的麵條。

胚芽 ➡ 植物種子長出的嫩芽

豬腳加上大量蔬菜真令人開心！

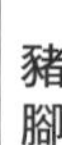

豬腳

豬腳麵　700日圓　A

豪邁地放上多塊口感軟嫩的美味豬腳てびち-Tebichi，分量十足。搭配大量蔬菜一起品嘗。

Tebichi ➡ 豬腳

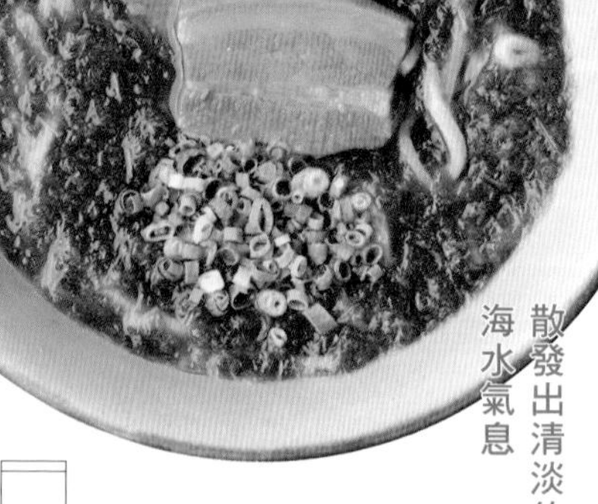

散發出清淡的海水氣息

石蓴

石蓴麵　800日圓　G

麵條中揉入沖繩稱為「アーサ-Asa」的石蓴，麵湯上也鋪滿大量石蓴。這碗麵最大的魅力在於香氣十足。

Asa ➡ 海藻中的石蓴

＼ 沖繩麵超美味 ／

WHAT IS

沖繩麵的佐料

No.1 辣椒汁
辣椒加泡盛浸漬而成的調味料。味道嗆辣請邊嘗味道邊加。

No.2 紅薑
依喜好添加少量品嘗。辛辣風味能引出麵條鮮味。

從簡單的基本口味到結合沖繩當地食材的特殊風味，
沖繩麵的種類相當豐富。
嘗嘗看人氣麵店的招牌菜色吧。

維持傳統作法的八重山麵，最大特色是圓細麵。

八重山

八重山麵（一般）
500日圓 B

沖繩麵的同類八重山麵，是石垣島才有的當地美食。特色是圓形切口的直細麵。

八重山 ➡稱呼石垣島等八重山群島

白湯湯頭

風味祕訣在白湯湯頭！

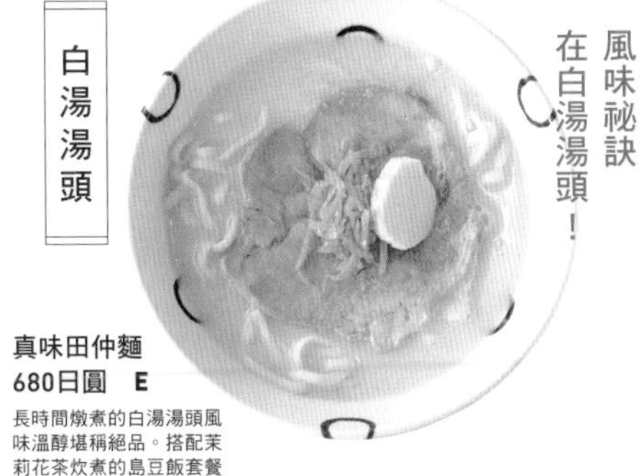

真味田仲麵
680日圓 E

長時間燉煮的白湯湯頭風味溫醇堪稱絕品。搭配茉莉花茶炊煮的島豆飯套餐880日圓。

魁蒿

麵條添加沖繩縣產的魁蒿，創造新風味。

魁蒿麵（中）
680日圓 D

麵條中揉入沖繩生產的魁蒿，最上面再擺上魁蒿葉片。香氣宜人，味道雅致無怪味。

Fuchiba ➡魁蒿

SHOP LIST

A Yosiko麵店

放了豬腳的豬腳麵頗受歡迎。以柴魚高湯為基底加上山原生產的豬骨調和後的清爽湯頭，滋味絕妙。

本部町伊豆味2662 ☎0980-47-6232 營10:00～17:00 休週五 交從許田IC約13km 🚗有

美麗海水族館周邊 ▶MAP P13 D-2

B June八重山麵

在圓細麵上放入三層豬肉條和魚板，八重山麵是這家人氣麵店的招牌菜色。

那霸市前島3-9-21 ☎098-868-5869 營11:30～19:00（週日～17:00） 休不定 交YUI RAIL美榮橋站步行約8分鐘 🚗有

那霸 ▶MAP P20 B-1

C 高江州麵

店內招牌菜是邊用麵條拌著沖繩傳統食材豆腐腦邊吃的極品「豆腐腦沖繩麵」。

浦添市伊祖3-36-1 ☎098-878-4201 營10:00～18:00（售完為止） 休週日 交從西原IC約4km 🚗有

中部 ▶MAP P6 C-1

D Teianda麵店

使用數種麵粉製成，1天限定200碗的自製麵條頗受好評。當中以加了魁蒿的麵條最受歡迎。

那霸市天久1-6-10 ☎098-861-1152 營11:00～15:00（售完為止） 休週一 交YUI RAIL歌町站步行約20分鐘 🚗有

那霸 ▶MAP P19 D-1

E 島豆腐和蕎麥麵。真打田仲麵店

提供2種湯頭做選擇，以柴魚為基底，味道清澈的「元味」，和相同素材加上白湯湯頭調配的「真味」。

名護市東江3-20-28 ☎090-1179-0826 營11:00～17:00（賣完打烊） 休週二、第1、3週的週三 交從許田IC約6km 🚗有

美麗海水族館周邊 ▶MAP P13 E-3

F 御殿山琉球古來麵

擁有150年歷史的古民宅建築氣氛閒適。推薦加了細葉榕灰汁揉成的胚芽麵。

那霸市首里石嶺町1-121-2 ☎098-885-5498 營11:30～15:30 休週一 交YUI RAIL首里站步行約15分鐘 🚗有

首里 ▶MAP P19 F-1

G 屋宜家沖繩麵和茶館 >>>P.91、107

沖繩麵的種類中，「豆腐腦麵」和「豬腳麵」最常見。在沖繩麵專賣店或餐館就吃得到。

EAT
03

在氣氛愉快的居酒屋

品嘗讓人微醺的當地菜餚與泡盛

若想品嘗用沖繩特有食材做成的風味菜，建議上居酒屋。
菜單中有多樣島上名菜和泡盛。盡情品嘗特色十足的傳統滋味吧！

料理長親自鑑定的美味鮮魚料理！

店家最自豪的新鮮魚貨！

晚上喝啤酒配生魚片，超讚！

吧台上排放著鮮魚！

左：店內隨時擠滿顧客。位於那霸市中心，交通方便也是受歡迎的原因之一。　右：陳列沖繩才有的鮮魚。

品嘗新鮮的當地魚料理

Nakamura家

當地人也認可的實力派居酒屋。店內擺滿料理長嚴選的時令海鮮。當天進貨立即烹調，推薦新鮮的生魚片或燉魚。

那霸市久茂地3-15-2　☎098-861-8751
㊫17:00～23:30　㊡週日、假日　㊯YUI RAIL縣廳前站步行約3分鐘　🚗無

那霸 ▶MAP P20 B-3

必吃菜色！

生魚片拼盤　2268日圓（3人份）
藍鸚嘴魚等沖繩當地魚種的生魚片。點餐以1人份起跳。

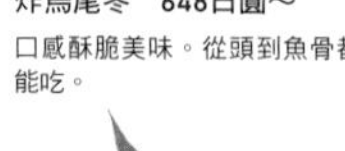

炸烏尾冬　648日圓～
口感酥脆美味。從頭到魚骨都能吃。

豆腐糕
432日圓
豆腐加紅麴和泡盛等醃漬發酵而成。是味道濃郁的珍饈。

來杯泡盛

酒精濃度30度，口感滑順。瓶裝1944日圓。

左：古民宅改建而成的餐館充滿風情。　右：牆上貼得密密麻麻的菜單也饒富趣味。

除了吧台區外，也備有座位區和榻榻米區。

來杯泡盛

酒精濃度25度的溫和口感。杯裝432日圓～

WHAT IS

泡盛

以秈米為原料，利用沖繩特有的黑麴菌發酵製成的酒。相對於使用日本米加黃麴菌發酵製成的燒酒，秈米和黑麴菌能釀造出獨特風味。僅下料一次的單純製法也是特色之一。

挑戰古酒！

存放超過3年的泡盛稱為古酒，熟成後的醇郁香氣頗具魅力。

推薦給嘗鮮者的品牌

- 菊之露
- 殘波
- 瑞泉

泡盛酒店的先驅

Urizun泡盛和琉球料理

沖繩泡盛酒館的領頭羊，1972年創業的老店。備有縣內所有泡盛酒廠的主打品牌，自家古酒也放在店內的大甕中熟成。

那霸市安里388-5（榮町市場內）
☎ 098-885-2178　營 17:30～23:30　休 全年無休　交 YUI RAIL安里站步行約1分鐘　🚗 無

那霸 ▶MAP P21 F-2

必吃菜色！

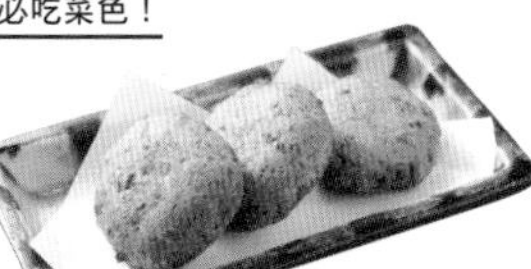

炸肉餅　648日圓

芋頭加上豬肉等拌勻炸成的天婦羅。

味噌炒絲瓜　540日圓

絲瓜和豆腐加味噌燉煮入味的菜色。

左：那霸國際通附近的人氣餐館。
右：充滿活力的廚房。

品嘗家常菜

ゆうなんぎぃ-Yunangi

1970年開業的老字號沖繩菜餐館。店內全由女性掌管，自創的「媽媽味」頗受好評。約有50道單品下酒菜，邊喝泡盛邊享用吧。

那霸市久茂地3-3-3　☎ 098-867-3765　營 12:00～15:00、17:30～22:30　休 週日、假日　交 YUI RAIL縣廳前站步行約3分鐘　🚗 無

那霸 ▶MAP P20 B-3

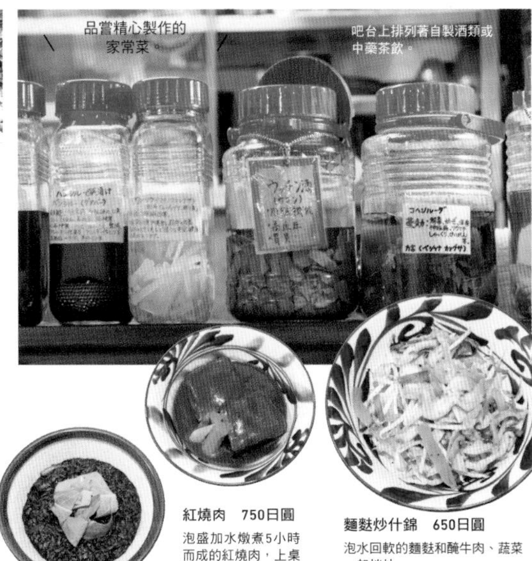

品嘗精心製作的家常菜。

吧台上排列著自製酒類或中藥茶飲。

輕鬆自在的氣氛也充滿魅力！

必吃菜色！

墨魚炊飯
1140日圓

沖繩常吃的墨魚汁加飯煮成雜炊粥。

紅燒肉　750日圓

泡盛加水燉煮5小時而成的紅燒肉，上桌時僅淋入味噌。

麵麩炒什錦　650日圓

泡水回軟的麵麩和醃牛肉、蔬菜一起拌炒。

只用當天進貨的新鮮魚類做菜。當日推薦菜色也值得一嘗！

EAT 04

在舊日空間休息片刻

到古民宅品嘗道地膳食

利用沖繩傳統建築改建而成的琉球古民宅餐廳相當受歡迎。
到午餐推薦餐館或夜晚氣氛歡樂的居酒屋，一邊享受沖繩情懷一邊悠哉用餐吧。

歡迎光臨！
點燈後氣氛更棒！
晚餐
在古老的紅瓦民宅
大啖沖繩料理！
めんそーれ

店員穿著琉球服飾在入口迎接賓客。

建築物圍繞著中庭而立。還會舉辦沖繩傳統舞蹈和三線琴現場演奏等沖繩當地表演。

店員穿著琉球服飾迎接賓客

沖繩廚房ぱいかじ-Paikaji上之屋店

忠實重現昔日琉球古民宅的沖繩餐廳。每天有三線琴的現場演奏等，可以體驗到濃濃的沖繩味。縣內有6家分店。

那霸市上之屋1-1-7　☎098-866-7977
營 17:00～淩晨1:30　休 全年無休　交 YUI RAIL歌町站步行約15分鐘　🚗有

那霸 ▶MAP P19 D-1

推薦菜色

苦瓜炒什錦　702日圓

放了很多島豆腐和苦瓜。亮點是風獅爺魚板。

上：空間寬敞的日式座位區。也有下陷式地爐包廂。　下：備有約30種泡盛。

推薦酒飲

泡波（Rock）　1620日圓

來一杯珍貴酒飲，是波照間島製造的稀有泡盛。

WHAT IS

琉球古民宅

琉球古民宅的特色是紅瓦屋頂和高石牆。興建超過百年的建築物也會登錄為文化財。古民宅改建而成的餐廳或飯店氣氛慵懶閒適，令人忘卻時間，頗受歡迎。

紅瓦
水泥匠用灰泥搭建而成。瓦頂屋稱作「Karaya」。

風獅爺
立於屋頂上的風獅爺有擊退惡靈驅邪之用。

屏風牆
位於大門和主屋間如屏風般的石牆。有遮蔽視線和防止惡靈進入的功用。

在綠意盎然的古民宅品嘗道地午餐和甜點！

午餐

① 雙腿可以伸直放鬆的榻榻米主屋。 ② 採預約制的別屋也很棒。 ③ 圍繞中庭而立的古民宅。可以一邊眺望維護得宜的庭院，一邊用餐。

香濃豆漿善哉冰　450日圓
自製黑糖紅豆上，淋入100%的豆漿。

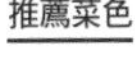

推薦菜色

石蓴麵套餐　1030日圓
充滿石蓴海藻的香氣。附炊飯等。

黑糖蜜黃豆粉善哉冰 250日圓
在鬆軟輕盈的刨冰上淋入大量味道香甜雅致的黑糖蜜和黃豆粉。

也可以只喝飲料

屋宜家沖繩麵和茶館

在名為「Karaya」的沖繩傳統瓦葺屋頂家中，提供沖繩料理。所有屋宅用地皆指定為國家登錄有形文化財。

八重瀨町大頓1172　☎098-998-2774　營 11:00～15:45　休 週二（若遇假日照常營業）　交 從南風原南IC約7km　🚗 有
南部 ▶MAP P5 D-2

上：建於琉球王朝時代的宮殿，美里御殿遺跡上的琉球古民宅。面對庭園的走廊座位區最受歡迎。　下：店內也設有日式座位包廂。

推薦菜色

炸烏尾冬定食　1188日圓
炸得酥脆的烏尾冬相當美味。

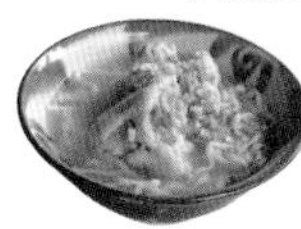

豬腳麵　756日圓
放上含有豐富膠原蛋白的豬腳。

推薦走廊座位

あしびうなぁ-Ashibiunaa琉球茶房

餐廳改建自位於美里御殿舊址上，頗具歷史淵源的古民宅。環繞中庭的走廊座位區最受歡迎，可以一邊欣賞琉球古民家風情一邊享用沖繩料理。

那霸市首里當藏町2-13　☎098-884-0035　營 11:00～15:00、17:00～23:00　休 不定　交 YUI RAIL首里站步行約10分鐘　🚗 無
首里 ▶MAP P23 E-1

琉球古民宅的設計追求防曬與通風良好，因此就算夏天也很涼爽宜人。

EAT
05

沖繩縣民長壽的祕訣！？
健康的島蔬菜午餐

以長壽縣而聞名的沖繩，健康的祕訣就在於當地種植的蔬菜。
島蔬菜的種類豐富，如果每種都想嘗鮮，可前往蔬食主題餐廳。

藉由蔬菜的
力量恢復精神！

白醬拌苦蕒菜
據說苦蕒菜有益腸胃，加入島豆腐做成涼拌菜。

木瓜福神醬菜
尚未成熟的青木瓜加醬油、糖等調味料醃漬而成的醬菜。

豆腐腦和蘿蔔葉味噌湯
蘿蔔葉含有豐富的鐵質、鈣質及維生素A。

無菜單中餐　1100日圓

僅採收當季食材的餐點所需用量，一樣樣精心烹調而成的家常菜。有蔬食菜餚、炊飯、甜點炸開口笑等約16樣。

SIDE MENU
蔬菜煎餅　450日圓
沖繩風味的什錦煎餅。好吃的祕密在於軟黏口感。

左：店內充滿居家氣息。　右：綠意盎然的餐館，充滿家的味道。使用附近自家菜園的蔬菜提供營養滿分的餐點。

主廚在此！

品嘗一下
新鮮蔬菜吧！

金城笑子女士
金城女士擁有營養師執照。自1990年開店以來，便用自家菜園的蔬菜和縣產島蔬菜烹調成家常菜。

健康證明！

① 自家菜園採收的蔬菜
在餐館附近的菜園採收蔬菜，現摘現煮。店內方針是僅採收當天所需的蔬菜量。

② 自家健康茶
免費提供的大宜味茶，選用大宜味村生產的長命草、綠茶和薑黃三種調配成茶飲。

婆婆長壽的祕訣在此
笑味之店

有長壽村之稱的大宜味村的小餐館。擁有營養師執照的店主金城女士製作的在地蔬食料理，是當地自古傳承下來的家庭味。

🏠 大宜味村大兼久61　☎ 0980-44-3220　營 9:00～17:00（供餐時間11:30～16:00）　休 週二、三、四　交 從許田IC約30km
🚗 有
山原 ▶MAP P14 C-1

好多島蔬菜和野草

主廚在此！

野草料理
營養滿分！

山城清子女士

利用自宅土地上自然生長的野草做成各種料理。和直爽的山城女士交談也很開心。

長壽定食 2000日圓	有島紅蘿蔔絲炒長命菜、黑芝麻豬排（宮廷料理）等。每道菜都吃一點就飽了。

上：紅瓦古民宅餐館。摘取庭園生長的藥草入菜。　下：店內充滿懷舊氣氛。坐在榻榻米上悠哉用餐。

還有很多庭院採的野草

伽藍萬尺咖啡館

以「生命是由飲食構成」為座右銘，提供用沖繩特殊食材做成的料理。也有舉辦烹飪教室（需洽詢）。

🏠金武町金武10507-4　☎098-968-8846　㊢12:00～18:00（售完為止）　㊡週二、三（不定）　㊦從金武IC約6km
🚗有

中部 ▶MAP P11 D-3

滋味十足的沖繩「媽媽味」

主廚在此！

請慢慢
享用料理！

伊波Sayaka女士

開店理由是想煮營養豐富的餐點給自家小孩吃。如同店名所示，用心烹調每道菜，可以感受到廚師的愛意。

紅花定食 1458日圓	主菜是時蔬天婦羅，加上符合時令的手作島蔬菜料理。堅持使用讀谷或沖繩縣生產的食材。

上：店內氣氛沉穩。除了日式座位區外，也有可眺望亭園綠意的走廊區或一般座位區。　下：餐館離都屋漁港很近，位於住宅街中間。

有益身體的當季時蔬

てぃーあんだ-Teianda島蔬菜食堂

使用大量縣產蔬菜做成的多品項定食，不但美味對身體也很好。一邊吹著海風一邊享用主廚注入愛心親手製作的料理。

🏠讀谷村都屋448-1　☎098-956-0250　㊢午餐週五～週三11:00～15:00、晚餐週五～週日18:00～20:00（須預約）
㊡週四　㊦從沖繩北IC約14km
🚗有

西海岸度假區 ▶MAP P8 A-1

 WHAT IS

認識島蔬菜嗎？

以下是沖繩特有營養豐富的蔬菜。

苦瓜

外縣市如今也常吃苦瓜。可以做成天婦羅、涼拌菜或沙拉。

冬瓜

經常出現在沖繩餐桌上的人氣食材。

絲瓜

味噌炒絲瓜是最常見的料理。屬於夏季蔬菜。

魁蒿

苦味比一般魁蒿還淡，也可去除肉類或魚類的腥味。

田芋

種在水田的芋頭種類。算是吉祥食物，會做成年菜等。

紅鳳菜

長於沖繩北部國頭村等地的野生藥用蔬菜。

自琉球王國時代起，基於藥食同源的觀念，餐桌上會出現豐富的野草和蔬菜。特色是香氣和味道明顯，有別於外縣市蔬菜，營養價值也很高。

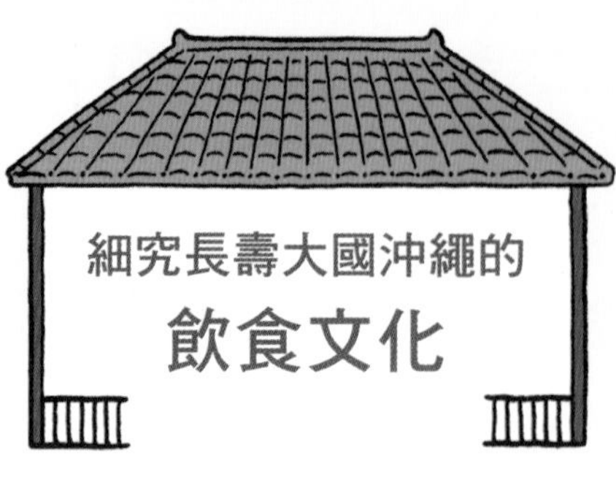

細究長壽大國沖繩的 飲食文化

如今已不是長壽縣！？沖繩飲食文化的變遷

長久以來，沖繩縣一直獨占日本長壽縣的龍頭寶座。但好景不再。根據2015年的統計，長野縣和滋賀縣的男女平均壽命為日本第一，拿下長壽縣冠軍。沖繩縣的女性平均壽命是第7名，男性居然掉到第36名。

昔日沖繩受到中國影響，在「藥食同源」的觀念下，喜歡吃蔬菜、海藻、魚和豆腐等健康食物。但自美國占領的1960年代起，美軍的飲食文化傳入沖繩。漢堡、牛排和加工肉品等大受歡迎，飲食習慣開始急速傾向歐美化。這種高卡路里高脂肪的飲食成為名次下降的原因。

話雖如此，現在的沖繩仍保有喜愛從前飲食習慣的文化。吃吃看濃縮大量先人智慧的沖繩傳統料理吧。以下介紹集結所有長壽因素的4大特色食材。

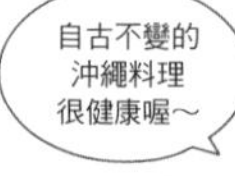

沖繩特有的

① 任何部位都吃

豬

沖繩料理可說是「從豬開始從豬結束」，以豬肉為中心。從內臟到耳朵、豬蹄、豬血都能入菜，實際上除了豬爪和豬毛以外，全部都是食材。燉豬腳和紅燒肉是基本的豬肉料理。

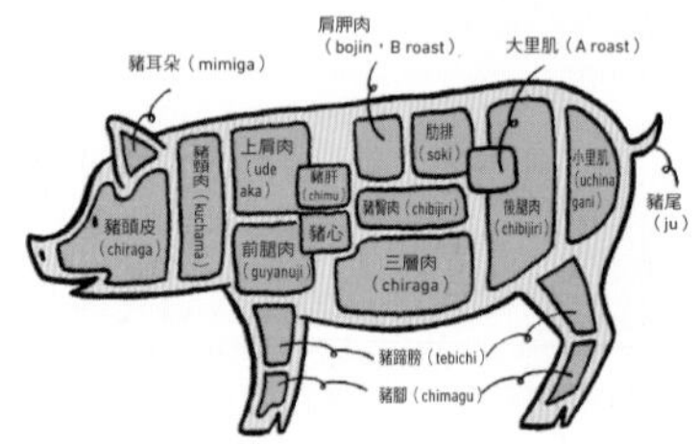

這裡吃得到

山原餐廳松之古民家>>>P.100
阿久豬的祕密基地 富著店>>>P.101
Yunangi>>>P.89及其他

② 濃縮營養的扎實豆腐

沖繩豆腐

沖繩的島豆腐和外縣市相比，植物性蛋白質含量約為1.4倍。還有豐富的脂肪酸、維生素和礦物質等，濃縮了多種營養精華。除了島豆腐外還有特色豆腐。

豆腐腦
軟嫩的散狀豆腐。可以直接吃或當味噌湯配料。

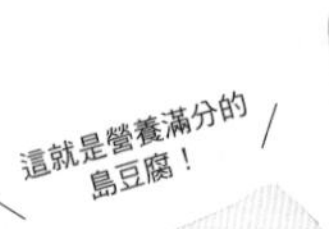

島豆腐
特色是扎實大塊。可做成沖繩炒什錦等。

花生豆腐
落花生做成的豆腐。觸感彈性十足。

這裡吃得到

家庭料理店Manjumai>>>P.120
花商>>>P.155
紀乃川食堂>>>P.96及其他

4大食材

這些是自古流傳
下來的食材！

③ 礦物質含量豐富的海之寶

昆布・海藻

沖繩人愛吃昆布，消費量之高是全日本數一數二。代表性吃法是名為kubuirichi的炒昆布絲。也常吃水雲和石蓴等海藻，據說是長壽者的必吃食物。

第一牧志公設市場附近的商店，售有種類豐富的乾貨。

不熬高湯
直接吃。

炒昆布絲
有名的長壽料理之一，喜慶宴席上的必備菜色。

這裡吃得到

沖繩廚房Paikaji上之屋店>>>P.90
Ashibiunaa琉球茶房>>>P.91及其他

④ 口感類似蔬菜

野草・藥草

沖繩是藥草的寶庫！聽說田間或住家周圍的野生野草、藥草摘了就能做菜。身體不舒服時，經常煮來當藥吃。也可以沖泡成茶飲。

比苦瓜還苦！

苦蕒菜
特色是強烈苦味。對胃腸很好。

這裡吃得到

伽藍萬尺咖啡館>>>P.93
笑味之店>>>P.92
沖繩第一飯店>>>P.195

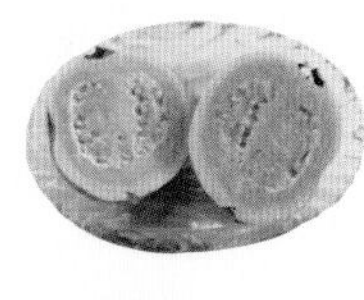

芭樂
維生素C等含量豐富的營養水果。也有降血糖的效果。

WHAT IS

備受沖繩人喜愛的酒飲泡盛

晚上還是要有這一味！
品嘗一下沖繩餐館
必備的泡盛吧。

用酒壺和酒杯
乾一杯！

琉球王朝時代自暹羅國（即今泰國）傳來

泡盛在15世紀初傳入琉球。那時候的琉球正是尚巴志統一分裂的三小國，建立琉球王國的時代。尚巴志和暹羅的大城王朝貿易頻繁，進口南蠻酒，據說之後就釀製出泡盛的原型酒。

泡盛古酒（クース-kusu）

古酒是泡盛靜置熟成後的製品。靜置越久越香醇，聽說口感會更滑順，熟成3年以上的酒稱為古酒。比普通泡盛更貴更好喝！

推薦商品

沖繩限定販售的「神泉古酒30度」或在金武鐘乳石洞的古酒窖熟成的鐘乳石洞儲藏古酒「龍」40度等，來杯珍貴泡盛吧！

泡盛的喝法

泡盛屬於蒸餾酒，有各種喝法。兌水、加冰塊、兌熱水、直接喝或調酒等。沖繩人大多以2：8的比例兌水，調得很淡再喝。

難得喝到泡盛，就用美麗的琉球玻璃杯裝吧！

適合配泡盛的下酒菜

沖繩料理全部都和泡盛很搭。尤其是肉類料理最適合，代表菜色是紅燒肉。因為燉豬肉時加了泡盛一起煮，兩者相當對味！另外也很推薦豆腐加紅麴和泡盛等醃漬入味的珍饌豆腐糕。

紅燒肉

豆腐糕

在重視豬肉的沖繩，有句話說「豬除了叫聲以外，全部都能吃」。實際上除了豬爪和豬毛外，其餘部位都能入菜。

EAT

06

必吃南國才有的鮮魚!!

品嘗漁夫餐廳的島內海鮮

只有在南國沖繩的市場上，才會排滿色彩豔麗如熱帶魚的鮮魚。
出發前往漁夫餐廳，品嘗以傳統手法烹調的現撈當地海鮮吧！

品嘗沖繩特有鮮魚！

享用樸實的傳統家鄉菜

鹽煮龍尖定食　1500日圓（時價）

龍尖只加酒和鹽烹煮而成的漁夫料理「鹽煮魚」，雖然簡單卻是極品。

左：有吧台座位區和架高的日式座位區可選。　右：晚上經常擠滿開心喝酒的當地客人。

要吃漁夫料理就在這裡

紀乃川食堂

原本位於那霸國際通上，30年來備受喜愛的人氣餐館，目前遷移到店主的家鄉本部町。當天進貨的鮮魚以在地烹調法提供給顧客。

本部町建堅603　☎0980-47-5230
㊫11:00〜16:00　㊡週一　㊯從許田IC約23km
🚗有
美麗海水族館周邊 ▶MAP P12 C-2

SIDE MENU

炸水雲和炸魁蒿　500日圓

魁蒿香氣宜人，做成口感酥脆輕盈的炸物。撒上鹽品嘗。

炸烏尾冬　900日圓（時價）

保持原狀的烏尾冬，用菜刀劃開魚骨和身體後再炸，方便食用。

自製花生豆腐　300日圓

女店員手工製作的花生豆腐。口感彈牙讓人停不下來！

店內充滿居家氛圍。

用鐵板煎當天進貨的鮮魚，香嫩多汁！

奶油香煎本日鮮魚定食
1404日圓～（時價）

和石蓴一起用奶油煎得香氣撲鼻。本日鮮魚是笛鯛。

定食的前菜。胡椒粒煎鮪魚和生魚片沙拉。

定食的甜點是茉莉花茶布丁。

引以為傲的漁夫料理

系滿漁民食堂

位於系滿漁港附近，可以吃到現撈鮮魚的人氣餐館。提供港口小鎮專屬，流傳於當地的漁夫料理。

🏠 系滿市西崎町4-17-7
☎ 098-99-7277 營 11:30～14:30、18:00～21:30 休 週二、最後一週週一晚上
交 從名嘉地IC約6km
🚗 有
南部 ▶MAP P4 A-2

上：店內裝潢時尚就像咖啡館般漂亮。　下：設有一般座位區和架高日式座位區。店內也賣自製調味料。

其他推薦菜色！

魚湯定食　1236日圓

用土鍋燉煮魚和蔬菜是系滿才有的漁夫料理。傳統魚湯以味噌調味，但這家店使用芝麻和醬油。

大得驚人！一整隻梭子蟹

螃蟹麵　1000日圓

豪邁地放上近海捕獲的梭子蟹，是店內的招牌菜。湯頭充滿螃蟹鮮味。

鮮度一流的海鮮料理

「味華」海鮮食堂

餐館緊鄰漁會。提供的海鮮料理使用自拍賣魚市場進貨的新鮮海產烹調而成。放上8種當地鮮魚的海鮮丼也很受歡迎。

🏠 宇流麻市與那城平安座9396-6 ☎098-977-7783
營 11:30～16:30（售完為止） 休 週一 交 從沖繩IC約25km 🚗 有
中部 ▶MAP P9 E-2

上：店內充滿居家氣氛。
下：外觀是琉球古民宅風格。

店內牆上貼滿整排菜單。

其他推薦菜色！

紅燒龍尖定食　1500日圓

除了一整隻的紅燒龍尖外，還附生魚片、醋拌水雲等小菜，分量十足。

WHAT IS

認識沖繩島魚嗎？

以下介紹南國才有的珍貴魚種。

雙帶烏尾冬

日本本島稱高砂。列為沖繩縣縣魚。通常做成炸魚。

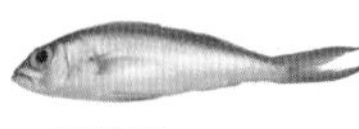

紅尾烏魚

又稱長尾濱鯛。屬於沖繩3大高級魚種之一，適合燉煮。

七星斑

沖繩最高級魚種，石斑魚的同類。生魚片、煮湯等都OK。

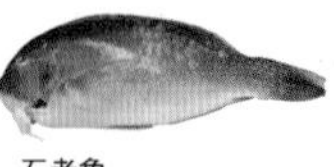

石老魚

只能在沖繩境內撈捕的地區限定魚種。鹽煮最好吃。

藍鸚嘴魚

藍色的大型魚。又稱藍點鸚哥魚。味道清淡適合各種烹調法。

笛鯛

鯛魚的一種，是沖繩的常見食材。最普遍的吃法是奶油香煎。

夜光貝

棲息於珊瑚礁的大型蠑螺。充滿彈性的口感讓人停不下來！

沖繩魚雖然外觀鮮豔，令人意外的是多為清淡的白肉魚，相當適合乾燒或油炸。各種魚都嘗嘗看吧。

EAT 07

說到縣民的靈魂食物就是這個

令人愛上的大份量牛排！

深受美國飲食文化影響的沖繩，有多家老字號牛排館。
油脂少口感扎實的外國紅肉牛排，吃了讓人體力充沛。到保有昔日原貌的懷舊餐廳大吃一頓！

STEAK HOUSE

牛排通也讚不絕口的
肉厚多汁超大美味牛排

左：從位於入口反方向的露台可以眺望中城灣。
右：散發復古美式風格的裝潢也很棒！

保有昔日酒吧氣息的時髦裝飾品。

巨大牛排名店

Pub Lounge Emerald

擁有35年以上歷史的老字號餐廳。在酒吧時代最後端上淋了祕傳醬料的牛排大受歡迎，成為店內招牌菜。利用桌上電話點餐的系統也很特別。除了牛排還有其他豐富菜色。

🏠北中城村島袋311 ☎098-932-4263 ㊋10:00～21:00（週五～日、假日～21:45） ㊡全年無休 ㊈從沖繩南IC約4km 🚗有

中部 ▶MAP P8 C-3

WHAT IS

牛排是最後一道菜！？

說到喝完酒後的結尾料理，通常是拉麵或茶泡飯。在沖繩，有最後才吃牛排的文化，因此很多牛排館也跟著營業到深夜。

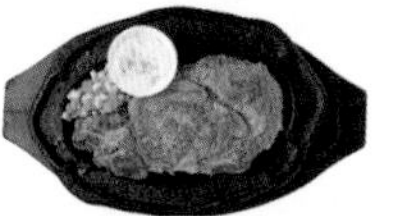

調味料是A1醬

在沖繩說到牛排醬就是這個。特色是酸味明顯的濃郁口味，在超市也買得到。

>>>P.152

STEAK HOUSE

TENDERLOIN STEAK

菲力牛排200g
2500日圓

牛排選用上等牛腰肉。脂肪含量少蛋白質含量高。

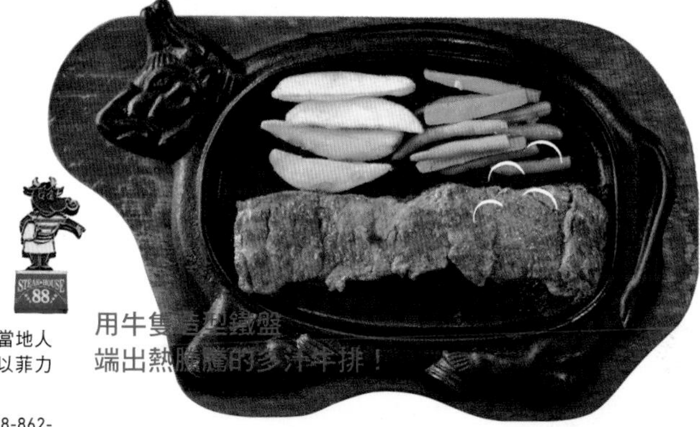

用牛隻造型鐵盤端出熱騰騰的多汁牛排！

多世代同樂的美味

88牛排館 辻總店

自1978年開店以來深受當地人喜愛。店內提供的牛排以菲力牛排為首有20餘種。

那霸市辻2-8-21 ☎098-862-3553 營11:00～凌晨3:45 休全年無休 交YUI RAIL旭橋站步行約15分鐘 車有

那霸 ▶MAP P18 C-2

左：外觀復古。國際通上還有4家姊妹店。
右：店內裝潢走美式餐廳風格。

桌上排滿店內自製的調味料。

STEAK HOUSE

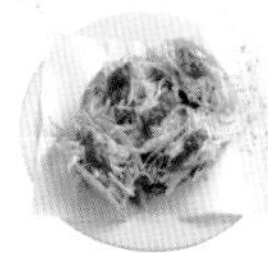

左：復古風裝潢。
上：推薦配菜塔可餅（5個）650日圓。

沖繩牛排館先驅

傑克牛排館

於美國統治時期1953年開業的老店。店內常擠滿追求熟悉「傳統味」的顧客。

那霸市西1-7-3 ☎098-868-2408 營11:00～凌晨1:00 休全年無休 交YUI RAIL旭橋站步行約5分鐘 車有

那霸 ▶MAP P18 C-2

守護傳統
創業60年的老店滋味

TENDERLOIN STEAK

菲力牛排L 250g
2500日圓

脂肪含量少，能充分品嘗到紅肉的鮮美滋味。使用澳洲牛肉。

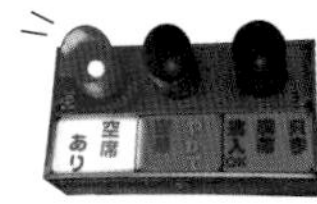

左：復古風菜單表。
上：顯示「有空位」通知店內情況的紅綠燈很特別。

88牛排館的裝飾文字「A」，是模擬美國統治時期美軍發行的營業許可證。

EAT 08

美味是有原因的！

挑選夢想中的名牌肉

老闆兼調酒師松下先生。

阿古豬或石垣牛等都是日本目前大受歡迎的高級名牌肉。
以當地才有的優惠價盡情享受特殊肉品的鮮美滋味吧！

PORK DINING

在古民宅餐廳
品嘗稀有極品阿古豬

AGU PORK

＼這是2人份！／

黑琉豬 特級涮涮鍋套餐

1人份**3780**日圓（右圖是2人份）

黑琉豬是名護的品牌豬，是稀有的100%純種阿古豬。因為數量有限必須預訂！

左：店內改建自60年以上的古民宅。
右：每晚都客滿最好先預約。

肉質軟嫩的招牌涮涮鍋

山原餐廳 松之古民家

餐廳改建自擁有60年歷史風情的古民宅。招牌菜是稀有的「黑琉阿古豬」等，使用名護品牌肉的涮涮鍋。

名護市大南2-14-5 ☎0980-43-0900
營 18:00～24:00 休 週四 交 從許田IC約7.5km 🚗有

美麗海水族館周邊 ▶MAP P12 A-3

其他推薦菜色！

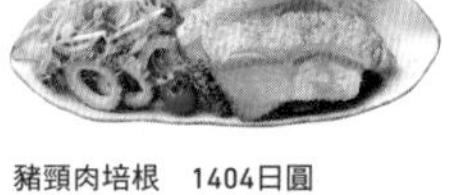

豬頸肉培根　1404日圓

山原豬的豬頸肉培根。能吃到這部位的豬種很少，是相當珍貴的一道菜。

縣產水果創意調酒
各648日圓

外觀可愛的創意調酒。提供客製化調製。

還有時髦的酒吧區。

阿古豬是？

沖繩原生種，由距今約600年前中國傳入的小型「島豬」培育而出。擁有油脂甜美的霜降肉。

照片提供：沖繩縣畜產研究中心

WHAT IS

沖繩的名牌肉

以前沖繩幾乎都是進口肉，但近年來有各種品牌肉登場。早就受到全日本歡迎的「阿古豬」、吃薑黃飼料的「薑黃豬」、石垣島培育出的「石垣牛」，以及近年來造成話題的「本部牛」、肉質充滿彈性的「山原土雞」等都是代表性肉品。

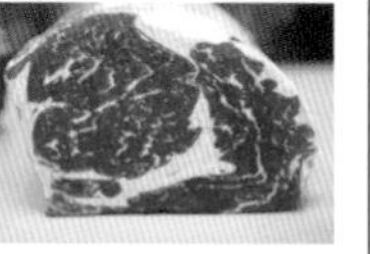

好想吃名牌肉～

PORK DINING

餐廳就在度假飯店林立的富著海灘附近。

也有一般座位區。

盡情品嘗阿古豬

阿古豬的祕密基地 富著店

店內也有露台座位區，從大窗戶看出去綠樹成蔭，充滿南國風情。提供油脂鮮美的頂級阿古豬燒肉和涮涮鍋。

恩納村富著1-1 ☎098-975-8808
營17:00～22:30 休全年無休 交從石川IC約6km 🚗有
西海岸度假區 ▶MAP P10 B-1

在開放的日式座位區
品嘗稀有豬肉涮涮鍋
簡單涮兩下

讓人放鬆的日式座位區。

AGU PORK

阿古豬全套餐　3300日圓

除了火鍋肉片外，還有阿古豬臘腸、餃子等的豪華套餐。

BEEF DINING

餐廳位於本部半島國道449號線旁。

店內相當寬敞。除了隔間座位外，也有吧台座位區。

在自家品牌肉的直營店大飽口福！

燒肉本部牧場 本部店

選用自家牧場培育的「本部牛」燒肉店。吃啤酒粕等調配飼料長大的「本部牛」，肉質特色是香甜肥美的油脂。

本部町大濱881-1 ☎0980-51-6777
營11:00～14:30、17:00～21:30 休全年無休 交從許田IC約24km 🚗有
美麗海水族館周邊 ▶MAP P12 C-2

在本部牛直營店
享用評比不同部位

MOTOBU BEEF

和牛燒肉午餐 1800日圓

牛五花、牛腿肉加內臟的套餐。附飯、湯和飲料。

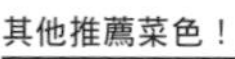
其他推薦菜色！

本部牛嫩肩里肌牛排套餐　5000日圓

奢侈的本部牛厚片嫩肩里肌牛排。依喜好可選擇5分熟或3分熟。

本部牛是僅限「本部牧場」使用的牛肉品牌。榮獲日本全國畜農業協同組合聯合會頒發2013年度最優秀獎（日本第一），頓時聲名大噪。

EAT 09

輕量B級美食代表選手

美味無比的塔可餅&塔可飯

塔可餅&塔可飯是肚子有點餓或想外帶輕食時的最佳選擇。
到歷史名店嘗嘗當地人熟悉的好味道吧！

到塔可飯創始店 品嘗正宗美食

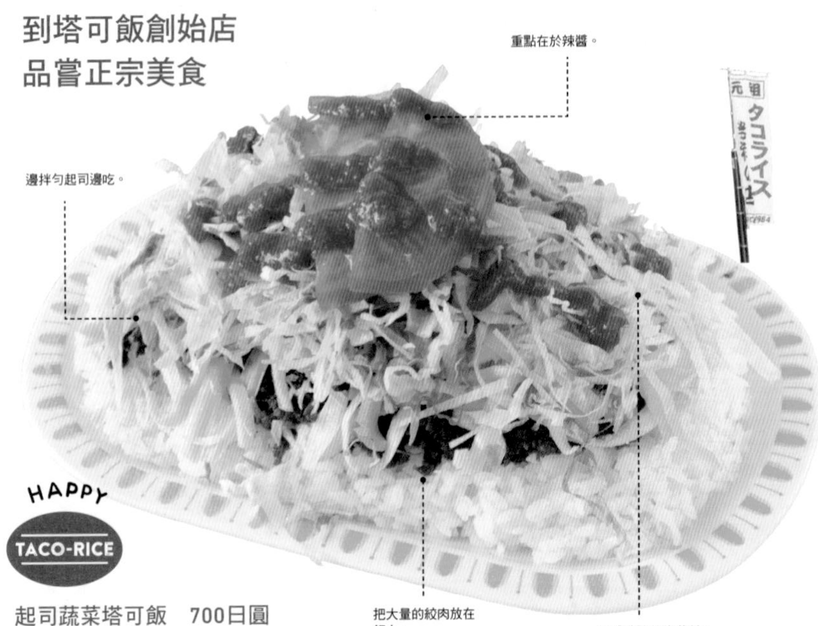

重點在於辣醬。

邊拌勻起司邊吃。

把大量的絞肉放在飯上。

口感清脆的生菜絲。

HAPPY TACO-RICE

起司蔬菜塔可飯　700日圓

把滑順起司和清脆蔬菜撒在炒入味的絞肉上，味道超搭。

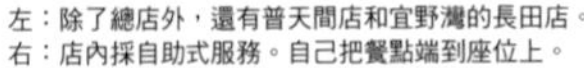

左：除了總店外，還有普天間店和宜野灣的長田店。
右：店內採自助式服務。自己把餐點端到座位上。

塔可飯的原創名店

KING TACOS 金武總店

以沖繩風味的塔可飯創始店而聞名。餐點份量十足加上價格實惠，長年來深受當地人及觀光客喜愛而自豪。

金武町金武4244-4　☎090-1947-1684
營 10:30～24:00　休 全年無休　交 從金武IC約3km　🚗有
中部 ▶MAP P11 D-3

TACOS

塔可餅（4個）　600日圓

口感脆實的硬式塔可餅。2個400日圓。

在櫃檯點餐。

WHAT IS

塔可飯

起源於沖繩的塔可飯，是墨西哥菜塔可餅的日式變化款。把絞肉、起司、生菜和番茄等塔可餅餡料，放在代替墨西哥薄餅的米飯上吃。辛辣的莎莎醬和米飯出乎意料地對味。

在國際通附近的話
就到「Tacos-ya」！

從國際通一轉進新天堂通，就可看到這家塔可餅店。塔可餅皮現點現炸，每個180日圓。也可以外帶。

Tacos-ya

那霸市牧志1-1-42齊藤大樓1F ☎098-862-6080 營11:00～16:30 休全年無休 交YUI RAIL美榮橋站步行約8分鐘 🚗無

那霸 ▶MAP P20 C-3

塔可餅　250日圓（1個）
特點是餅皮彈牙。餡料有牛肉、雞肉、鮪魚3種可選。

左：保有濃厚的美國文化，位於胡差區的公園大道（Park Avenue）上。　右：店內充滿迷人的懷舊情懷。

店內的復古裝潢饒富趣味。

風靡半世紀以上的餐廳

CHARLIE多幸壽

沖繩首家塔可餅專賣店。以自製墨西哥薄餅做成的塔可餅，有牛肉、雞肉和鮪魚3種口味。塔可餅250日圓～，也有各種套餐選擇。

沖繩市中央4-11-5 ☎098-937-4627 營11:00～20:45 休週四（若遇假日照常營業） 交從沖繩南IC約2km 🚗有

中部 ▶MAP P8 C-2

左：店內採自助式服務。自己從冰箱拿飲料到座位上。
右：開店至今有40年歷史的老店。

仙人掌題材等充滿墨西哥風情的家飾品，看了真開心。

老字號塔可餅專賣店

墨西哥塔可餅專賣店

起司、生菜、絞肉和手工餅皮搭配得恰到好處的塔可餅。提供外帶服務，肚子有點餓時外帶一份解饞吧。

宜野灣市伊佐3-1-3 1F ☎098-897-1663
營10:30～21:00（售完打烊） 休週二、三
交從北中城IC約5km 🚗有

中部 ▶MAP P8 B-3

塔可餅　600日圓
在口感佳咬起來偏軟的自製墨西哥薄餅上，放入日式口味的絞肉。

塔可餅皮（墨西哥薄餅）有脆實的硬餅和軟餅等種類，展現店家特色。

EAT

10

夠份量超滿足

大口咬下漢堡！

特製漢堡　1550日圓

不光是麵包和BBQ醬等自製食材，連擺法都下功夫研究，充滿店主堅持信念的漢堡。

HAMBURGER

鬆軟的自製漢堡包。

荷包蛋和培根等份量扎實。

漢堡排不使用重組肉，可以品嘗到肉品本身的原味。

ANOTHER CHOICE

辣味起司堡
1000日圓

香辣的辣椒醬和起司、美乃滋相當對味。

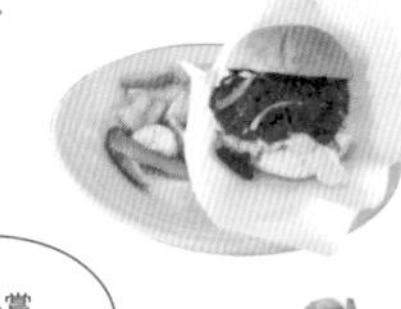

來品嘗
一下吧！

大口咬下特製漢堡排

GORDIES

可以品嘗到使用牛粗絞肉做成的肉排，和口感嚴選的麵包等，是堅持美式風格的漢堡。

北谷町砂邊100-530　☎098-926-0234　㊎11:00～21:00（週六、日僅提供早餐8:00～11:00）　㊡不定　㊯從沖繩南IC約6km　🚗有

中部 ▶MAP P22 A-1

左：店內走復古美式風格。懷舊風的裝潢令人印象深刻。
右：店面改建自外國人住宅。

HAMBURGER

The A&W漢堡　650日圓

除了牛肉排、生菜和番茄外，還有黑糖胡椒火腿片及奶油起司，讓味道更臻完美。

麥根沙士220日圓就能無限暢飲

我是Rooty，會不定時出現喔！

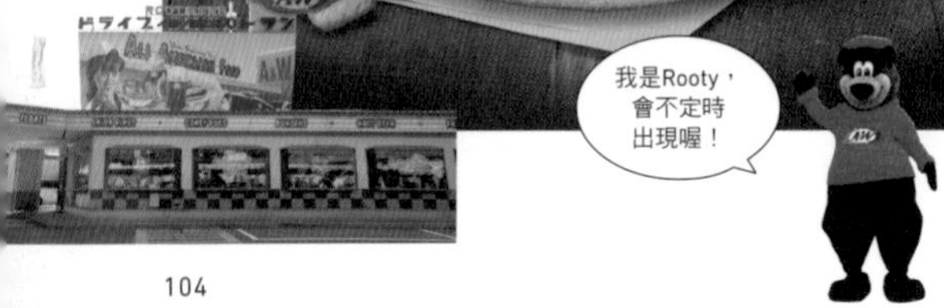

在扭成圓形的炸薯圈上淋入辣醬和起司的人氣副餐，辣味起司薯圈430日圓。

速食創始店

A&W 牧港店

來自美國的漢堡專賣店，可以說是沖繩第一家，也是日本最早的速食店。沖繩人氣碳酸飲料，麥根沙士也很有名。

浦添市牧港4-9-1　☎098-876-6081　㊎24小時　㊡全年無休　㊯從西原IC約4km　🚗有

中部 ▶MAP P6 C-1

肉汁四溢的漢堡排加上爽脆的新鮮蔬菜。
份量十足的特製漢堡
是充滿美國文化色彩的沖繩知名美食。
到各家用心製作的專賣店大口吃漢堡吧！

WHAT IS

麥根沙士（Root beer）

沖繩漢堡店常見，來自美國添加香草植物的無酒精碳酸飲料。味道新奇帶有特殊甜味。

HAMBURGER

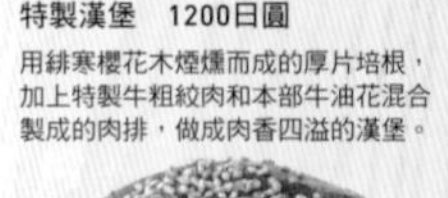

特製漢堡　1200日圓

用緋寒櫻花木煙燻而成的厚片培根，加上特製牛粗絞肉和本部牛油花混合製成的肉排，做成肉香四溢的漢堡。

ANOTHER CHOICE

酪梨起司漢堡
1300日圓

內餡放了大量酪梨和肉排、起司等，搭配得恰到好處。淋上山葵醬讓味道變清爽。

融入感情
用心製作。

上：古民宅改建成時髦風格的咖啡館。　下：黑色外牆相當搶眼。停車場位於不遠處。

用心的自製漢堡

ToTo la Bebe Hamburger

從麵包到醬料，全部堅持手工自製的漢堡專賣店。散發出特殊香氣的酥脆薯條（S）260日圓，讓人一口接一口。

本部町崎本部16　☎0980-47-5400　營 11:00～15:00　休 週四　交 從許田IC約23km　停 有
美麗海水族館周邊 ▶MAP P12 C-2

HAMBURGER

什麼漢堡（Nuyarubaga）　378日圓

由苦瓜片、雞蛋和豬肉等沖繩味十足的餡料組合而成。「nuyarubaga」有「這是什麼呀」的意思。

也有實惠套餐喔！

ANOTHER CHOICE

小漢堡3個313日圓

上：店內寬敞簡約。
下：外觀時髦。也有午間限定餐點。

備受當地人喜愛的創意漢堡

Jef 豐見城店

來自沖繩的漢堡連鎖店。除了起司漢堡等基本款口味，還有用苦瓜等沖繩限定食材做成的當地漢堡。

豐見城市宇田頭66-1　☎098-856-1053　營 24小時　休 全年無休　交 從那霸機場約3km　停 有
南部 ▶MAP P18 B-3

身為美軍基地的沖繩，飲食上深受美國文化影響。漢堡主要為大份量，吃完超撐。

EAT
11

必吃冰涼甜品

清涼的沖繩善哉冰

善哉冰是在香甜鬆軟的紅扁豆或紅豆上，淋上大量細緻的刨冰。
到當地知名的人氣冰店盡情品嘗冬天也吃得到的沖繩限定甜品吧！

上：店家就位於座喜味城跡旁邊。
下：店內陳列著懷舊玩具。

重點是提味薑汁！

TRY

紅芋黑糖善哉冰
580日圓

蓬鬆的刨冰下放有紅扁豆和湯圓。提味用的薑汁黑糖蜜，不會太甜，整體風味平衡得恰到好處。紅芋粉增添鮮豔色澤。

全手工製作的沖繩善哉冰

鶴龜堂善哉冰

紅扁豆和湯圓加黑糖熬煮6小時以上等堅持手工製作的商店。搭配紅芋等沖繩才有的食材完成創意組合。

讀谷村座喜味248-1　☎098-958-1353　營 10:00～18:00　休 週三（7～8月照常營業）　交 從石川IC約12km　🚗有

西海岸度假區 ▶MAP P9 D-1

顧客從全國各地前來。

左：雜誌或電視常介紹的名店。
右：除了冰品外，也有沖繩麵等多種餐點選項。

在海外也備受矚目

稻嶺冰品專賣店兼餐館

開業25年的老店。招牌餐點是用水果呈現動物表情的可愛刨冰。店內洋溢舒適的懷舊氣氛。

系滿市系滿1486-3　☎098-995-0418
營 11:00～19:00　休 週二　交 從名嘉地IC約6km　🚗有

南部 ▶MAP P4 B-2

擁有可愛粗眉的白熊冰，好萌啊。♡

也有小碗冰。
迷你白熊　486日圓

TRY

白熊　626日圓

份量十足的煉乳冰下有湯圓和紅豆。最好在尚未融化前吃掉。

WHAT IS

沖繩善哉冰

說到「善哉」就會想到加了麻糬或湯圓的熱紅豆湯，但南國沖繩的善哉，是把刨冰放在煮得香甜可口的紅扁豆上的清涼甜品。順帶一提，這裡稱熱湯圓紅豆湯為「熱善哉」。

同時也是咖啡館

沖繩麵和茶館 屋宜家

不但是沖繩麵頗受好評的琉球古民宅餐廳，連甜點也是絕品。提供數種口味的善哉冰，可選擇正常份量或減半份量。

>>>P.87、97

南部 ▶MAP P5 D-2

水杯和茶壺都是傳統沖繩陶器。

黃豆粒奶油善哉冰，480日圓。

惹人注目的陶器皿！

TRY

黑糖蜜黃豆粉善哉冰（半份）

250日圓

在口中鬆散化開的刨冰，口感優雅細緻。熬煮入味的紅扁豆和黑糖蜜、黃豆粉相當對味。

在琉球古民宅放鬆一下。

說到善哉冰就是這裡！

新垣善哉屋

菜單只有「善哉冰」。敬請享用熬煮超過8小時的紅扁豆加上細綿刨冰的絕妙滋味。

🏠本部町渡久地11-2 ☎0980-47-4731 營12:00～18:00（售完為止） 休週一（若遇假日則順延至隔天） 交從許田IC約23km 🚗有

美麗海水族館周邊 ▶MAP P12 C-2

先購買餐券再到櫃台點餐。

裡面藏有紅扁豆喔。

創業60年的老店滋味

TRY

善哉冰　350日圓

花了2小時熬煮鬆軟的紅扁豆善哉冰。黑糖蜜的香甜滋味超讚！

商店位於本部町營市場附近。

沖繩餐館的極品刨冰

東食堂

菜色豐富的沖繩餐館。刨冰或善哉等甜品也很受歡迎。必吃冰品是在口感輕盈的刨冰上淋上三色糖漿的「三色冰」。

🏠名護市大東2-7-1 ☎0980-53-4084 營11:00～18:30 休全年無休 交從許田IC約8km 🚗有

美麗海水族館周邊 ▶MAP P12 B-3

店內氣氛復古沉靜。

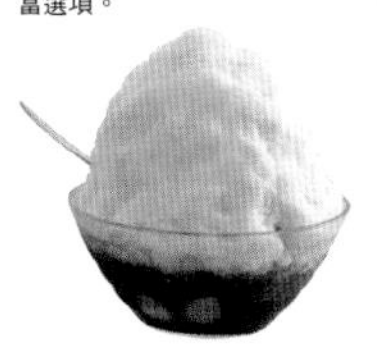

有煉乳善哉冰等豐富選項。

一次嘗到3種口味！

TRY

三色冰　320日圓

如粉雪般細綿的冰上，奢侈地淋上3種糖漿。

擁有醒目紅瓦的沖繩風商店。

沖繩的善哉冰大多不放紅豆，而是用黑糖熬煮的紅扁豆。特色是顆粒大，口感鬆軟。

EAT 12

造型也很迷人

吃甜點還是冰品好！

使用南國水果做成的彩色甜點冰品，讓人忘卻沖繩的酷熱。
逛街途中走進人氣商店，來份特色冰品消暑一下。

MOUNTAIN MANGO PARFAIT

細綿的熱帶刨冰

A 特大芒果聖代 2000日圓

擠上大量鮮奶油的芒果冰淇淋，加了芒果塊的濃稠糖漿淋在刨冰上，最後再放上整顆芒果！

＼ 好像爆炸頭 ／

夏威夷刨冰　580日圓

夏威夷版的刨冰。手工糖漿從藍色夏威夷等基本口味到香檬等沖繩口味都有。

上：位於全日空萬座洲際海濱飯店前面。　下：店前也設有座位區。

日本第一家夏威夷刨冰（Shaved Ice）專賣店

A 田中果實店

「Shaved Ice」指的是來自夏威夷的刨冰。份量十足入口即化，輕鬆就能吃完這點頗受好評。

- 恩納村瀨良垣2503
- ☎070-5279-7785
- ㊣11:00～17:30
- ㊡週二、三
- ㊈從屋嘉IC約7km
- 🚗有

西海岸度假區 ▶MAP P10 C-2

WHAT IS

冰品

泛指放上刨冰的善哉或是冰淇淋、聖代等冰涼甜點。沖繩黑糖或熱帶水果的配料頗具魅力！

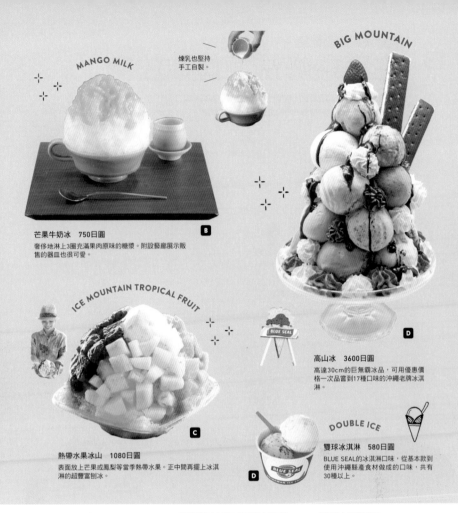

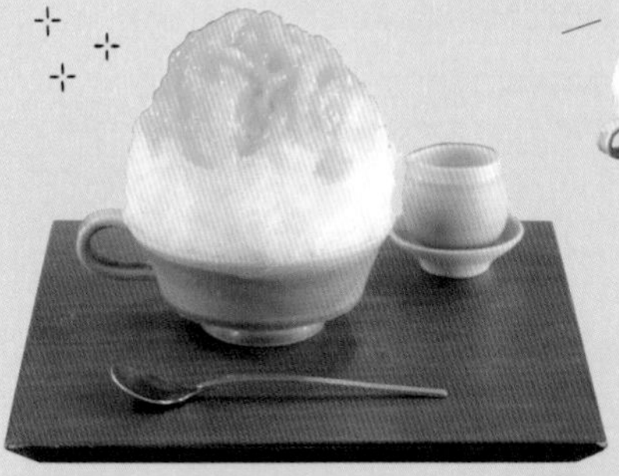

MANGO MILK

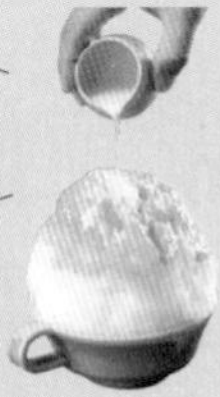

煉乳也堅持手工自製。

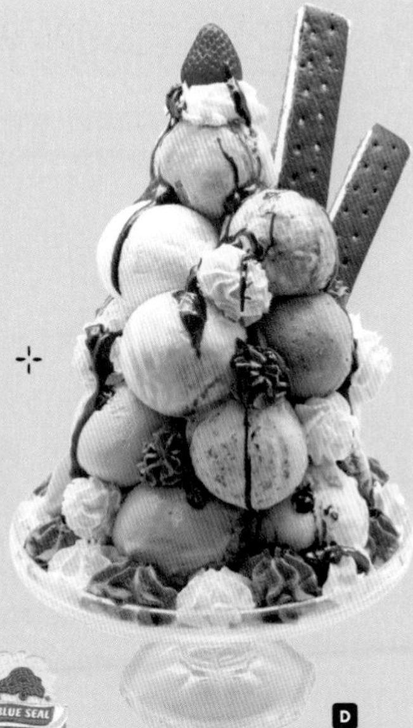

BIG MOUNTAIN

芒果牛奶冰　750日圓 B

奢侈地淋上3圈充滿果肉原味的糖漿。附設藝廊展示販售的器皿也很可愛。

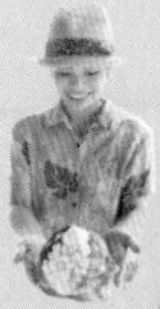

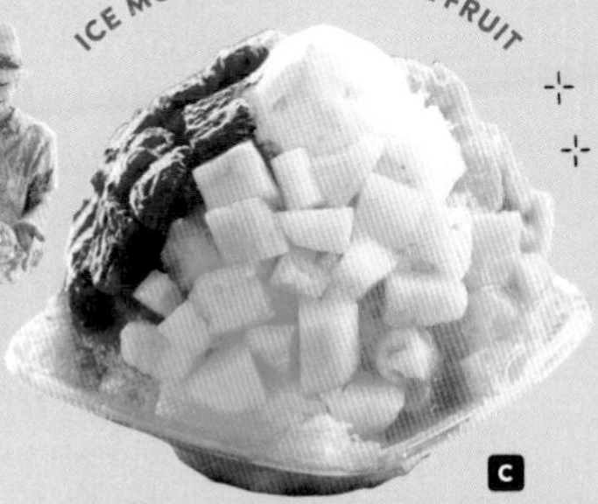

ICE MOUNTAIN TROPICAL FRUIT

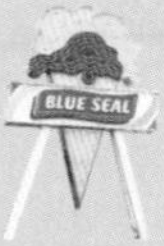

高山冰　3600日圓 D

高達30cm的巨無霸冰品，可用優惠價格一次品嘗到17種口味的沖繩老牌冰淇淋。

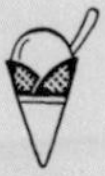

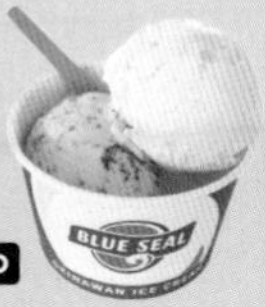

DOUBLE ICE

熱帶水果冰山　1080日圓 C

表面放上芒果或鳳梨等當季熱帶水果。正中間再擺上冰淇淋的超豐富刨冰。

雙球冰淇淋　580日圓 D

BLUE SEAL的冰淇淋口味，從基本款到使用沖繩縣產食材做成的口味，共有30種以上。

藝廊也有販售隔壁工房製作的器皿。

刨冰結合陶藝

B 琉庵+島色

追求「器皿結合刨冰」之美，由刨冰職人和陶作家攜手經營的商店。蓬鬆輕盈的刨冰淋上高雅水果糖漿的協調感，是無上的美味！

宇流麻市與那城桃原428-2　050-3716-4282　營10:00～17:30　休週二、三（7～9月僅週三）、其他時間不定　交從沖繩北IC約21km　有

中部 ▶MAP P9 F-2

受歡迎的程度在觀光旺季經常大排長龍。

堆積如山的熱帶水果！

C 琉冰 恩納休息站店

刨冰放上大量色彩鮮豔的熱帶水果。味道香濃的自製芒果醬也有畫龍點睛之效，相當美味。

恩納村仲泊1656-9（恩納休息站內）　090-5932-4166　營10:00～19:00（11～2月～18:00）　休全年無休　交從石川IC約4km　有

西海岸度假區 ▶MAP P10 A-2

醒目的大冰淇淋招牌。

「沖繩冰淇淋」的代名詞！

D BLUE SEAL冰淇淋 牧港總店

「高山冰」盛裝了17球普通大小的冰淇淋，簡直就像「冰淇淋山」。建議和朋友一起分享。

浦添市牧港5-5-6　098-877-8258　營9:00～24:00（週五、六～凌晨1:00）　休全年無休　交從西原IC約5km　有

中部 ▶MAP P6 C-1

BLUE SEAL冰淇淋光是在沖繩縣內就有那霸國際通店等10多家分店。也可以外帶。

EAT
13

美麗海的海風輕拂……

在海邊咖啡館悠哉放空

在傳來平穩浪濤聲的海灘上，或位於俯瞰海平面的高處等地，以美麗海景而自豪的咖啡館。一同來造訪這片療癒絕景。

BEST SEAT

露天海灘座位區最受歡迎！

在白沙灘上
吹著宜人的海風…

聽著海浪聲
度過優閒時光
BEST SEAT
可以看到正前方和正下方整片遼闊大海的窗邊座位，是美景貴賓區。

在涼爽樹蔭下的戶外座位區。

海景咖啡館的開路先鋒

濱邊茶屋

位於海灘邊的小木屋咖啡館。設有室內窗邊座位區、戶外樹蔭區和屋頂座位區等，可從店內各處眺望絕景。

南城市玉城字玉城2-1　☎098-948-2073
營 10:00～19:30（週一14:00～、週五～日8:00～）
休 全年無休　交 從南風原南IC約10km　有

南部 ▶MAP P5 E-2

推薦菜色 MENU

沖繩蔬果三明治　594日圓

窯烤麵包夾上鳳梨、番茄和奶油起司等餡料。

朱槿百香果雙色茶
594日圓

百香果的甜味和朱槿茶的酸味相得益彰。

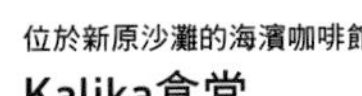

位於南部新原沙灘海濱，有一整排露天座位。店內也有淋浴間。

位於新原沙灘的海濱咖啡館

Kalika食堂

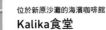

來自尼泊爾的主廚Jaisee夫婦經營的道地尼泊爾餐廳。提供12種咖哩和尼泊爾蒸餃等多樣菜色及甜點。咖哩可以選擇辣度，有中辣或小辣。

🏠南城市玉城百名1360　☎098-988-8178
㊔10:00～20:00（週三15:00～）　㊡天氣惡劣時，11～3月的週三　㊂從南風原南IC約12km　🚗有
南部 ▶MAP P5 E-2

在櫃檯點餐。

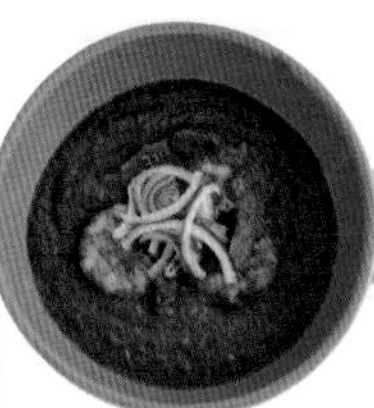

菠菜&鮮蝦咖哩
1100日圓
加了菠菜泥。

WHERE IS

瞄準
南部東海岸

絕景海濱咖啡館集中在南部東海岸。位於海灘或靠近內陸區的高地等地。建議在可看見美麗大海，海水透明度高的上午時分前往。

推薦菜色 MENU

椰奶芒果　500日圓
以椰奶為基底淋上甜度低的芒果醬做成的甜點。

漲潮時更是絕景！
海洋近在眼前的咖啡館

BEST SEAT
面海的吧台座位區只有4席，先到先贏！

推薦菜色 MENU

Tipi塔可飯
1300日圓
以印地安帳篷（Tipi）為造型的招牌菜色。份量滿點。

也推薦起司蛋糕700日圓或熱帶果汁600日圓。

露天吧台咖啡館

濱邊Tipi Cafe

靠近馬里布海灘的水上活動中心附設咖啡館。可選擇涼爽的室內座位或是海景露天座位。

🏠恩納村山田3088-1　☎098-982-5605
㊔11:00～16:30　㊡不定
㊂從石川IC約6km　🚗有
西海岸度假區 ▶MAP P10 A-3

上：三角形的「tipi」帳篷是店家標誌！
下：眼前就是大海淺灘！推薦漲潮時前來。

濱邊茶屋的窗邊座位區人氣爆表。開店前一小時起在店家準備的預約板上寫下姓名後等候叫號。

EAT 14

處於大自然的寧靜包圍下

在隱身森林的咖啡館歇息

四周環繞亞熱帶植物的森林咖啡館，是能直接感受到沖繩大自然的療癒景點。
一邊享受舒爽涼風與林木香氣，一邊歇息片刻。

這裡！
園內也有琉球古民宅改建成的風情別館。

享受林木環繞下的森林氣息！

庭園內有100多座風獅爺！

左：店內陳設當地陶藝家的作品。　右：充滿木質暖意的擺設。

鮮榨橘子汁，500日圓。

濃密森林包圍下的獨棟咖啡館

燒陶喫茶風獅爺園

在群山環繞下占地約一萬坪的庭園咖啡館。推薦以湧泉沖泡自家烘焙豆的咖啡。

本部町伊豆味1439　☎0980-47-2160
營 11:00～19:00　休 週一、二（若遇假日則順延至隔天）　交 從許田IC約18km　🚗 有

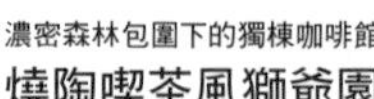

▶MAP P13 D-2

黑糖捲餅（2條）　500日圓

加了黑糖的可麗餅點心。充滿沖繩純樸味。

瓦屋頂的對面是可眺望庭院的2樓露天區。

WHERE IS

聚焦 山原之森

位於本部半島的內陸地區，是整片遼闊的亞熱帶植物森林。雖然交通不方便，但有多家值得特地前往的隱密小店。

太陽下山後天色會變暗，建議早一點到。

這裡！
推薦可看到庭園翠綠林木的吧台座位區。
一邊眺望森林一邊啜飲
自家烘焙的嚴選咖啡

堅持手工自製與山原食材

fuu cafe

位於瀨底島的咖啡館，經營理念是「使用自製素材」。用自家栽培的香草植物或取自山原的食材，提供有益身體的料理。

🏠本部町瀨底557 ☎0980-47-4885
營 11:00～17:00 休 週三、四
交 從許田IC約24km 🚗有
美麗海水族館周邊 ▶MAP P12 C-2

海葡萄和阿古豬丼飯 1350日圓

在大量的海葡萄下有鹹甜入味的豬肉。

也有室內座位區。想看庭園景致，6～7月梅雨季結束時最漂亮。

瀨底島綜合咖啡是點餐後現磨的手沖咖啡，520日圓。

這裡！
在森林包圍下的懷舊古民宅咖啡館！
最棒的是
還有味道溫和的健康菜色
Cafe
ハコニワ
100M

室內空間時髦愜意，頗受女性歡迎。

跟著招牌走！

輕鬆自在的古民宅咖啡館

Cafe Hakoniwa

店主將位於本部町伊豆味屋齡約50年的沖繩古民宅，自行翻修成時髦風格。店內售有質感佳的擺飾品與器皿。

🏠本部町伊豆味2566 ☎0980-47-6717
營 11:30～17:00 休 週三、四 交 從許田IC約15km 🚗有
美麗海水族館周邊 ▶MAP P13 D-2

店內氣氛懷舊。

Hakoniwa本日特餐 900日圓

紫米飯搭配5道菜的人氣午餐。菜色每週更換。

森林咖啡館大多位於美麗海水族館的周邊區域（>>>P.178）。因為關門時間早，建議早點過來。

EAT

15

不停按讚！

打卡美照咖啡館

尋訪店內擺設精緻或餐點造型可愛，讓人忍不住想拍照打卡的咖啡館。上傳中意的美照吧！

充滿度假村氛圍的優閒海邊咖啡館

#度假村氛圍MAX

#鞦韆座位

#海景

看海的VIP座位！靠墊和低茶几可以伸直雙腿放鬆一下。

面對西海岸的飯店附設咖啡館

The junglila cafe & restaurant

店內面海充滿開闊感，地上鋪滿白沙彷彿置身沙灘，還有可脫鞋放鬆的座位區或鞦韆椅吧台區等特殊設計。

北谷町美濱54-1北谷Makai Resort 1-1
☎098-936-2118 營11:00～21:00 休全年無休
交從沖繩南IC約4.5km 🚗有
中部 ▶MAP P22 B-2

巴西莓果碗
980日圓。

放了香蕉和綜合莓果，健康且份量十足。

自製無糖薑汁汽水600日圓和藍色可樂達調酒800日圓。

鞦韆椅吧台座位區。腳邊鋪滿細沙，就像在沙灘上。

色調明亮 令人上癮的墨西哥料理

塔可飯套餐 1080日圓

可選擇牛肉、雞肉或鮮菇塔可飯。附飲料。

色彩豐富的墨西哥咖啡館

MARISOL

位於人氣北中城區，色彩豐富擺設亮麗的咖啡館。提供充滿香料味的正宗墨西哥料理。

北中城村渡口902　☎0989-89-0874
營 11:00～16:00（賣完打烊）　休 週五
交 從北中城IC約3km　🚗有
中部 ▶MAP P8 C-3

美味辛辣烤雞（半隻）950日圓

烤雞是店家招牌菜。香料風味令人上癮。

左：提供座椅區和日式架高座位區。　上：店內擺設全是老闆一手打造。每間房間顏色都不同。

霜淇淋善哉冰 520日圓

紅扁豆和湯圓都是自製品。亮點是放上仙貝的霜淇淋。

在亮麗的小吃店 度過可愛點心時光

在迷你小吃店休息片刻

Yes!!! Picnic Parlor

離那霸市中心一小段路的住宅區，有棟外觀格外顯眼的藍色小屋。放在量杯的善哉冰造型也很可愛。

那霸市安謝183　☎098-943-5806　營 10:00～19:00，週日～17點（三明治售完為止）　休 週一　交 從那霸IC約6km　🚗有
那霸 ▶MAP P19 D-1

左：自製三明治堪稱絕品。使用縣產豬肉做成的炸豬排三明治650日圓。右：從商標和擺設都能感受到店家的用心。

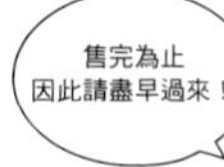

EAT 16

喝杯精選咖啡喘口氣

在咖啡站休息片刻

境內也種植咖啡豆的沖繩縣，是少有人知的咖啡激戰區。
點杯極品咖啡品味店家特選的咖啡豆與沖調法。一邊享受店內氣氛，一邊度過閒適的咖啡時光。

想特地造訪的祕境咖啡站

也有小小的店內座位區。

粉色系的裝潢好可愛！

位於縣道旁的小咖啡站。店家後面的田間種有縣產咖啡豆。

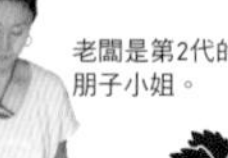

老闆是第2代的朋子小姐。

夏威夷風咖啡站

HIRO COFFEE FARM

這間店是充滿熱帶夏威夷風格的自建小屋，相當可愛。來杯用巴西咖啡豆沖泡的咖啡搭配手工甜點。

🏠東村高江85-25 ☎0980-43-2126
㊫ 12:00～17:30左右 ㊡ 週二、三，需另外詢問 ㊦ 從許田IC約45km 🚗有

山原 ▶MAP P15 E-1

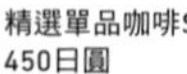

精選單品咖啡S 450日圓

選用自家烘焙的巴西咖啡豆，一杯杯手沖而成。也推薦新鮮雞蛋做成的咖啡布丁400日圓。

WHAT IS

縣產咖啡豆

一般認為咖啡豆都種在南美洲或夏威夷，但隸屬亞熱帶氣候的沖繩也種植咖啡豆。沖繩自40年前首度栽種成功以來，就繼續種植縣產咖啡豆，成為私房名產。

COFFEE STAND

工業風咖啡專賣店

宛如工廠般的工業風裝潢，相當時髦。

可在店內購買咖啡豆。

美式小站風格的咖啡館

ZHYVAGO COFFEE WORKS OKINAWA

咖啡師親手沖泡的咖啡店，招牌飲料是冰滴咖啡。建議在面海的露台座位區欣賞夕陽美景。

北谷町美濱9-46 Distortion Seaside大樓1F
☎098-989-5023 營9:00～日落 休不定
交從沖繩南IC約6km 🚗有
中部 ▶MAP P22 B-2

冰摩卡（中）561日圓。也能做成熱飲。

特選焦糖冰咖啡
594日圓

由冰搖咖啡、焦糖和鮮奶油調製成分量十足的咖啡冰飲。

位於美國村內。

COFFEE STAND

拱廊街上的小咖啡店

位於那霸市中心的拱廊街上。

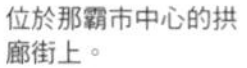

店家精選咖啡（熱）
390日圓～

每天更換豆種的單品咖啡。杯子上貼有當日咖啡的說明卡。

右：每杯都是現場手沖。
左：也可外帶咖啡豆。

輕啜風味濃郁的單品咖啡

THE COFFEE STAND

店內的每日咖啡可以品嘗到來自世界各地的精選咖啡豆。來杯老闆細心手沖的自家烘焙咖啡休息一下吧。

那霸市松尾2-11-11 104號 ☎080-3999-0145（大城） 營9:00～19:00 休週三 交YUI RAIL牧志站步行約10分鐘 🚗無
那霸 ▶MAP P21 D-3

EAT 17

早起用餐！在早餐咖啡館開啟一天的序幕

蔬食餐點或來自夏威夷的甜點系列等健康&美味的早餐。
在提供嚴選菜色的時髦咖啡館開啟美好的一天。

BREAKFAST CAFE FRENCH TOAST

法國土司水果特餐 1512日圓

口感鬆軟的法國土司加上滿滿的水果。有香蕉、藍莓、草莓和穀麥等，分量十足。

口感綿密軟彈

堅果鬆餅　800日圓

鬆餅中加了大量口感佳的堅果，並附香蕉。每天限定100份的人氣餐點，有時中午就賣光了。

BREAKFAST CAFE PANCAKE

TAKE OUT

甜度低的自有品牌穀麥950日圓～是頗受歡迎的伴手禮。

有12種原創口味的鬆餅！

左：店內環境明亮。裝潢採用時髦的北歐家具。　右：食材購自附近的第一牧志公設市場。

使用沖繩食材的夏威夷式餐點

C&C BREAKFAST OKINAWA

提供以縣產水果和島豆腐等沖繩食材做成的夏威夷式早餐。早餐菜單由料理研究家山之內裕子女士所規畫。

那霸市松尾2-9-6　098-927-9295　營 9:00～15:00（週六、日、假日8:00～）　休 週二　交 YUI RAIL牧志站步行約10分鐘　無

那霸 ▶MAP P21 D-3

左：客層不分男女，還有很多外國人，快打烊了人潮還是絡繹不絕的人氣餐廳。　右：位於國道58號線旁，方便開車途中順道用餐。

像是到了夏威夷鄉間

Hawaiian Pancakes House Paanilani

位於濱海沿線的鬆餅專賣店，地點方便也是魅力之一。添加白脫鮮奶做成口感綿密軟彈的鬆餅，不僅是甜點，也適合當正餐。

恩納村瀨良垣698　098-966-1154　營 7:00～16:30（訂位僅限早上7:00）　休 全年無休　交 從屋嘉IC約9km　有

西海岸度假區 ▶MAP P10 C-2

 HOW TO

早餐咖啡館

主打早餐的咖啡館有很多在7～8點開門。有些店就算菜單上寫著「早餐」，也是全天候供餐，有些店則只在早上營業等，各種型態都有，因此到訪前最好先確認早餐菜色、營業時間及是否可訂位等。

BREAKFAST CAFE
SANDWICH

法式鄉村肉醬三明治
1000日圓
三明治內餡是厚厚的豬肉雞肝醬。份量滿點的單品。

コーヒーと
ベストマッチ！

檸檬法國土司　648日圓
擠上檸檬汁再享用，味道清新的新吃法！點套餐飲料可折100日圓。

BREAKFAST CAFE
FRENCH TOAST

ANOTHER MENU

法國土司　650日圓
數量有限。鄉村麵包烤得內部鬆軟，表皮酥脆，甜度控制得宜。

ANOTHER MENU

德式香腸　410日圓
一整條粗絞肉香腸！撒上大量起司和醃小黃瓜末提升風味。

左：店內提供座椅區和吧台座位區。　右：位於宇流麻市的東海沿岸，大海一覽無遺。寬敞的庭園也有木製鞦韆。

位於石川曙的外國人住宅咖啡館

Capful

店面開在宇流麻市的當紅地區石川曙。附設於外國人住宅飯店Cailana（>>>P.198），藜麥沙拉等健康早餐菜色頗受歡迎。

🏠宇流麻市石川曙1-6-1　☎098-965-4550　㊫7:30～15:30
㊡週三　㊖從石川IC約2km　🚗有
中部 ▶MAP P8 C-1

左：約有50種麵包。有受歡迎的布里歐許麵包等，種類豐富。
右：位於港川外國人住宅區的人氣咖啡館「oHacorté」的姊妹店。

知名水果塔店的麵包坊

oHacorté Bakery

沖繩知名水果塔專賣店的姊妹店。一大早店內就擺滿剛出爐的手工麵包。早餐的輕土司套餐540日圓或附湯套餐702日圓也頗受歡迎。

🏠那霸市泉崎1-4-10喜納大樓1F　☎098-869-1830
㊫7:30～21:00　㊡不定　㊖YUI RAIL旭橋站步行約3分鐘
🚗無
那霸 ▶MAP P18 C-2

oHacorté Bakery的總店是位於港川外國人住宅的〔oHacorté〕（>>>P.168）。總店主要販售塔點等甜點。

EAT 18

療癒的懷舊氛圍

上媽媽餐館吃家常菜

在洋溢懷舊氛圍的當地餐廳，品嘗媽媽親手做的沖繩家常菜。
不但美味，實惠價格及舒適愜意的空間都充滿魅力！

提供多道沖繩家常菜的老店

POINT 便宜！

◎自製豆腐腦定食 650日圓

每天手工製作的綿密豆腐腦，是簡單又營養十足的菜色。

要均衡攝取蔬菜哦。

富永女士

其他推薦菜色！

◎Manjumai招牌炒　850日圓

富含維生素A和C的炒木瓜也頗受歡迎。

商圈休息區

家常小館 Manjumai

位於國際通商店街，是當地人愛去的定食店。有70多種用島豆腐或島蔬菜做成的菜色。17點以後則是居酒屋。

那霸市久茂地3-9-23　☎098-867-2771
營11:00～21:30　休不定　交YUI RAIL縣廳前站步行約5分鐘　🚗無
那霸 ▶MAP P20 A-3

上：有座椅區和架高座位區。
下：位於國際通步行即達的小巷內。

WHAT IS

媽媽（あんまー-amma）食堂

「amma」是沖繩方言「媽媽」的意思。提供第一次吃就很懷念的家常菜，廣受當地人及觀光客的歡迎。

◎ 豬肉煎蛋　550日圓

午餐肉和煎蛋的標準組合。

POINT 24小時營業

左：創業至今51年的老店。　右：常客絡繹不絕的餐館。

深受當地人歡迎的大眾食堂

三笠飯館

24小時營業的大眾食堂。價格多是600日圓，便宜夠份量是最大賣點。就算在這裡解決早中晚3餐也吃不膩，請務必來品嘗老店才有的道地美味。

那霸市松山1-12-20　☎098-868-7469
㊢24小時（週三、四午夜休息）　㊡全年無休
㊋YUI RAIL縣廳前站步行約7分鐘　🚗有
那霸 ▶MAP P20 A-2

左：位於那霸市的拱廊街。　右：面向馬路的櫃內陳列著菜色樣品。

黃色招牌顯眼的名店

花笠食堂

提供多種沖繩家常菜，定食附的飯可選白飯、紅豆飯和玄米飯，湯有豬雜湯、豬肉味噌湯等5種供選擇。

那霸市牧志3-2-48　☎098-866-6085
㊢11:00～20:00　㊡全年無休
㊋YUI RAIL牧志站步行約7分鐘　🚗無
那霸 ▶MAP P21 D-3

免費提供冰茶！

小橋川女士

◎ 花笠定食　850日圓

豬腳、油豆腐和蔬菜等煮得鹹甜入味的標準家常燉菜。

POINT 服務超讚

最強的方便飯

挑戰「豬肉蛋飯糰」

煎蛋和午餐肉包成的「豬肉蛋」是縣民的靈魂美食。結合當地滋味和白飯的豬肉蛋飯糰，目前也廣受遊客歡迎。

豬肉蛋　250日圓

用飯包住午餐肉和雞蛋的基本口味。

在牧志公設市場附近

豬肉蛋飯糰總店

用剛煮好的白飯現點現做的豬肉蛋飯糰，可以馬上品嘗，也可以外帶當兜風時的餐點。

那霸市松尾2-8-35　☎098-867-9550
㊢7:00～17:30　㊡週三　㊋YUI RAIL牧志站步行約10分鐘　🚗無
那霸 ▶MAP P21 D-3

這裡也買得到

可以品嘗到島蕹和苦瓜等各種口味，每盒5個1480日圓。

機場1F店

那霸機場國內線航廈1F　☎098-996-3588
㊢7:00～22:00　㊡全年無休

北谷店

北谷町字美濱9-21（美國村內）　☎098-921-7328　㊢7:00～20:00　㊡全年無休

EAT 19

沒時間趕著吃飯時就來這裡！

在小吃店來份快餐

小吃店是有點餓或趕時間時的好幫手。
提供各種沖繩必吃餐點，平價又美味。
旅遊空檔的午餐輕食就在小吃店解決！

PARLOUR DE JUJUMO

POINT 早上營業

馬上就能享用的輕鬆美食！

老闆彈著吉他迎接客人的獨特小店。貼上彩色磁磚的可愛擺設。

老闆Makoto先生也從事音樂活動。

使用自家種的香草植物。

鮮蔬漢堡
450日圓

放入大量自田間摘取的新鮮蔬菜，健康美味。

甘蔗汁　400日圓

現榨的無農藥甘蔗汁，甜味清新。

健康取向的自然派小吃店

Parlour de Jujumo

提供天然飲食的小吃店，使用有益身體健康的食材。如泡水3天的玄米或現摘蔬菜等，展現老闆的堅持。

豐見城市與根490-3　☎080-4278-8150
營 8:00～13:00（週六、日、假日11:00～16:00）休 不定（看部落格公告）交 從名嘉地IC約3km　車 有

南部 ▶MAP P4 A-1

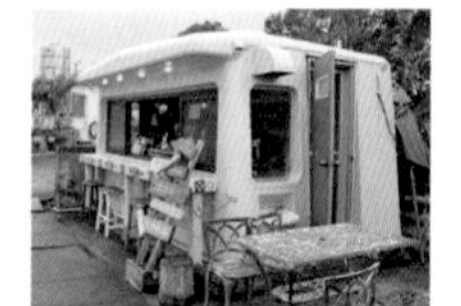

餐車風格的小店。

WHAT IS

小吃店

提供飲料或輕食的小店。有些店會在店門口設置座位區，多數採用點好餐再自取回座位上的自助式服務。特色是供應多款可外帶的餐點。

這些是
基本菜色！

在傳統小吃店吃得到沖繩的經典家常菜。品嘗一下各店風味吧。

沖繩麵

塔可飯

善哉冰

PARLOUR KUWAE

這就是桑江小吃店！保留昔日風貌的地方老店

黃色是店裡的標記。可坐在店前享用餐點。

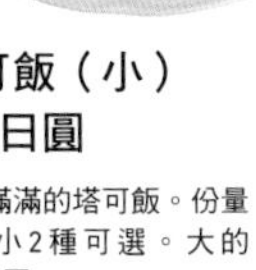

除了坐在店前用餐外，也可外帶。

塔可飯（小）400日圓

蔬菜滿滿的塔可飯。份量有大小2種可選。大的550日圓。

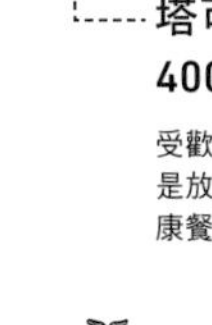

塔可咖哩飯（小）400日圓

受歡迎的塔可咖哩飯是放了大量蔬菜的健康餐點。

特色塔可飯

桑江小吃店

開業30年的人氣小店，販售創意塔可飯。餐點可選擇大小份量，有點餓時隨時都能來一份。

那霸市壺川3-2-5　☎098-855-9798
營 6:00～17:00　休 週日　交 YUI RAIL壺川站步行約3分鐘　🚗有
那霸 ▶MAP P18 C-2

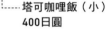

店內招牌菜是健康的塔可咖哩飯。

EAT 20

品味懷舊氣氛

深入夜晚的榮町市場

位於那霸市安里站附近的榮町市場，是老店聚集的商店街。
要不要到氣氛歡樂的當地居酒屋喝酒續攤？

保留濃厚的戰後色彩，是珍貴的昭和懷舊老街！

也有熟食喔～

推薦店家

手工極品煎餃

A 玉玲瓏便利屋

來自中國的老闆娘製作的手工煎餃和小籠包很受歡迎。在台灣風格的小吃攤前，有擺放桌椅的狹窄用餐區。

那霸市安里388（榮町市場內） ☎098-887-7754 營18:00～22:30 休週日 交YUI RAIL安里站步行約3分鐘 🚗無

那霸 ▶MAP P19 D-2

招牌菜煎餃是一個個手工包成，相當好吃。

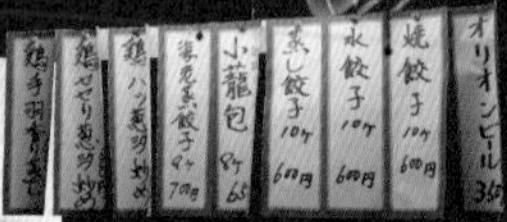

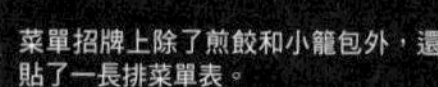

菜單招牌上除了煎餃和小籠包外，還貼了一長排菜單表。

店家推薦

煎餃 600日圓

表面酥脆，裡面肉汁豐富，還有滋味絕佳的大蒜風味。

剛煎好的很好吃喔～

榮町市場

誕生於戰後的復興時期，現在仍留有當時的風貌。原本是繁榮一時的那霸市中心，沉寂一陣子後，最近特色小店漸增，吸引當地年輕人和觀光客前來，有恢復活力的傾向。

等。② 擺在店頭販售的玉那霸黑餅，是黑糖做成的樸實傳統點心。③ 在屋頂拱廊街上有整排的路邊攤居酒屋，熱鬧到深夜。④ 青菜店擺滿苦瓜等沖繩特有的島蔬菜。⑤ 商店街上的店家櫛比鱗次，有古早味肉攤等，光看就很有趣。⑥ 居酒屋店外也排有座位。拿啤酒箱當桌椅。

在活力十足的商店街
和當地人互動也很好玩！

店家推薦

生山羊肉　1500日圓

據說在沖繩家有喜事時會吃山羊肉。生山羊肉是下酒小菜。

上：位於榮町市場的商店街。
下：店內有吧台區也有日式架高座位區。

單品菜色豐富的懷舊酒館

B 山羊料理 美咲

這家店可以吃到對恢復疲勞也頗具效果的傳統料理山羊肉。招牌菜色是山羊肉湯，加了魁蒿和生薑，順口好喝。

那霸市安里388-6　☎098-884-6266　營18:00～凌晨0:30　休週日　交YUI RAIL安里站步行約1分鐘　🚗無

那霸 ▶MAP P21 F-2

店家推薦

綜合生魚片（2人份）
2160日圓

盛滿時令鮮魚的綜合生魚片。內容每天不同。

上：除了吧台區外還有小型日式架高座位區。
下：外觀充滿沖繩風情。

愛吃魚者聚集的沖繩居酒屋

C Payao泡盛和海產店

店家最自豪的是用近海魚做成的新鮮生魚片。泡盛的品項也很齊全。推薦女性朋友喝泡盛加七喜調成的雞尾酒。

那霸市安里379-11（榮町市場內）　☎098-885-6446　營17:00～23:30　休全年無休　交YUI RAIL安里站步行約1分鐘　🚗無

那霸 ▶MAP P19 D-2

EAT 21

外帶內用皆宜！
嚴選當地麵包

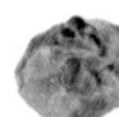

從使用自製天然酵母的嚴選店家到外國人住宅改建成的時髦烘焙坊，在沖繩特色麵包店的人氣扶搖直上！可以外帶兜風時吃。

用石窯烘烤的暖心手工麵包

讀谷全麥法棍
205日圓
使用自製麵粉，樸實卻滋味豐富的法棍麵包。

椰子捲
302日圓
全麥麵團中加了椰子奶油起司和加州梅的點心麵包。

貝果山原島豬熱狗捲
359日圓
用充滿嚼勁的貝果麵團捲起熱狗的麵包捲。

石蓴佛卡夏（小）
259日圓
麵團中加了石蓴，揉出風味馥郁的麵包。恰到好處的鹹味也很讚！
※因為石蓴價格不斐，時有缺貨。

香蕉麵包
389日圓
添加黑糖揉製而成的麵團，放了大量香蕉和葡萄乾。

宗像堂

沖繩天然酵母麵包的創始店，粉絲遍布全日本。常態提供45～50種麵包。麵包扎實，越嚼越有滋味。

宜野灣市嘉數1-20-2　☎098-898-1529
營10:00～18:00　休週三　交從西原IC約2km
有
中部 ▶MAP P7 D-1

除了外帶，也有內用區。

WHAT IS

天然酵母麵包

天然酵母麵包使用水果或穀物發酵成的菌種。因為味道質樸有益身體，越來越多沖繩麵包專賣店加入販售天然酵母麵包的行列。

左：店家後方的石製柴窯每天都有新鮮麵包出爐。
下：宗像堂硬麵包擁有大批粉絲。

被麵包出爐的
幸福香氣包圍

用心製作優質麵包

水圓麵包坊

只用石臼麵粉、自製天然酵母、水和鹽做成的樸實麵包相當受歡迎。也有用餐區，提供沙拉等菜色。

①飄散麵包香氣的店內。②位於座喜味城跡附近，綠意盎然的店家。③使用續養的天然酵母和沖繩食材。④也有咖啡館空間。

讀谷村座喜味367 ☎098-958-3239
營10:30～賣完打烊 休週一～三
交從石川IC約15km 🚗有
西海岸度假區 ▶MAP P9 D-1

RECOMMEND

WHOLE WHEAT FLOUR

全麥大麵包
570日圓
帶有全麥的微甜味，適合當主食的簡單麵包。

BROWN SUGAR CHEESE

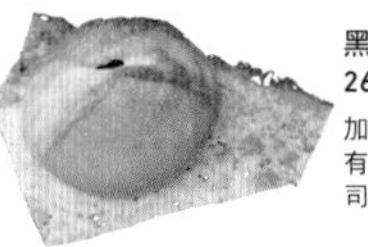

黑糖起司麵包
260日圓
加了黑糖的麵團再放入有畫龍點睛之效的起司，超搭。

FIGS

無花果黑麥麵包
240日圓
在基本款黑麥麵包中添加口感特殊的無花果，增添風味！

養在店外的驢子「Wara醬」超受歡迎。

RECOMMEND

PLAIN BREAD

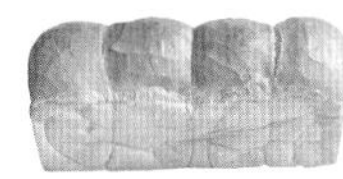

白土司
320日圓
使用大宜味村的天然水和久米島的天然鹽、酵母。一天限量60個。

FIGS & CREAM CHEESE

白無花果奶油起司麵包 280日圓
內有濃厚的無花果及奶油起司，頗具特色的硬麵包。

OLIVE

橄欖果
160日圓
包了醃橄欖的麵包。鹹味恰到好處。

除了麵包，還販售原味的格蘭諾拉麥片。

港川外國人住宅區的
時髦烘焙坊

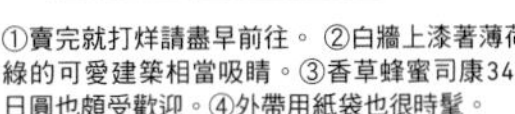

每天都想吃的樸實麵包

ippe coppe

使用天然酵母外，連用水都講究的手工麵包店。除了外帶，也可內用。麵包可以打電話預約取貨。

①賣完就打烊請盡早前往。②白牆上漆著薄荷綠的可愛建築相當吸睛。③香草蜂蜜司康340日圓也頗受歡迎。④外帶用紙袋也很時髦。

浦添市港川2-16-1 ☎098-877-6189
營12:30～18：30（賣完打烊）
休週二、三、第3週週一
交從西原IC約6km 🚗有
中部 ▶MAP P7 F-2

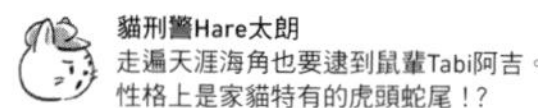

貓刑警Hare太朗
走遍天涯海角也要逮到鼠輩Tabi阿吉。
性格上是家貓特有的虎頭蛇尾！？

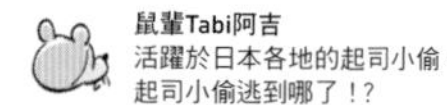

鼠輩Tabi阿吉
活躍於日本各地的起司小偷。
起司小偷逃到哪了！？

貓刑警 Hare的追捕之旅 ④

讓您久等了～
哇，開動囉！
BEER
花生豆腐
海葡萄
苦瓜炒什錦
泡盛

捉到你了！
Tabi阿吉！
喀啦
啊，完蛋了！

我輸給警察大人了…
逮捕前要不要一起吃了
這個再走？
咦？一起吃？

真拿你沒辦法…
這是特別
待遇喔！

好好吃！
哈哈哈！

哈哈哈！

哈哈…咦？
Tabi阿吉呢？
哈
哈
剛剛離開了，說要
去吃最後一道菜…

最後一道菜？
那去沖繩麵店吧！
呃
還沒買單…？
噠

同一時間
在沖繩的最後一
道菜是牛排喔。
嚼嚼
牛排館

❶ 推薦到居酒屋品嘗沖繩料理。菜色種類豐富，有受歡迎的苦瓜炒什錦或泡盛等可供選擇。 ❷ 在「沖繩廚房Paikaji上之屋店（>>>P.90）」等沖繩酒館，有沖繩民謠的現場演奏。 ❸ 在沖繩，有酒後以牛排做結尾的飲食文化。因此有很多店營業到深夜。

SHOPPING

HOW TO SHOPPING

沖繩「購物」事件簿

事先調查不會出錯的採購法，如怎麼挑選和帶回家等！
讓您買到滿意的伴手禮。

事件1

說到沖繩伴手禮好像都是金楚糕，有沒有跟別人不一樣的產品？

想買分送給公司同事的伴手禮，但若是太常見的東西又很無趣！有沒有沖繩味十足的新鮮貨？

解決！

從嚴選系列到特色商品！都在大型商店一次買齊

先知道除了金楚糕外還有什麼伴手禮，預算是多少。請看下列比較表。

伴手禮比較表

分送 ↔ 自用

類別		商品	預算	在哪買？
美食	散裝點心	紅芋塔	1盒約700日圓	WASHITA SHOP國際通總店 >>>P.150 SanA 那霸Main Place >>>P.152 那霸機場等
		開口笑	1個約50～100日圓	
		黑糖巧克力	1盒約700日圓	
	加工食品&調味料	塔可飯	1包約100～200日圓	
		午餐肉	1罐約300日圓	
		辣椒汁	1瓶約500～1000日圓	
		沖繩麵	1包約100～200日圓	
雜貨	保養品	天然香皂	1個約800～1500日圓	Organic & Aroma Petaluna 永旺那霸店 >>>P.43
		浴鹽	1袋約300～500日圓	
	布製品	紅型小提包	1個約1000～2000日圓	TIDAMOON長山紅型、SHIYON機織工房等 >>>P.136-137
		琉球紡織鹽袋（護身符）	1個約1200日圓	
	琉球玻璃	泡盛玻璃杯	1個約1000～3000日圓	琉球玻璃工房 glacitta'、宙吹玻璃工房 虹、琉球玻璃村等>>>P.132-133
		小鉢	1個約2000～5000日圓	
	陶器	杯子	1個約1000～3000日圓	讀谷山燒 北窯商店、宮陶房、一翠窯等 >>>P.134-135
		小鉢	1個約1500～5000日圓	

事件2

糟了！
第一天就買了一大堆陶器…

前往飯店途中順道去陶器工坊的集散地燒窯之里。不知不覺買太多了，好重啊，明天還要換飯店住，怎麼辦！

解決！ 建議在購買商店或飯店寄出商品！

寄宅配就不用扛很重的行李回家，店家會幫忙包裝妥當所以不用擔心。多家飯店櫃台也受理寄送服務。

運費參考（以沖繩→關東為例）

2kg以內 ➡ 約1200日圓

5kg以內 ➡ 約2000日圓

10kg以內 ➡ 約2500日圓

事件3

植物檢疫是什麼？
居然說不能帶蔬菜回家！

打算帶沖繩蔬菜回家當伴手禮，在機場才發現不能帶到外縣市！！

解決！ 紅芋NG！！ 香檬果實OK！！

為了不讓沖繩當地的害蟲災情擴散至外縣市，須注意部分植物沒有消毒不得攜出縣外這項規定。香檬等柑橘類的幼苗禁止帶走，但部分果實則OK。

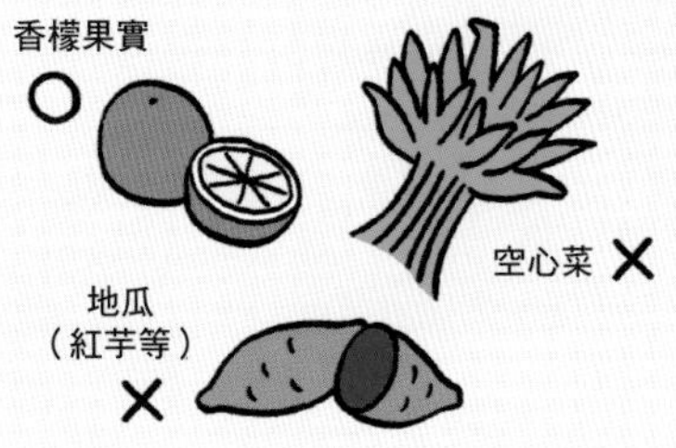

主要禁止出境的植物

- 地瓜（紅芋等）
- 牽牛花
- 空心菜
- 香檬等柑橘類幼苗

SHOPPING 01

映出沖繩自然的色彩

入手琉球玻璃

想買如實呈現南國自然色彩，色澤豔麗的琉球玻璃。
從傳統工匠作品到充滿特色的時尚商品，種類多采多姿。找出自己喜歡的逸品吧。

整排都是手工玻璃♫

以簡潔的設計將充滿溫度的再生玻璃融入日常生活中

以廢瓶為原料的傳統琉球玻璃。

WHAT IS

琉球玻璃

源自戰後回收美軍用過的可樂瓶等有色玻璃瓶製作而成。特色是彩色漸層或氣泡等。

售價多少？
依店家而異，因為是手工製作，價格稍貴。玻璃杯約1000～3000日圓。

用途是？
除了水杯或造型杯等餐具外，做成花瓶或燈罩等外觀清新的商品也不錯。

在哪買？
到街上的伴手禮店等處購買最方便。也可以直接到玻璃工坊買。

找到中意的商品

1296日圓

工坊原創白泡沫玻璃杯

1836日圓

名護工坊glass 32的底角酒杯

1836日圓

彩色點點水杯mix（大）

堅持傳統製法

琉球玻璃工房 glacitta'

使用廢瓶製作手工玻璃的工作室&商店。除了原創作品外，也有販售縣內玻璃工坊的商品。

恩納村恩納6347　☎098-966-8240
營 11:00～18:30左右　休 不定
交 從屋嘉IC約4.5km　車 有
西海岸度假區 ▶MAP P10 C-2

展示區也很時尚。

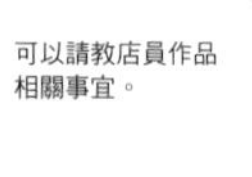
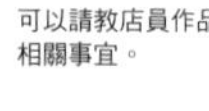

可以請教店員作品相關事宜。

圖案是美麗透明泡泡的岩石杯。

如岩礁般的漸層花樣。

呈現沖繩海洋的玻璃

宙吹玻璃工房 虹

玻璃匠師稻嶺盛吉的工作室兼藝廊。利用廢玻璃，以上吹法做出夾雜氣泡的玻璃作品。

讀谷村座喜味2748　☎098-985-6448
營 9:00～18:00　休 全年無休（工作室週日休息）　交 從石川IC約10km　🚗有
西海岸度假區 ▶MAP P9 E-1

不愧是縣內最大的手工玻璃工坊，品項豐富。

提供體驗課程，沖繩最大玻璃工坊

琉球玻璃村

開放參觀琉球玻璃製作過程的工坊。附設禮品店和餐廳。也有創意玻璃（須預約）等製作體驗課，設施齊全。

系滿市福地169　☎098-997-4784
營9:00～18:00　休全年無休
交從名嘉地IC約12km　🚗有
南部 ▶MAP P4 B-3

挑戰製作琉球玻璃！

挑戰用宙吹法吹製玻璃的體驗課。工坊的工匠們會細心指導。

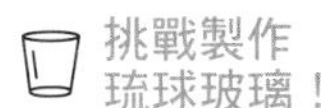

體驗地點！

松田英吉的工作室兼商店

吹玻璃匠工房 石川店

除了能買到玻璃工匠製作的原創琉球玻璃外，還有受歡迎的吹玻璃體驗課。

宇流麻市石川伊波1553-279
☎098-965-7550
營9:00～18:00　休全年無休
交從石川IC約2.5km
🚗有
西海岸度假區 ▶MAP P10 B-2

1 決定要製作的玻璃作品

從各種不同顏色外形的樣品中，挑選欲製作的玻璃品。

2 吹氣膨脹

吹管前端沾取熔融的玻璃膏，吹入空氣成形。

3 取下吹管

輕敲吹口部分，將吹管靜靜地抽離玻璃。

4 拉寬杯嘴

拉寬杯嘴後體驗活動結束。將作品放在低溫窯中慢慢降溫。

完成！

成品可以改日自取或郵寄回家。

體驗DATA

吹玻璃體驗

需時：約15分鐘
2160日圓（運費另計）～
須預約（電話或網路）

琉球玻璃是第二次世界大戰後1950年代起製作的新興傳統工藝。關於琉球玻璃的歷史請參閱P.139。

SHOPPING 02

樣貌各異其趣 一見鍾情的陶器

傳統

傳統陶器的特色是樸實色澤和沉穩外形。

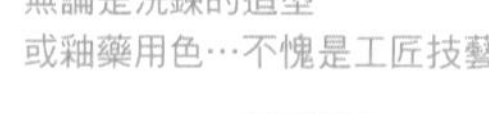

無論是洗鍊的造型
或釉藥用色…不愧是工匠技藝

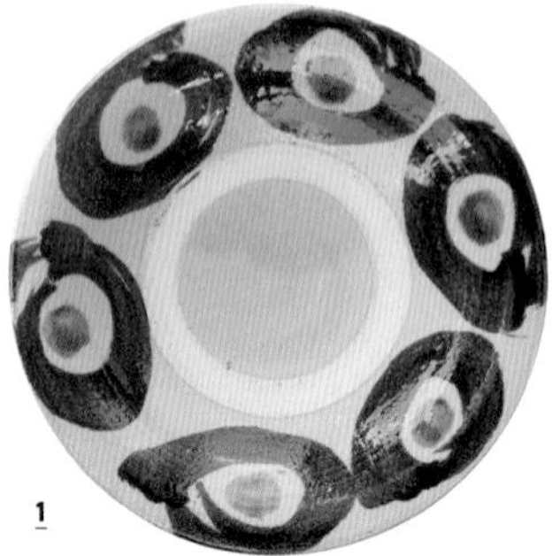

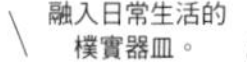

1. 宮城正享製作的七寸盤2916日圓。 2. 共同工作室的茶碗四寸1080日圓。 3. 與那原正守工房的杯子2160日圓。 4. 松田米司製作的水杯972日圓。

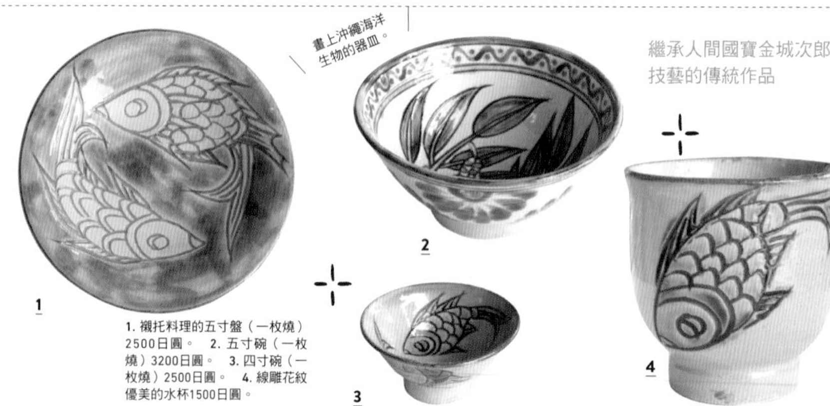

畫上沖繩海洋
生物的器皿。
繼承人間國寶金城次郎先生
技藝的傳統作品

1. 襯托料理的五寸盤（一枚燒）2500日圓。 2. 五寸碗（一枚燒）3200日圓。 3. 四寸碗（一枚燒）2500日圓。 4. 線雕花紋優美的水杯1500日圓。

時尚

年輕陶藝家的現代感設計傳遞出陶器新魅力。

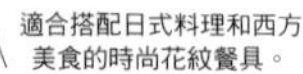

適合搭配日式料理和西方
美食的時尚花紋餐具。

陶藝家的創意揮灑出陶器新魅力

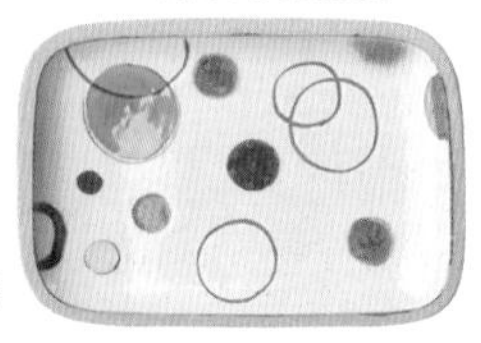

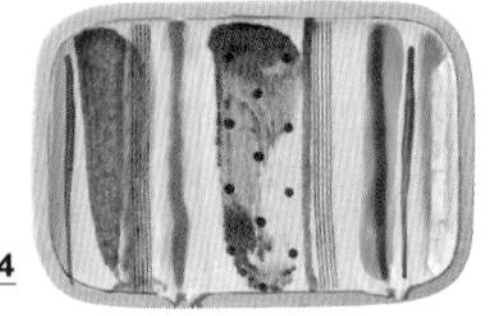

1. 13x13cm的方形盤2160日圓～ 2. 細長盤3030日圓～ 3、4. 花色種類豐富的方盤（小）各2160日圓～

拿在手上，和手部融為一體的沖繩陶器。
從傳承自琉球王國時代的傳統陶器到挑戰現代風格的時尚設計，
種類多樣。
找出自己一見鍾情的逸品吧。

以古典花紋的傳統作品為主。

作品傳達出沖繩的恬靜自然風貌。

附設縣內規模最大的登窯

讀谷山燒 北窯商店

與那原正守、宮城正享、松田米司和松田共司4人共有的燒窯陶器直營店，販售出自此窯的作品。

讀谷村座喜味2653-1 ☎098-958-6488 營9:30～17:30 休不定
交從石川IC約10km 🚗有
西海岸度假區 ▶MAP P9 E-1

特色是優游其間的魚紋

宮陶房

販售人間國寶金城次郎先生長女宮城須美子女士作品的工作室兼商店。線條大膽的魚紋頗具魅力。

讀谷村座喜味2677-6 ☎098-958-5094 營9:00～18:00 休不定
交從石川IC約10km 🚗有
西海岸度假區 ▶MAP P9 E-1

利用貨櫃改裝成的展示空間也很時髦。

獨特的用色和花紋頗受歡迎

一翠窯

工作室兼藝廊。在特色方盤上描繪色彩絢麗的圓點或線條作品，只欣賞也開心。

讀谷村長濱18 ☎098-958-0739
營10:00～18:00 休全年無休
交從石川IC約10km 🚗有
西海岸度假區 ▶MAP P8 A-1

WHAT IS

陶器（やちむん-yachimun）

洋溢沖繩特色的傳統陶器統稱「yachimun」。「yachimun」是陶器的沖繩方言。

售價多少？

陶藝作家的作品價格昂貴。七寸盤或大盤從數千日圓到數萬日圓都有。茶杯或茶碗等小型作品2000～3000日圓左右就買得到。

用途是？

因為設計樸實且耐用，建議當成日常餐具使用。用於單朵花瓶或置物皿也很漂亮。

在哪買？

讀谷村有聚集了16家工作室的燒窯之里（>>>P.176）。那霸市區的話，建議到商店齊聚的壺屋陶器街（>>>P.162）。

陶器市集撿便宜！

在燒窯之里等沖繩縣內各處，一年會舉辦數次陶器市集。通常可用低於市價2～3成的價格買到商品，相當實惠。

12月舉辦的燒窯之里陶器市集。

陶器技法

配合多種技術製成，做出富有特色的作品。

線雕
用鐵筆在陶器上雕刻，畫出魚或唐草等圖案。

打點
用綠釉或褐色飴釉在表面繪出圓點模樣的基本圖案。

擠繪
以滴管擠出軟土畫出立體圖案。

陶器的製法源自琉球王國時代朝鮮傳來的技術。陶器隨著時代演變的歷史請參閱P.139。

SHOPPING 03

傳統VS時尚 帶回可愛的布製品

TRADITIONAL
品項種類豐富。
琉球織品
琉球時代從亞洲各國傳來的特殊技法與花紋。包括道屯織和花織。

紅瓦古民宅改建成的商店。位於國道331號線彎進的道路旁。

是這樣做出來的！

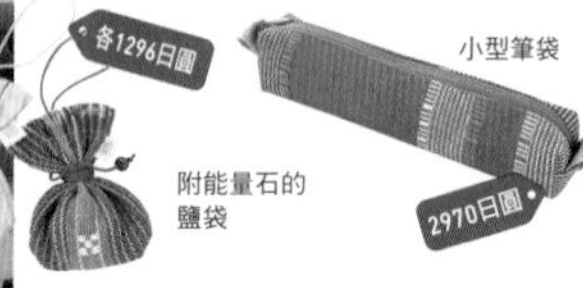
想好圖案後，拿梭子牽引緯線穿過紡織機杼上的經線，作業時間漫長。

日常用得到的琉球織品

SHIYON機織工房

4位女性工匠以日常用得到的琉球織品為主題來編織作品。商店後方是工作室，也開放參觀。

八重瀨町仲座72　☎098-996-1770
營9:00～17:00　休週四
交從南風原南IC約9km　🚗有
南部 ▶MAP P4 C-2

1500日圓
用紅型變化出圖案休閒的髮圈。

傳承母親留下的技藝

TIDAMOON長山紅型

傳承老闆石嶺麻子、吳屋由紀子姊妹倆的母親奠定下來的長山紅型。販售融合古典和創意的作品。

南城市佐敷手登根37　☎098-947-6158
營11:00～17:30（週日～14:00）、18:30～22:00（僅週五、六）　休週三
交從南風原北IC約10km　🚗有
南部 ▶MAP P5 E-1

紅型
琉球王朝時代流傳下來的染色技法。圖案特色是沖繩特有的花卉、魚等。

店內陳列著色澤豔麗的包包。

活用沖繩自古流傳下來的編織、染色技法做成的布製品，質感獨特頗受歡迎。
有工坊遵循傳統製法的優質作品或散發設計感的時尚品項等，種類多樣。
找出自己喜歡的商品吧。

是我做的！

來自石垣島的女性紡織面料設計師MIMURI女士。

布藝家設計的布料
熱帶魚或南國花草等色彩鮮豔的圖案充滿MIMURI女士的風格。

店內陳列著用色大膽的布製品。

適合外出散步攜帶的布提包3240日圓～

1944日圓

花紋鮮豔的筆袋

以海底生物為主題的口金包

3240日圓

以自然為題的日常用品

MIMURI

MIMURI女士的工作室兼商店。販售以鮮豔色彩畫出沖繩大自然的包包或零錢包等小物件。

那霸市松尾2-7-8　☎050-1122-4516
㊫ 11:00～19:00　㊡ 週四　㊣ YUI RAIL牧志站步行約11分鐘　🚗 無
那霸 ▶MAP P20 C-3

540日圓～

縣內染色工坊製作的毛巾手帕

色澤亮麗的紡織品

KUKURU那霸店

以南國圖案受到消費者歡迎的布料品牌「KUKURU」的直營店。販售圖案亮麗的琉球主題手巾。

那霸市牧志2-4-18　☎098-643-9192
㊫ 9:00～22:30　㊡ 全年無休　㊣ YUI RAIL牧志站步行約3分鐘　🚗 無
那霸 ▶MAP P21 D-2

南國圖案手巾
特色是充滿南國情懷的彩圖，如風獅爺或朱槿等。

手帕或壁飾等布製品種類豐富。

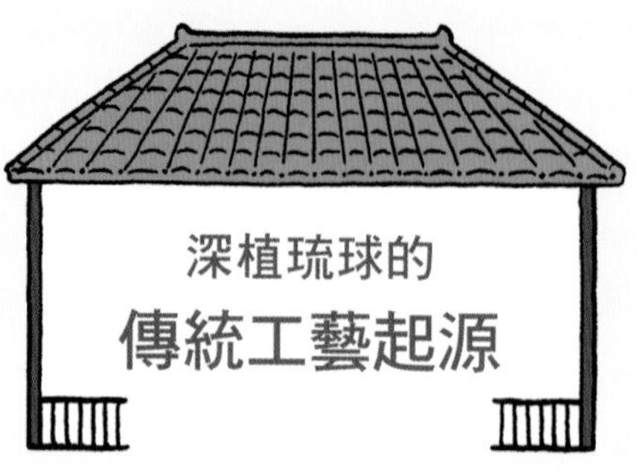

工藝傳承自琉球王國時代孕育的文化

琉球王國時代，和中國、日本或東南亞各國的貿易相當頻繁。因此，當地的工藝品是吸收海外文化融入琉球特色，再演變至今的產物。目前看到的紅型、琉球漆器和陶器等工藝品的「琉球風情」，源自王國時代孕育出的各種文化。

色彩鮮豔的美麗紅型，曾是琉球王族和貴族服飾的染織品，也是珍貴貢品。

至於琉球漆器，琉球王府學習漆工藝高超的中國傳來的技法，再加以鑽研。高溫多濕的沖繩環境適合推行漆藝，也是琉球漆器發展的原因。

造型溫潤深入民間的陶器，是王府將分散各處的窯廠集合至壺屋發展而成。

若能了解工藝品本身的歷史背景，會讓旅行更有趣。挑選沖繩的旅遊伴手禮時，試著想像這曾是國王或貴族的御用品吧。

穿著紅型服飾的「琉裝」是沖繩的正式服裝喔。

閃耀華麗色彩與工匠技藝

紅型

由來

源於約15世紀傳入的印度或爪哇更紗等技法。在18世紀奠定目前的技法。王府聘請的畫師負責圖案設計，再交給名為紺屋的專業工匠進行染色。

細膩的手工染色作業。

多色重疊染色。有黃、紅等鮮豔色，還有藍或白等色。

除了服飾還有壁飾等作品。目前多是花卉圖案。

WHAT IS

琉球王國

以沖繩本島的首里為中心，存續長達450多年的王國。建立沖繩文化的琉球王國，除了沖繩工藝品外，也是論及飲食或藝能時的重要關鍵指標。先來認識琉球王國吧！

Q 琉球王國起源於何時？

A 源自15世紀前半期

1429年成立，到了1879年約450餘年間，以沖繩本島為中心統轄琉球群島。王國中心設於首里城。

Q 第一代國王是誰？

A 尚巴志

尚巴志統一分裂的南山、中山、北山之三山時代，建立琉球王國，成為第一代國王。

Q 與何地進行貿易？

A 主要是中國。

尚巴志致力於海外貿易。以中國為主軸，和日本、朝鮮及東南亞的越南、泰國等進行貿易。

從王府的工藝品到日常器皿

琉球漆器

由來

在與中國或日本的貿易中，學會沉金、螺鈿和箔繪等技法。王國時代，致力生產優質琉球漆器，成為獻給王府、高官世族、中國或日本的御用品。

特色是以豔麗的黑漆或朱漆為底，用黑光貝等光澤貝類施以裝飾的螺鈿工藝。

用來款待貴賓！

盛裝名為東道盆的琉球王國宮廷料理的六角形器皿。

溫潤的生活用品

陶器

由來

起源之一是壺屋燒。1682年王府將湧田燒、知花燒等窯廠統一集中到現在的那霸市壺屋。之後，因傳入朝鮮等地的高超技術便蓬勃發展起來。

富有手工製作的樸實風情。

可在家中日常使用的器皿相當受歡迎。

 傳統工藝年表 

時代	世紀	工藝	內容
三山時代	14世紀	琉球漆器	學習來自中國的漆工技術，發展成貿易品。
琉球王國時代	15世紀	紅型	發展傳入的印度或爪哇更紗等技術。
	17世紀	陶器	王府將分布各地的窯廠集中到現在的那霸市壺屋進行發展。是「壺屋燒」的起源。
	18世紀	琉球玻璃	1600年傳入沖繩的玻璃製法。
		紅型	反覆進行複雜的染色工程，奠定目前的技術。
昭和	20世紀	琉球玻璃	美軍帶入的可樂瓶等廢瓶做成的再生製品需求量增加而蓬勃發展。

直接運用廢瓶色彩

琉球玻璃

由來

在戰後物資不足的沖繩，開始熔製美軍帶入的有色廢瓶。結果大受美軍歡迎。目前使用廢瓶製作的工坊已經不多了。

特色是玻璃中夾雜氣泡。色澤多樣。

目前輔以現代感設計的變化款工藝品頗受歡迎。陶器或琉球玻璃從幾百日圓起就能買到，適合當伴手禮。

SHOPPING 04

尋求點綴日常生活的高質感雜貨
精品店巡禮

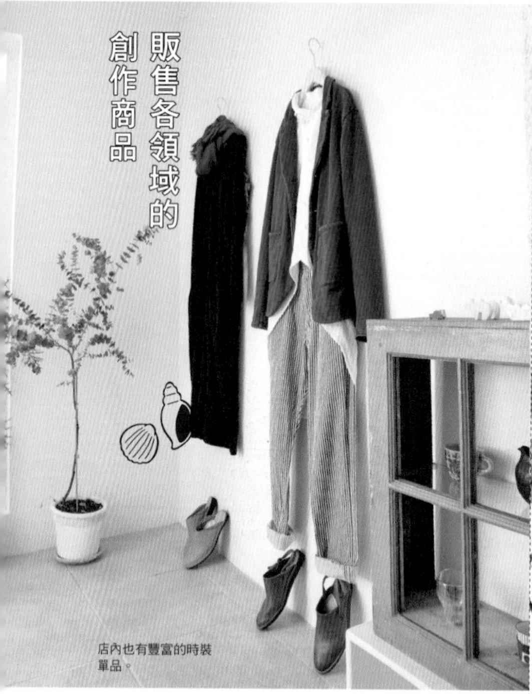

販售各領域的創作商品

店內也有豐富的時裝單品。

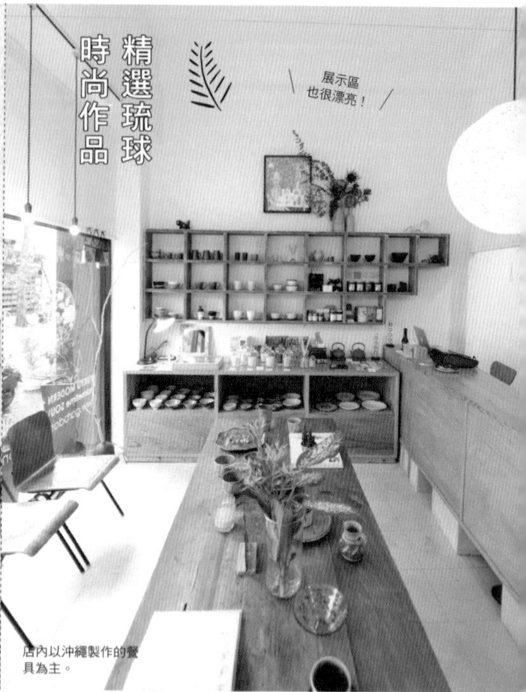

精選琉球時尚作品

展示區也很漂亮！

店內以沖繩製作的餐具為主。

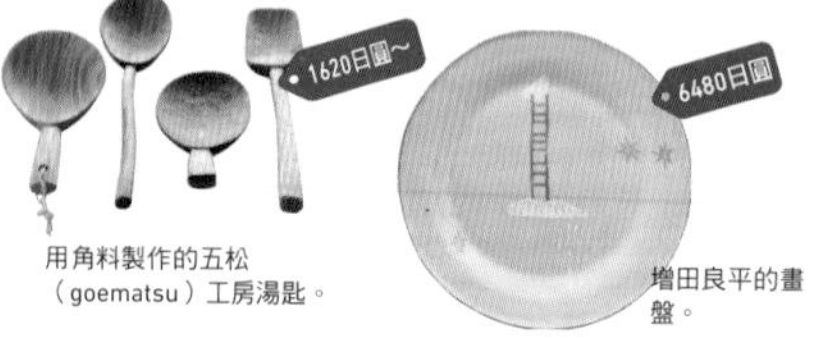

用角料製作的五松（goematsu）工房湯匙。

增田良平的畫盤。

讓人心動的精品店

ten

店內都是老闆挑選的俐落高質感商品。從飾品到器皿等各類型品項都有。

北中城村島袋1497
☎098-894-2515
㊡12:00～18:00 ㊡週一～三
㊯從沖繩南IC約5km 🚗有
中部 ▶MAP P8 C-3

1. 金城有美子創作的穀物碗4860日圓。 2. 珊瑚藍馬克杯（S size）各3240日圓。 3. 珊瑚藍方盤（小）3780日圓。

從陶器、漆器到織品、紅型

GARB DOMINGO

位於浮島通的商店。以「琉球時尚」為概念，販售沖繩相關藝術家的家飾雜貨。

那霸市壺屋1-6-3 ☎098-988-0244
㊫9:30～13:00、15:00～19:00 ㊡週三、四
㊯YUI RAIL牧志站步行約12分鐘 🚗無
那霸 ▶MAP P21 D-3

精品店以獨特的品味展示藝術家創作的特色商品魅力。
器皿、家飾、服裝和飾品等，集結各家的精選單品。
來挑件美麗用品吧。

好多當地藝術家的手工藝品！

除了陶器或玻璃餐具外也販售工藝品。

陳列藝術家的創作器皿

店內展示各工作室的作品。

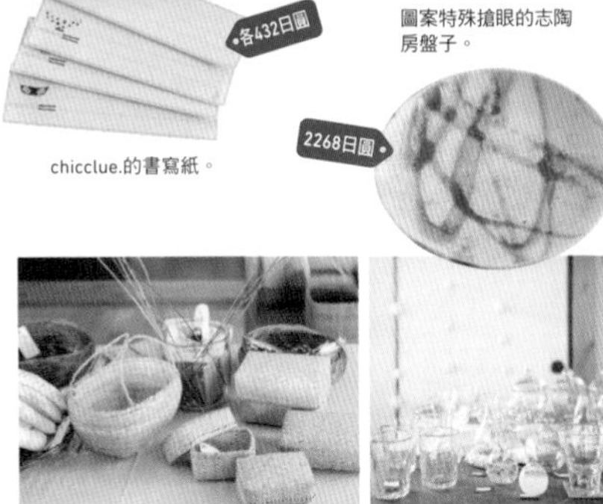

各432日圓

chicclue.的書寫紙。

2268日圓

圖案特殊搶眼的志陶房盤子。

聚集沖繩縣內的手工藝品

Ryu

以「沖繩手工」為主題的精品店。除了陶器或琉球玻璃等傳統餐具外，還有婆婆們手工製作的工藝品等。

讀谷村古堅191　☎098-989-4643
㊎9:00～18:00　㊡週二、三
㊜從沖繩北IC約9km　🚗有
西海岸度假區 ▶MAP P8 B-2

1944日圓

宇流麻市工作室LOBSTO的玻璃盤。

4860日圓

長濱太志做的夏至南風七寸碗。

牆上或閣樓也放了很多作品！

mofgmona no zakka

店內收集了縣內工作室製作的陶器或玻璃等餐具。也有質料舒適的服裝。

宜野灣市宜野灣2-1-29 301號室　☎050-7539-0473
㊎13:00～19:00　㊡週二、三
㊜從西原IC約3km　🚗有
中部 ▶MAP P7 D-1

mofgmona no zakka的大樓1樓是同品牌咖啡館，使用店內販售的藝術家創作器皿為餐具。

SHOPPING 05

要找家飾用品的話
去逛家具街！

通稱「家具街」的國道58號線兩旁，
有多家販賣美軍出售品的骨董家具或家飾雜貨的商店。
店內氣氛就像迷人的骨董店，讓人一間逛過一間。

AMERICAN FURNITURE
SHOP1

改造成美式風格的房間

想買來放在廚房的調味料4件組。

2800日圓

Hazel Atlas家的馬克杯。

1.從小置物盒等家飾用品到桌椅等大型家具都有，也有整套全系列商品。 2.面向馬路的店門前也陳列著商品。有多款古董單品。 3.設計不一的火柴盒。 4.垂掛在天花板的是照明燈，也是美麗鳥籠！ 5.店內牆上也擺滿古董雜貨。

充滿懷舊情懷的用品店

PEARL.

販售在美國採購的可愛古董家具或日用品。多數商品僅此一件，值得參觀選購。

宜野灣市大山4-2-6
☎098-890-7551
營11:00～18:00 休全年無休
交從西原IC約7km 無
中部 ▶MAP P8 B-3

WHAT IS

家具街

是什麼地方？

整條街上散布著多家美式古董家具和日用品店。也有家飾用品店和二手服飾店。

在哪裡？

位於沖繩本島西海岸的南北沿線道路國道58號線上，店家主要集中在宜野灣市大山地區附近。

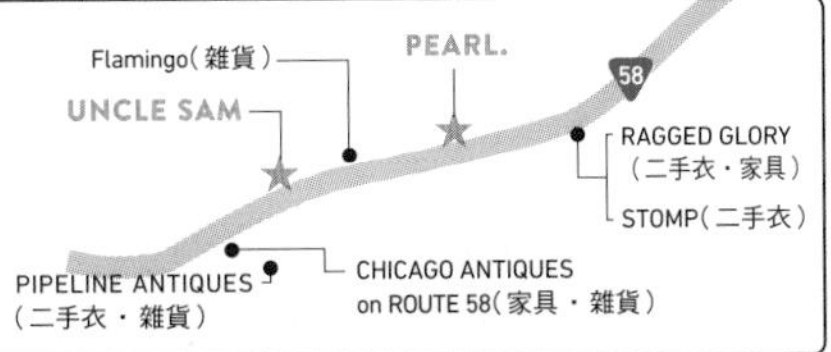

美軍家具專賣店

UNCLE SAM

可以便宜買到美國影集會出現的家具。美國尺寸的沙發或桌子多是美軍釋出品。

宜野灣市大山6-1-3
☎098-898-6164
營10:00～19:00 休全年無休
交從西原IC約6km 🚗無
中部 ▶MAP P8 A-3

復古撥盤式電話。也可用於模擬線路。

在美軍基地住宅用過的二手檯燈。

木製邊桌。放在沙發或床邊。

1.便宜買到優質家具。提供購買家具寄送到外縣市的宅配服務。 2.如倉庫般寬敞的店家門口也陳列著商品。很多商品都是僅此一件，喜歡的話就趕緊下手！ 3.復古時鐘最適合放在家裡當擺飾。 4.也有很多五斗櫃或沙發等大型家具。 5.還有種類豐富，適合當家飾品的復古小配件。 6.也可以參考店內的展示區來改變家中擺設。

除了面對國道58號線兩旁道路上有骨董家具或用品店外，從大馬路彎進來的巷弄裡也有幾家值得參觀的店面。

SHOPPING 06

不知道該去哪裡時，就先來這裡！
前往購物中心！

擁有開放式挑高天花板的館內，聚集多家縣內外的品牌專賣店。

還有觀光諮詢人員常駐

永旺夢樂城沖繩來客夢

沖繩縣內規模最大的購物中心，集結了約230家餐廳及商店。橫跨2F是擁有2200個座位的美食區，可以在此輕鬆品嘗來自沖繩當地及全世界的美食。

北中城村泡瀨土地劃分整理事業地區4街區　☎098-930-0425（代表號）　營10:00～22:00（依店鋪而異）　休全年無休　交從北中城IC約4km　有

中部 ▶MAP P8 C-3

SHOP GUIDE

占地面積…約17萬5000m²
餐廳…約80家
商店…約140家
美容館…約10家
【其他設施】
美食區（2200個座位）、電影院、休閒娛樂區等

HOW TO

來客夢的多重玩法

必看巨大水槽！

位於1樓廣場，容量高達100噸的巨大水槽！可看到25種1000隻熱帶魚等。

CLOSE UP!

泡盛大師駐場

AEONLIQUOR

泡盛品項齊全的商店。縣內46家酒廠共同推薦的泡盛試喝區頗具魅力。

永旺來客夢店2F　☎098-983-8888
營8:00～23:00　休全年無休

夏威夷風格咖啡館

Lanai 咖啡館

可以品嘗到份量滿點的夏威夷鬆餅，和杯杯手沖的KONA咖啡，是家時髦的夏威夷風格咖啡館。

Rycom Village　☎098-930-5035
營10:00～21:00　休全年無休

除了購物，還能享受到美食及娛樂等多種活動的購物中心。
在設施完善&洋溢琉球風情的2大景點，
盡情玩上一整天。

仿彿是座小鎮！
以散步的心情購物♪
就像置身遊樂區般興奮！

玩上一整天的聚焦景點

美國村

購物城內色彩絢麗的美國西岸風情建築物林立。除了商店和餐廳外，還有電影院和摩天輪等娛樂設施。

北谷町美濱 ☎098-926-5678（北谷町觀光協會） 營10:00～22:00（依店鋪而異） 休全年無休 交從沖繩南IC約6km 🚗有

中部 ▶MAP P22 B-2

SHOP GUIDE

占地面積…約20萬m²
餐廳…約60家
商店…約100家
美容館…約10家
【其他設施】
飯店、休閒娛樂區、溫泉設施等

CLOSE UP!

5800日圓

BILLABONG的綁帶涼鞋。

購買戲水用品

Depot Island

以進口服飾、雜貨為首，還有沙灘球、夏威夷風商品、泳衣等豐富品項。

Depot Island A大樓
☎098-926-3322
營10:00～21:00
休全年無休

1800日圓～

5趾原創島拖鞋。

日本製島拖鞋專賣店

OKICHU

可以挑選喜歡的文字或花樣製作「自我風格島拖鞋」的專賣店。提供19種顏色的鞋面和12種顏色的腳夾帶做選擇。

Depot Island E大樓
☎098-926-1133
營10:00～21:00
休全年無休

 到免稅店買名牌精品！

日本國內的免稅店

DFS旗下沖繩T廣場

集結170種名牌精品，提供從那霸機場飛往外縣市的旅客選購。可在機場提貨。

那霸市歌町站4-1 ☎0120-782-460 營9:00～21:00（週五、六～22:00，依季節、店鋪而異） 休全年無休 交YUI RAIL歌町站步行約1分鐘 🚗有

那霸 ▶MAP P21 F-1

SHOP GUIDE

賣場面積…約1萬m²
餐廳…約2家
名牌店…約140家

【主要品牌】
蒂芬妮、寶格麗、CÉLINE、Tory Burch、蘭蔻、迪奧、植村秀

GODIVA

購買GODIVA的巧克力當伴手禮。

美國村面對西海岸，離海邊很近，還有能欣賞到落日沉入海平面的夕陽海灘。

SHOPPING 07

從基本款到特殊口味！ 金楚糕檔案

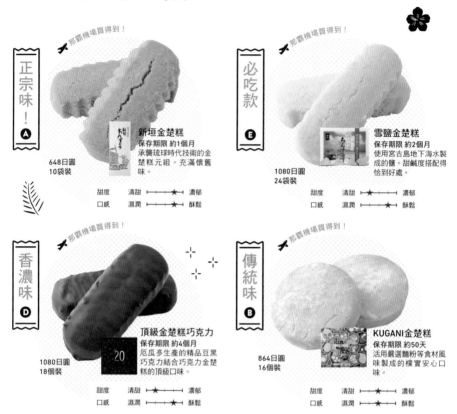

那霸機場買得到！

正宗味！ A

新垣金楚糕

保存期限 約1個月
承襲琉球時代技術的金楚糕元祖。充滿懷舊味。

648日圓
10袋裝

甜度 清甜 ——★— 濃郁
口感 濕潤 ——★— 酥鬆

那霸機場買得到！

必吃款 E

雪鹽金楚糕

保存期限 約2個月
使用宮古島地下海水製成的鹽。甜鹹度搭配得恰到好處。

1080日圓
24袋裝

甜度 清甜 —★—— 濃郁
口感 濕潤 ——★— 酥鬆

那霸機場買得到！

香濃味 D

頂級金楚糕巧克力

保存期限 約4個月
厄瓜多生產的精品豆黑巧克力結合巧克力金楚糕的頂級口味。

1080日圓
18個裝

甜度 清甜 —★—— 濃郁
口感 濕潤 ——★— 酥鬆

那霸機場買得到！

傳統味 B

KUGANI金楚糕

保存期限 約50天
活用嚴選麵粉等食材風味製成的樸實安心口味。

864日圓
16個裝

甜度 清甜 ——★—— 濃郁
口感 濕潤 ——★—— 酥鬆

A

金楚糕招牌老店

新垣金楚糕本舖 牧志店

以古早味金楚糕為首，販售沖繩傳統點心的商店。

那霸市牧志1-3-68 ☎098-867-2949
營 9:30～21:00 休 全年無休
交 YUI RAIL美榮橋站步行約9分鐘
🚗 無
那霸 ▶MAP P20 C-2

B

包裝也完美的沖繩點心

琉球銘菓KUGANIYA

販售王國時代流傳下來的傳統圓形金楚糕。

那霸市壺屋1-18-1 ☎098-868-0234
營 10:00～18:00（週六、日～19:00）
休 全年無休 交 YUI RAIL牧志站步行約13分鐘 🚗 有
那霸 ▶MAP P21 E-3

C

縣內擁有8家分店的名店

御菓子御殿恩納店

以紅芋塔聞名的沖繩點心店。也有金楚糕等傳統點心。

恩納村瀨良垣100 ☎098-982-3388
營 8:30～19:30（8、9月～20:00）
休 全年無休 交 從屋嘉IC約8km 🚗 有
西海岸度假區 ▶MAP P10 C-2

其他購買地點
- SanA那霸Main Place>>>P.152
- 永旺夢樂城沖繩來客夢>>>P.144

其他購買地點
- SanA那霸Main Place>>>P.152
- 永旺夢樂城沖繩來客夢>>>P.144

其他購買地點
- 御菓子御殿國際通松尾店>>>P.54
- 讀谷總店 MAP P8 A-1

說到沖繩的代表性伴手禮，就是金楚糕！
從經典款到獨家口味，
徹底比較各家店販售的金楚糕。
選購自己喜歡的口味當伴手禮吧。

WHAT IS

金楚糕

金楚糕是麵粉、砂糖和豬油拌勻後烘烤而成的香酥點心。據說起源自琉球時代的蒸糕「珍楚糕」。

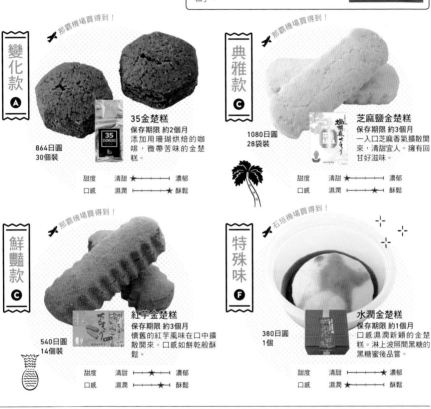

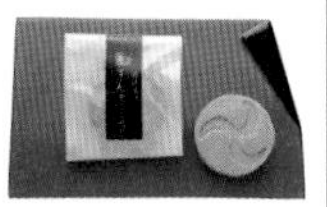

那霸機場買得到！

變化款 A

35金楚糕

保存期限 約2個月
添加用珊瑚烘焙的咖啡，微帶苦味的金楚糕。

864日圓
30個裝

甜度 清甜 ★———— 濃郁
口感 濕潤 ————★ 酥鬆

那霸機場買得到！

典雅款 C

芝麻鹽金楚糕

保存期限 約3個月
一入口芝麻香氣擴散開來，清甜宜人。擁有回甘好滋味。

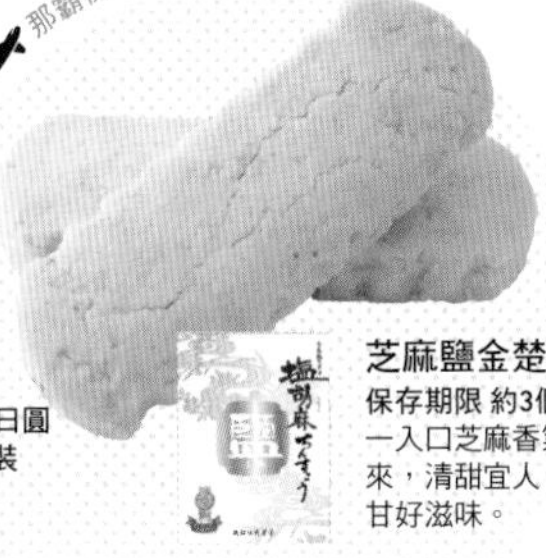

1080日圓
28袋裝

甜度 清甜 ★———— 濃郁
口感 濕潤 ———★— 酥鬆

那霸機場買得到！

鮮豔款 C

紅芋金楚糕

保存期限 約3個月
懷舊的紅芋風味在口中擴散開來。口感如餅乾般酥鬆。

540日圓
14個裝

甜度 清甜 ——★—— 濃郁
口感 濕潤 ———★— 酥鬆

石垣機場買得到！

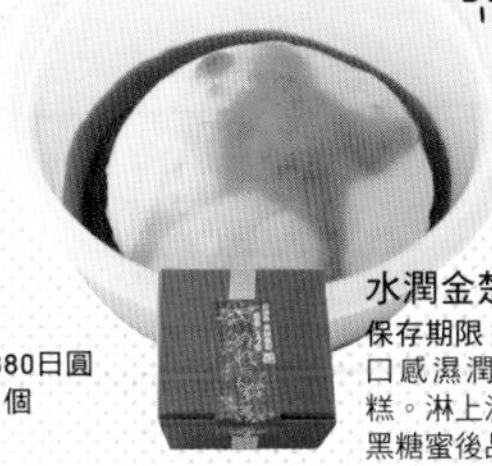

特殊味 F

水潤金楚糕

保存期限 約1個月
口感濕潤新穎的金楚糕。淋上波照間黑糖的黑糖蜜後品嘗。

380日圓
1個

甜度 清甜 ————★ 濃郁
口感 濕潤 ★———— 酥鬆

D

位於購物中心內

Fashion Candy 那霸Main Place店

熱賣商品是西式甜點風格的金楚糕巧克力。

那霸市歌町站4-4-9 ☎098-951-3328 營9:00～22:00 休全年無休 交YUI RAIL歌町站步行約7分鐘 停有

那霸 ▶MAP P19 D-1

其他購買地點
・Fashion Candy 宜野灣總店
・MAP P7 D-1

E

位於OUTLET購物中心內

南南風 ASHIBINAA店

招牌商品「雪鹽金楚糕」是老字號點心鋪南風堂的商品。雪鹽金楚糕除了店內直營店外，在伴手禮店也買得到，頗受歡迎。

豐見城市豐崎1-188 沖繩ASHIBINAA OUTLET購物中心內 ☎098-850-0980 營10:00～20:00 休全年無休 交從豐見城IC約6km 停有

南部 ▶MAP P4 A-1

其他購買地點
・南南風港景店 MAP P18 C-2

F

石垣島的人氣餐廳

美味食彩 花

主廚原田和幸想出的「水潤金楚糕」大受好評。除了在餐廳品嘗外，也能在石垣島機場或網路上購得。

石垣市大濱466-15 ☎090-1940-0534 營11:30～14:00、17:30～22:00 休週日 交從石垣機場約10km 停有

石垣島 ▶MAP P2 C-3

其他購買地點
・石垣島機場等地

書中介紹的金楚糕幾乎都能在機場買到，此外，WASHITA SHOP國際通總店（>>>P.150）也有販售。

SHOPPING 08

長年備受喜愛的純樸味

傳統點心享口福

自琉球王國時代流傳下來的沖繩點心，讓人安心的純樸味道頗具魅力。
到老店尋找適合當伴手禮的點心。帶回沖繩的傳統好味道吧。

王府也愛吃的傳統味

珍楚糕

自琉球王朝時代就備受喜愛的傳統點心。新垣菓子店大方使用阿古豬的豬油製作。

1296日圓（8個裝）

適合當伴手禮。

質感高級的紙盒（8個裝）。

千壽糕
270日圓
飄散柑橘香氣的彩色傳統點心。

守護傳統琉球點心的老店

新垣菓子店 首里寒川店

販售原味金楚糕、高級食材做成的珍楚糕、千壽糕等沖繩當地點心的商店。位於南城市的玉城店附設咖啡館。

那霸市首里寒川町1-81-8 ☎098-886-6236
營9:30～18:30（週日～17:30） 休全年無休
交從那霸IC約2km 🚗有
首里 ▶MAP P23 D-1

祭典時必備的

光餅

琉球王朝時進獻神明的傳統供品，是包著香濃花生餡的酥鬆烘焙點心。

100日圓（大）

每天手工製作。

松風
120日圓
結婚或喜慶場合吃的好彩頭點心。

說到沖繩的喜慶必備點心就是這個！

座波菓子店

位於首里的沖繩點心名店。名產光餅是只包花生餡的琉球王朝御用點心。除以之外還有婚喪喜慶不可欠缺的好彩頭烘焙點心。

那霸市首里石嶺町3-6-1 ☎098-886-7454
營9:00～18:00（週日、假日不定） 休全年無休
交從西原IC約3.5km 🚗有
首里 ▶MAP P19 F-1

WHAT IS

琉球王朝時代的點心

琉球王朝時代為王室或貴族製作的傳統點心。據說在當時屬於平民吃不起的奢侈品。

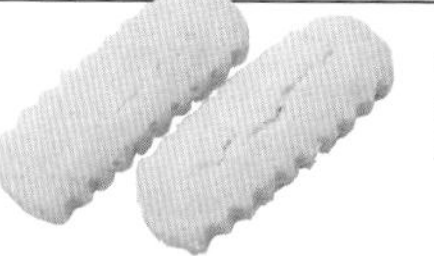

品嘗時機

光餅或千壽糕等傳統點心，多在訂婚或喜慶等「特殊」日子吃。

從王朝時代流傳下來的點心

橘餅

據說是300年前從中國傳入的琉球王朝時代點心。使用山原生產名為kabuchi的柑橘和冬瓜製成。

冬瓜加砂糖熬煮成的冬瓜糖。

什錦冬瓜糖
1850日圓
有黃豆粉、抹茶等綜合口味的茶點。

縣內唯一的製造商

謝花橘餅店

延續120年以上的點心老舖。目前仍在生產沖繩傳統點心「橘餅」和「冬瓜糖」的店家，縣內僅此一家。也有適合當伴手禮的什錦禮盒。

那覇市松尾1-5-14　☎098-867-3687
營 9:30～售完為止　休 週日
交 YUI RAIL縣廳前站步行約7分鐘　🚗無
那覇 ▶MAP P20 B-3

喜慶場合吃的

儀保饅頭

以紅色食用色素寫上「の」字的大饅頭。代表「禮簽」（のし-noshi）的意思，最適合喜慶場合。

儀保饅頭的製作流程

蒸饅頭
這時是什麼也沒寫的白饅頭。

→

寫上「の」字
拿筆一個一個寫上。

→

完成！

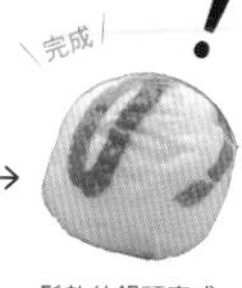
鬆軟的饅頭完成了！

吃吃看剛做好的饅頭吧！

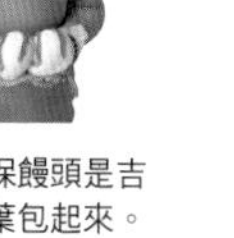

當地頗受歡迎的名產饅頭

儀保饅頭

製作俗稱「の字饅頭」的儀保饅頭老店。儀保饅頭是吉利點心很受歡迎，若是要帶回家，會用月桃葉包起來。

那覇市首里久場川町2-109-1　☎098-884-1764
營 9:00～售完為止　休 週日
交 YUI RAIL首里站步行約10分鐘　🚗有
首里 ▶MAP P19 F-1

沖繩傳統點心不可欠缺的黑糖，是甘蔗汁加食用級石灰熬煮而成的產物。富含鈣質和鐵質。

SHOPPING 09

在沖繩伴手禮的寶庫，WASHITA SHOP

瘋狂採購伴手禮

不知道該買什麼或沒時間時，能一次買齊的商店最受歡迎。
「WASHITA SHOP」的沖繩伴手禮品項齊全，從點心到常溫調理包、泡盛等都有。
找到朋友或同事都會喜歡的伴手禮吧。

❶泡盛從酒廠的主力品牌，到適合當伴手禮的綜合禮盒都有。還有沖繩名產海蛇酒！
❷店內擺滿商品。除了點心等食品外，還有雜貨。
❸乾貨也全是沖繩風味的產品。

從食品到工藝品

WASHITA SHOP 國際通總店

位於國際通的大型沖繩伴手禮店。寬敞的店內有點心、調味料、海鮮製品等各項沖繩產品齊聚一堂。適合一次買齊。

🏠那霸市久茂地3-2-22 ☎098-864-0555
㊫10:00～22:00 ㊡全年無休
㊋YUI RAIL縣廳前站步行約4分鐘
🚗有（特約停車場）
那霸 ▶MAP P20 B-3

「WASHITA」的購物POINT!

以下是有效利用品項豐富且好逛的WASHITA商店的訣竅！

車子停在店內停車場才划算！

店鋪後方有特約停車場，在WASHITA SHOP購物滿2000日圓以上，就能免費停1小時，相當划算。

大量採購可請店家寄送

購買的商品可以從商店直接宅配寄出，所以能放心購買泡盛或調味料等比較重的瓶裝伴手禮。

縣內還有其他分店可逛

除了國際通店外，縣內還有2家分店。位於購物中心永旺夢樂城沖繩來客夢（>>>P.144內），和那霸機場。機場店位於航廈大樓2樓。

🏠 分店資訊

那霸機場WASHITA SHOP

☎098-840-1197
㊫6:30～20:30 ㊡全年無休

永旺夢樂城沖繩來客夢店

☎098-923-5255
㊫10:00～22:00 ㊡全年無休

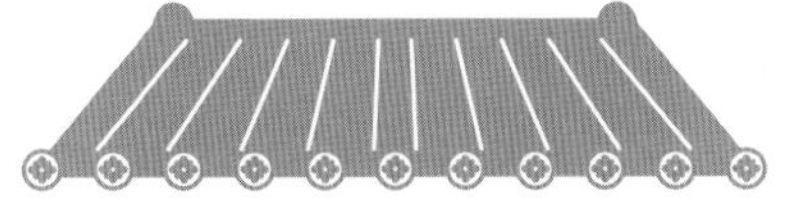

人氣伴手禮排行榜BEST10

以下是在伴手禮殿堂WASHITA SHOP眾多商品中，登上最受歡迎寶座的10項商品。
依序介紹第1～10名。

黑糖巧克力
（ROYCE' 石垣島）

702日圓

以巧克力聞名的點心店ROYCE'的商品。是添加縣產黑糖製成的香滑巧克力。

紅芋塔
（御菓子御殿）

648日圓

必買沖繩伴手禮。把100%沖繩縣產的紅芋倒入塔皮烘培成的濕潤塔餅。

罐裝 Orion Draft啤酒

213日圓

擁有50年以上的歷史，眾所皆知的沖繩當地啤酒。也有香檬味的水果啤酒。

No.4

芝麻貓頭鷹 黑芝麻&澳洲胡桃

864日圓

香氣濃郁的黑芝麻糖裡加了自家烘焙的澳洲胡桃、黑糖及海鹽，搭配出絕妙滋味。爽脆的口感也很棒！

No.5

雪鹽金楚糕
（南風堂）

108日圓

金楚糕的甜再加上鹹味，形成回甘美味。單獨包裝適合分送給親友。

No.6

35 COFFEE
（J.F.K 綜合）

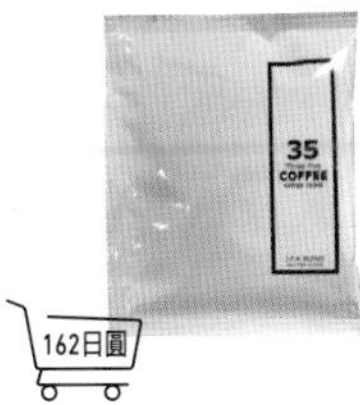

162日圓

以石化的珊瑚烘焙出風味醇厚的沖繩限定咖啡。做成攜帶方便的耳掛式。

No.7

巧克力洋芋片 石垣鹽味
（ROYCE'石垣島）

777日圓

以石垣島海鹽做成的洋芋片，淋上入口即化的巧克力。

No.8

南都金楚糕 綜合包

324日圓

可以吃到原味、黑糖、紅芋和鹽味等4種口味的金楚糕。

No.9

金楚糕巧克力 3種綜合

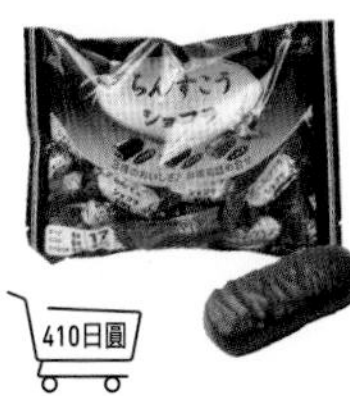

410日圓

金楚糕淋上巧克力。有牛奶巧克力、黑巧克力和90%高濃度巧克力3種。

No.10

美麗風獅爺面膜
（2片裝）

959日圓

貼在臉上就變成風獅爺，造型特殊的臉部保濕面膜2片裝。

SHOPPING 10

沖繩原味火力全開！
到超市採買美食特產

當地超市最大的魅力是品項豐富和價格便宜。
帶回沖繩才有的美食特產，在家重現沖繩味吧！

LOCAL FOOD 當地超市的商品真有趣！

推薦度 ★★★★☆

沖繩麵

Maruchan的沖繩麵。咬勁十足的方麵條加上柴魚豚骨風味高湯。

作法

乾麵放入鍋中煮，最後再倒入湯粉包即可。

90日圓

推薦度 ★★★★☆

辣椒汁

以泡盛浸漬島辣椒，沖繩才有的辛辣調味料。瓶裝。

吃法

除了沖繩麵外，淋入高湯或烏龍麵也很好吃。

513日圓

推薦度 ★★★★★

午餐肉

來自美國的沖繩名品。罐裝午餐肉（香腸肉）。

HAPPY

吃法

加苦瓜炒成苦瓜炒什錦、或當飯糰配料。

278日圓

推薦度 ★★★☆☆

A1醬

酸甜適宜的好滋味，來自英國的牛排醬。

吃法

道地沖繩吃法是淋在剛煎好滋滋作響的牛排上。

278日圓

推薦度 ★★★☆☆

哈瓦那辣椒風味塔可飯

嗆辣有勁的塔可肉醬。附番茄辣醬。

作法

把塔可肉醬、生菜和番茄鋪在飯上。

298日圓

推薦度 ★★★☆☆

香檬汁

JA沖繩的100%香檬原汁。

吃法

除了直接喝外，加氣泡水或酒兌開也很好喝。

184日圓

推薦度 ★★★☆☆

鹽仙貝

沖繩人必吃的零食，鹽仙貝。傳統包裝也很可愛。11片入。

245日圓

推薦度 ★★★★☆

麥根沙士

來自美國的碳酸飲料。加了各種香草調成的奇妙味道。

吃法

沖繩縣民習慣配漢堡喝！

68日圓

推薦度 ★★★★☆

沖興拉麵

懷念的雞肉風味泡麵。注入熱水即可享用。4袋裝。

132日圓

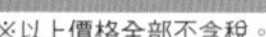

※以上價格全部不含稅。

當地食材種類豐富

SanA那霸Main Place

位於歌町站附近的大型超市。以商品種類豐富而自居，有點心、調味料、飲料等。也賣熟食。

那霸市歌町站4-4-9 ☎098-951-3300 營9:00～23:00 休全年無休 交YUI RAIL歌町站步行約6分鐘 有

那霸 ▶MAP P19 D-1

沖繩超市的逛法

超市最大的魅力在於可用便宜價格買到日本本島沒賣的當地特產。就算是當地人去的一般超市，也有專賣沖繩食材的特區，所以很好找商品。

AMERICAN FOOD

美國文化深植沖繩的特有人氣商品！

推薦度★★★★★

超市小餅乾

加了堅果、葡萄乾和巧克力豆的酥鬆餅乾。

1230日圓

推薦度★★★★★

熱帶餅乾（2片×11片裝）

袋內有10種原創餅乾。是清甜的好味道。

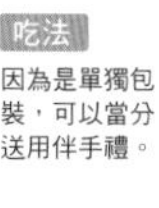

吃法

因為是單獨包裝，可以當分送用伴手禮。

580日圓

推薦度★★★★☆

紅芋餅乾（12片裝）

充滿紅芋風味的餅乾。特色是外觀鮮豔和口感酥鬆。

1290日圓

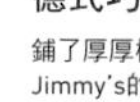

推薦度★★★☆☆

椰子手提盒

用大量椰子和蛋白霜製成的餅乾。充滿熱帶香氣。

吃法

大容量盒裝。可以帶去參加派對。

650日圓

推薦度★★★★☆

綜合馬芬

有原味、焦糖、紅芋、巧克力豆、香蕉、椰子等8種口味。

1510日圓

推薦度★★★☆☆

德式巧克力蛋糕盒

鋪了厚厚椰子醬和巧克力的濃郁蛋糕，是Jimmy's的經典產品。

1080日圓

推薦度★★★☆☆

白蘭地餅乾

由帶有清爽甜味的柑橘風味與白蘭地風味兩種合為一盒。

1290日圓

推薦度★★★☆☆

水果蛋糕片

加了葡萄或柳橙等酒漬水果乾的海綿蛋糕。

1780日圓

吃法

除了當零食吃外，也很下酒。

推薦度★★★☆☆

Jimmy's保冷袋

高34cm x寬32cm的大尺寸保冷袋。造型休閒頗受歡迎！

860日圓

美式超市

Jimmy's大山店

創業60年專賣美國進口食品的超市，頗受當地人歡迎。架上擺滿包裝鮮豔的商品。

宜野灣市大山2-22-5
098-897-3118
9:00～22:00
全年無休
從西原IC約6km
有

中部 ▶MAP P7 D-1

Jimmy's是能買到美國食品的沖繩當地超市。自有品牌的保冷袋和T恤是隱性人氣商品。

SHOPPING 11

從美食特產到雜貨都買得到

在拱廊街撿120%的便宜貨！

位於那霸市中心，緊鄰第一牧志公設市場的拱廊街，
能買到價廉物美的商品，是當地人和行家的購物熱點！
店家眾多，邊吃邊閒逛也很盡興。

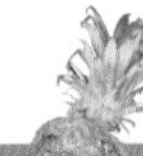

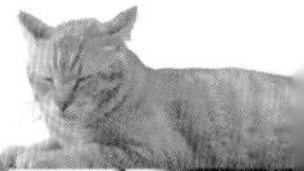

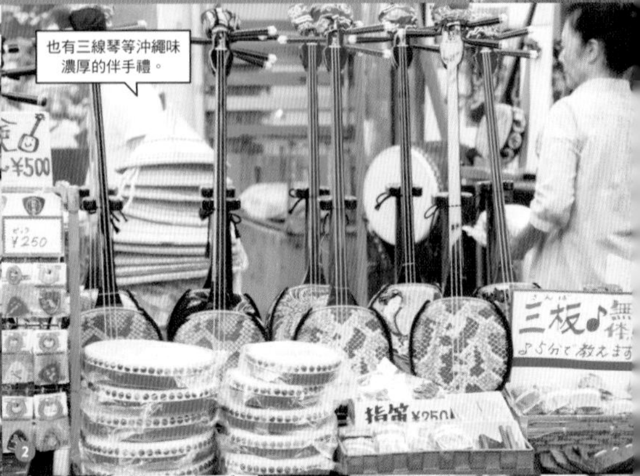

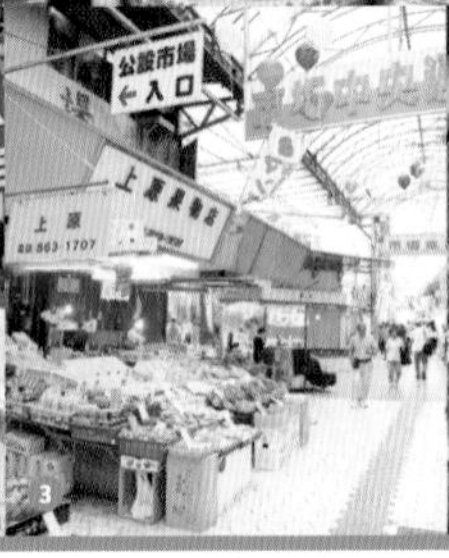

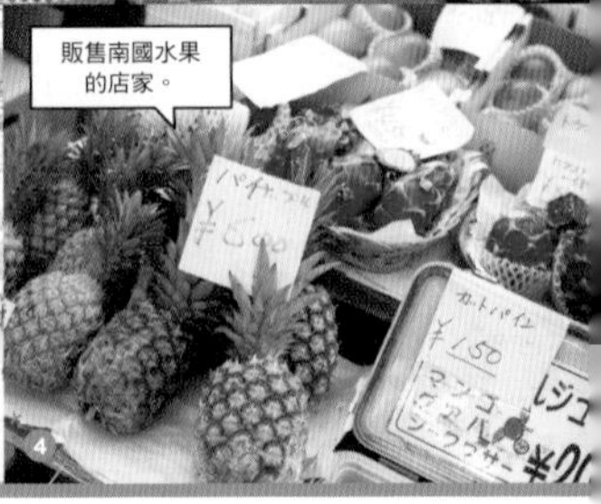

買到賺到，喵～

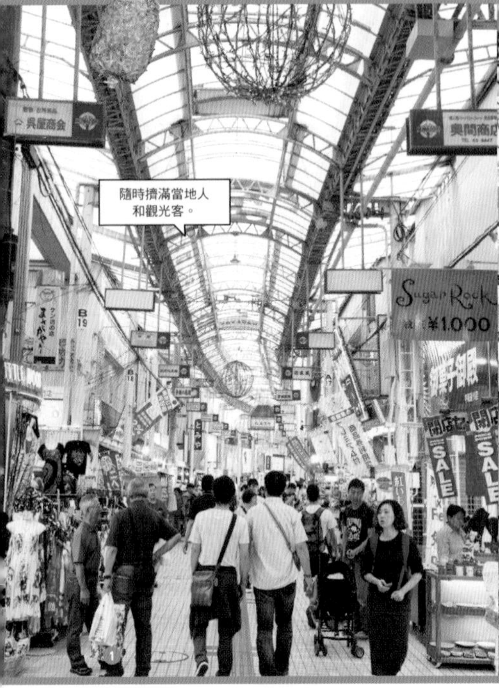

1 隨時擠滿當地人和觀光客。

2 也有三線琴等沖繩味濃厚的伴手禮。

3

4 販售南國水果的店家。

開口笑（大）
300日圓
大到嚇人的開口笑。

大口品嘗吧！

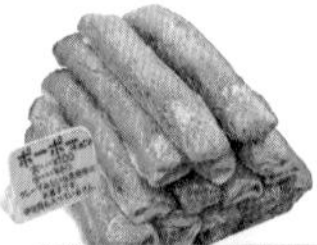

黑糖捲餅
60日圓～
黑糖口味像是可麗餅的點心。味道樸實。

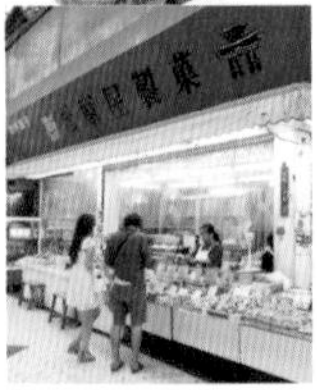

適合邊走邊吃

松原屋製菓

可以吃到剛炸好的開口笑的排隊人氣老店。還有南瓜口味和芒果口味，挑戰一下特殊口味的開口笑吧！

那霸市松尾2-9-9 ☎098-863-2744
營 9:00～20:00 休 全年無休
交 YUI RAIL牧志站步行約8分鐘 🚗 無
那霸 ▶MAP P21 D-3

也可以試喝喔！

左：咲本濁酒（咲本酒廠）1250日圓
稀有的泡盛濁酒。特色是香氣迷人。

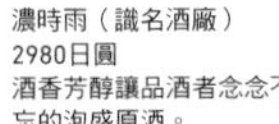

濃時雨（識名酒廠）
2980日圓
酒香芳醇讓品酒者念念不忘的泡盛原酒。

找到喜歡的泡盛

泡盛之店 琉夏

陳列了約200種廠牌的泡盛專賣店。最吸引人的是可用適當價格買到老闆小野先生精挑細選的泡盛。放心地請老闆推薦吧。

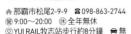

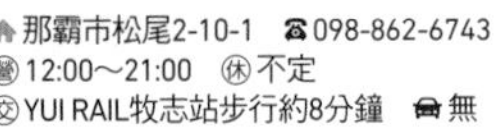

那霸市松尾2-10-1 ☎098-862-6743
營 12:00～21:00 休 不定
交 YUI RAIL牧志站步行約8分鐘 🚗 無
那霸 ▶MAP P21 D-3

WHAT IS

拱廊街

雨天也能舒適購物的拱廊街。昔日曾是通往黑市的街道，現在聚集了約700家店鋪。

拱廊街購物優點

- 價格比國際通的伴手禮店便宜，還有贈品可拿！
- 眾多商店齊聚於此，可以找到想要的東西。
- 還有多家餐飲店，逛街途中也有地方休息！

專門刨絲的工具！

買個剛炸好的開口笑當點心。

剛採收運送過來的蔬菜！

1.工藝品店、食品店等各商家櫛比鱗次。 2.以觀光客為對象的沖繩禮品店。 3.這裡是牧志公設市場的入口。 4.在水果店看到插在竹籤上的鳳梨串。 5.製作沖繩風味料理炒紅蘿蔔絲的工具。 6.開口笑一顆也賣。 7.沖繩蔬菜只看不買也好玩。 8.南國才有的小香蕉。

植物糖漿
2160日圓
加氣泡水喝就很美味。也是做菜的萬能調味料。

銀毛香片茶
1944日圓
中國福建省相當稀少的茉莉花茶。

歡迎光臨！

只賣健康產品

OKINAWA GROCERY

販售以茶葉和醬菜為首的有機蔬菜加工品小店。能找到以沖繩產地為主的嚴選食品伴手禮真令人開心。

那霸市松尾2-10-1 公設市場外圍 ☎098-866-1699
營 11:00～19:00 休 不定 交 YUI RAIL牧志站步行約10分鐘
🚗 無
那霸 ▶MAP P21 D-3

花生豆腐（大）
190日圓
淋上附的甜醬油來品嘗。現做的真是極品美味。

來吃吃看！

充滿堅果香的豆腐特產

花商

以手擰花生汁的傳統方法製作花生豆腐的專賣店。軟彈口感和香濃花生味讓人上癮。除了現做豆腐外，還有送人用的禮盒組。

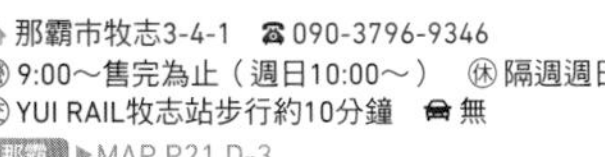

那霸市牧志3-4-1 ☎090-3796-9346
營 9:00～售完為止（週日10:00～） 休 隔週週日
交 YUI RAIL牧志站步行約10分鐘 🚗 無
那霸 ▶MAP P21 D-3

拱廊街兩旁也有建在加了頂蓋的我部川上的特有「水上店鋪」。

貓刑警Hare太朗
走遍天涯海角也要逮到鼠輩Tabi阿吉。
性格上是家貓特有的虎頭蛇尾！？

鼠輩Tabi阿吉
活躍於日本各地的起司小偷。
起司小偷逃到哪了！？

貓刑警
Hare的
追捕之旅
5

這裡是有名的
國際通！
❶

我在拱廊街看過
那個男的喔。
什麼！

是這裡吧！

哇！不小心就會
迷路的樣子。
❷

嗯！要送警局同仁的伴
手禮就在這裡買吧。
泡盛
紅芋
金楚糕

水果店
我推薦這個喔！
芒果
好啊！

這是贈送的！
❸
哇！

哎呀，
買太多了吧？
哈哈哈
買個風獅爺
怎麼樣？

被發現了♪
咻—
啊！
Tabi
阿吉！

喂，
不准逃！
抓到
再說吧～！
咚咚
咚咚
咻
嗚—
好重！

❶ 國際通（>>>P.54）是沖繩的代表性觀光景點。道路兩旁伴手禮店等林立。 ❷ 穿過國際通下一條街就是寬敞的拱廊街（>>>P.154）。賣伴手禮、食材和泡盛等的商店櫛比鱗次。拱廊街內的路有點複雜，容易迷路。 ❸ 拱廊街的店有時會有好康贈品。

TOWN

沖繩的主要觀光區

那霸・首里

Naha & Shuri

任何人到沖繩旅行都會經過的機場所在區域。這裡景點眾多，如世界遺產首里城、沖繩最熱鬧的國際通、陶器商店聚集的壺屋陶器街等。國際通巷弄內也有時髦咖啡館。

盡享美食・購物・觀光

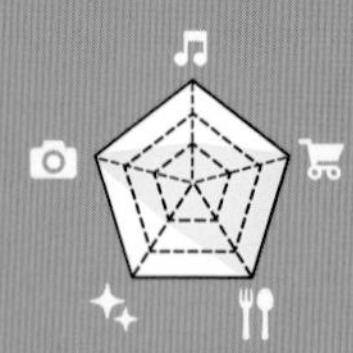

日：◎ 夜：◎

可以開心逛到晚上10點。還有多家咖啡館和居酒屋等。

1.6km長的主街道。商店招牌也很有趣。

洋溢沖繩風情的椰子樹～

風獅爺也來相迎的那霸觀光名勝。

Naha&Shuri **01**

風獅爺

國際通 從頭到尾逛透透

國際通是隨時擠滿當地民眾和觀光客的沖繩主街道。道路兩旁伴手禮店和餐飲店櫛比鱗次，只逛不買也很好玩。

發現有趣的扭蛋人偶！

BEGIN

豬肋排麵

沖繩人偶伴手禮
共11種，1次500日圓
人偶工廠海洋堂製作的當地人偶。有豬肋排麵和沖繩出身的樂團「BEGIN」等造型。

設置地點
・WASHITA SHOP國際通總店
・那霸機場
・公路休息站等
☎0120-781-581
（Kenelephant股份有限公司）

Naha&Shuri **02**

貼近沖繩傳統的 文化體驗設施

在位於國際通正中央的大樓中，作為能親身感受到沖繩文化的複合設施，就屬這裡最有人氣。除了能參加體驗教室、欣賞傳統藝能外，還可購買禮品。

實際感受沖繩文化

那霸TENBUSU

那霸市內唯一從傳統工藝至藝術表演都能體驗到的綜合性文化觀光設施。1樓是旅遊服務中心和商店（>>>P.57）

♠那霸市牧志3-2-10 ☎098-868-7810 ㊖9:00～22:00（週一～18:00） ㊡全年無休 ㊋YUI RAIL牧志站步行約5分鐘 🚗有（收費）

那霸 ▶MAP P21 D-2

自己專屬的手工伴手禮

那霸市傳統工藝館

這裡有琉球紅型、首里織、琉球玻璃、琉球漆器、壺屋燒5個體驗工作室。附設商店收集了來自各地的沖繩工藝品。

☎098-868-7866 ㊖9:00～17:00（商店10:00～20:00） ㊡全年無休 ㊫紅型體驗課1540日圓～等

體驗「吹玻璃」

奧原玻璃製造所

位於那霸市傳統公益館內，被譽為沖繩最古老的玻璃工坊。只要10分鐘就能體驗玻璃或單朵花瓶的製作工程。

☎098-868-7866（那霸市傳統工藝館） ㊖9:00～18:00（體驗課10:00～17:00） ㊡週四 ㊫琉球玻璃體驗課2700日圓～

也可購買作品。

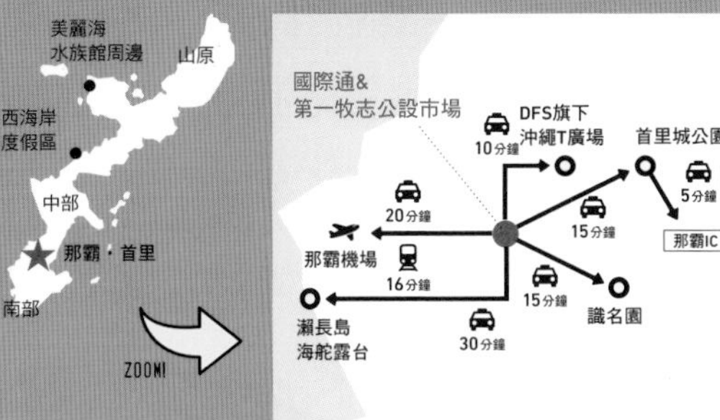

首里城公園
沖繩世界遺產之一。朱紅色的建築相當漂亮。>>>P.70

Naha&Shuri 03

在屋台村大啖當地小吃

從國際通彎進來的龍宮通上，有沖繩餐館聚集的美食街。從白天營業到深夜，不僅提供午餐還是夜間居酒屋。

20家特色小吃攤林立的國際通屋台村。

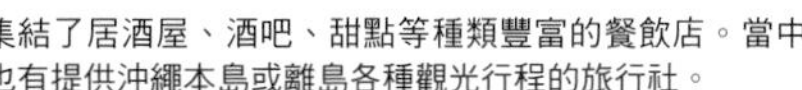

續攤真開心

國際通屋台村

集結了居酒屋、酒吧、甜點等種類豐富的餐飲店。當中也有提供沖繩本島或離島各種觀光行程的旅行社。

那霸市牧志3-11-16、17　☎無　㊙11:00～（關門時間依店鋪而異）　㊡全年無休　㊯YUI RAIL牧志站步行約4分鐘　🚗無

那霸 ▶MAP P21 D-2

招牌菜村咲麵
700日圓

來自渡嘉敷的沖繩麵

村咲麵From TOKASHIKI

麵條摻了慶良間群島中渡嘉敷島產的黑米，口感彈牙！

☎070-5693-9338　㊙11:00～23:00
㊡週三

水雲沙拉（附南蠻沾醬）550日圓

推薦鮮魚料理

島酒和酒餚

吃得到沖繩料理和泡盛的居酒屋。也有100種以上的泡盛調酒。

☎無　㊙11:00～凌晨1:00
㊡全年無休

Naha&Shuri 04

在迷你沖繩美麗海水族館觀賞熱帶魚

不能前往本部的沖繩美麗海水族館時，可以去看那霸國際通上的迷你水族箱。有小丑魚和花園鰻。

那霸市內的水族館資訊發射站

Umichurara

沖繩美麗海水族館的直營店。除了水族館自有品牌商品外，還有展示熱帶魚的水槽。

那霸市久茂地3-2-22 JA Dream館2F　☎098-917-1500　㊙10:00～22:00　㊡全年無休　㊯YUI RAIL縣廳前站步行約4分鐘　🚗無

那霸 ▶MAP P20 B-3

可以看到沖繩的熱帶魚。

國際通屋台村每家店鋪的營業時間不同。如果有想去的店或想吃的菜，就事先上網確認營業時間吧。

香濃蛋糕捲450日圓和
尼爾吉里紅茶520日圓。

Naha&Shuri 05

浮島通的時髦咖啡館&雜貨小店巡禮

從國際通稍微走遠些，周遭氣氛為之一變。出現品味出眾的咖啡館和雜貨店林立的時髦街道。前往最近頗受歡迎的浮島通吧。

\ 請自由取閱推薦書籍。/

一書在手的閒適時刻

cafe Planula

位於浮島通上，裝潢可愛的小咖啡館。以軟水沖泡高級茶葉，擁有20多種嚴選紅茶。也推薦自製蛋糕捲。

那霸市壺屋1-7-20　☎090-943-4343　營13:00～20:00
休週二、三　交YUI RAIL牧志站步行約12分鐘　🚗無
那霸 ▶MAP P21 D-3

漂亮二手衣就在這裡

SHE used & vintage clothing

以熟女為對象的二手衣店。店長自己採購的品項都是單件就能左右穿搭的時髦商品。

那霸市松尾2-12-36 M-2543BL1-B
☎無　營13:00～20:00　休週三、不定　交YUI RAIL牧志站步行約11分鐘
🚗無
那霸 ▶MAP P20 C-3

耳針4536日圓等等單件首飾。

位於浮島通的小店鋪。

有好多別緻用品！

1980日圓
復古馬克杯

店內是趣味寶山

Jisakasu

店內充滿老闆挑選的美日二手或庫存家具和雜貨。也有風獅爺或Orion啤酒等沖繩才有的特色用品。

那霸市牧志3-4-6　☎098-943-1154　營11:00～19:00
休不定　交YUI RAIL美榮橋站步行約10分鐘　🚗無
那霸 ▶MAP P21 D-3

\ 我們在復古民宅等您。/

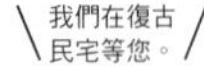

在櫃台買票。

Naha&Shuri 06

前往洋溢藝術氣息的櫻坂通

櫻坂通地標櫻坂劇場的歷史源自「珊瑚座」小劇場。目前則是電影院。前往吸引古今文藝愛好者的地區看看吧。

沖繩文化景點

櫻坂劇場

有電影、現場演唱、咖啡館和雜貨店等的沖繩文化發射基地。也有實驗性質的工作室。

那霸市牧志3-6-10
098-860-9555 營 9:30～終場電影播畢（依放映時間而異） 休 全年無休
交 YUI RAIL牧志站步行約5分鐘 🚗 無
那霸 ▶MAP P21 D-3

看完電影的午茶時光也很充實

珊瑚座廚房

位於櫻坂劇場內的自助式開放咖啡館。可以在木製露台上享用美味手工料理。

那霸市牧志3-6-10 ☎098-860-9555
營 9:30～22:00 休 全年無休 交 YUI RAIL牧志站步行約5分鐘 🚗 無
那霸 ▶MAP P21 D-3

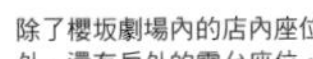
除了櫻坂劇場內的店內座位外，還有戶外的露台座位。

看完電影順便過來休息一下。
蛋糕和飲料套餐700日圓。

店內展示區也很可愛。

呆萌的表情令人莞爾一笑

Road Works

琉球玩具專賣店。有很多表情可愛，光看就很溫馨的玩偶。

那霸市牧志3-6-2 ☎098-988-1439 營 10:00～18:00 休 週日 交 YUI RAIL牧志站步行約10分鐘 🚗 無
那霸 ▶MAP P21 D-3

各1080日圓
紙山羊
1944日圓
沖繩趣味紙牌

Naha&Shuri **07**

在新天堂通購買藝術家設計商品

新天堂通是位於國際通旁邊的小巷。正式名稱為「新成通」。目標是到販售沖繩當地藝術家創作品的人氣商店「tuitree」，採購自用伴手禮！

古民宅雜貨小店

tuitree

店內販售的都是老闆近岡先生細心挑選的精品。有沖繩縣內外的文創品和縣產食品。

⌂ 那霸市牧志1-3-21 ☎ 098-868-5882 營 12:00～19:00 休 週三、四，週日不定 ⊗ YUI RAIL美榮橋站步行約6分鐘 🚗 無

那霸 ▶MAP P20 C-2

1200日圓

留言盒（kotohanoie）

單個2360日圓

鴿子黃銅耳環（Ci.cafu）

店內擺滿商品。

建議以步行的方式逛壺屋陶器街。

Naha&Shuri **08**

前往壺屋陶器街尋找手感佳的陶器

在那霸要找陶器，建議到集結沖繩縣內工作室作品的「壺屋陶器街」！約500m長的街道兩側有40多家商店林立，一定可以找到喜歡的器皿。

3780日圓

正方形盤

1944日圓

水杯（小）

早餐時想用的器皿

guma guwa

壺屋燒窯廠「育陶園」的直營店。有很多挑戰傳統花色，如象徵太陽的菊紋圖案等的年輕陶藝家作品。育陶園也位於壺屋陶器街附近。

⌂ 那霸市壺屋1-16-21 ☎ 098-911-5361 營 10:30～18:30 休 全年無休 ⊗ YUI RAIL牧志站步行約9分鐘 🚗 無

那霸 ▶MAP P21 E-3

3888日圓

附蓋儲物罐

2376日圓

4.5寸碗

日常好用的器皿

Kamany

作品多為融合傳統深入生活的美麗器皿。呈現年輕陶藝家自由感性的明亮器皿令人印象深刻。除了陶器，也販售玻璃或布製品。

⌂ 那霸市壺屋1-22-37 ☎ 098-911-6664 營 10:30～18:30 休 不定 ⊗ YUI RAIL牧志站步行約9分鐘 🚗 無

那霸 ▶MAP P21 E-3

街道兩旁店家林立。

Naha&Shuri 09

那霸市內唯一的海水浴場！♪

在都會感強烈的那霸市，想不到有交通方便可以游泳的海灘！也有淋浴等設備，是能玩到最後一天再上飛機的推薦景點。

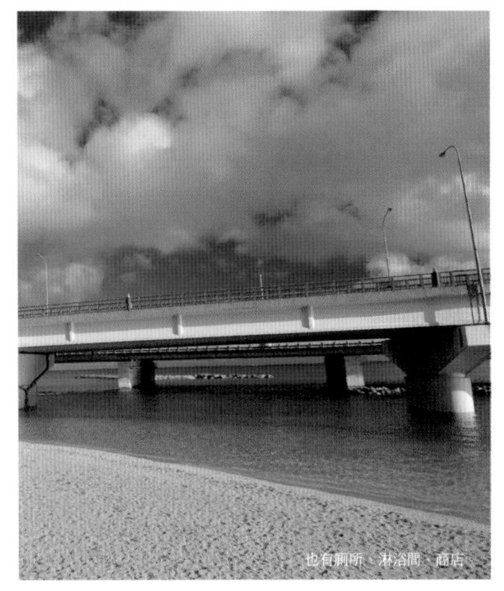
也有廁所、淋浴間、商店

當地人也愛來的人氣海灘

波之上海灘

從國際通開車10分鐘，位於那霸市西部的波之上海空公園內。也提供遮陽傘租借服務（付費）。

那霸市辻3-3-1　☎098-863-7300　營9:00～18:00（依時期而異）　休開放期間無休（戲水期間4～10月）　交從那霸IC約9km　有（收費）

那霸 ▶MAP P18 C-1

宛如南歐度假村的白牆建築。

Naha&Shuri 10

在海舵露台逛到上飛機前

海舵露台交通方便，從那霸機場開車15分鐘即可抵達。前往機場前順道過來，盡情享受旅行最後的大採購和美食。

那霸機場附近的島嶼度假村

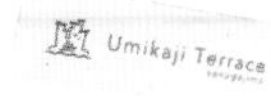

瀨長島海舵露台

沿著瀨長島西海岸興建的度假型商業設施。聚集40家以上的餐廳和商店。

豐見城市瀨長　☎098-851-7446（瀨長島觀光協會）　營10:00～21:00（依店鋪而異）　休全年無休（依店鋪而異）　交從那霸機場約6km　有

那霸 ▶MAP P18 A-3

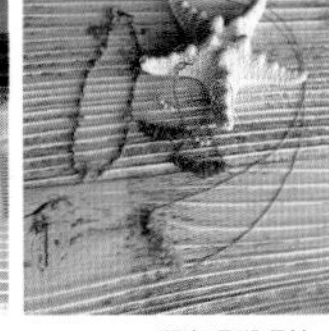
深海珊瑚項鍊8640日圓。

沖繩風飾品

BRANCHES by TILLA EARTH

2011年誕生於石垣島。以藍海或珊瑚礁等為主題，設計樂遊概念的飾品。

☎098-996-1388　營10:00～20:00　休全年無休

開口笑130日圓，放上冰淇淋250日圓。

請享用剛炸好的點心！

新型態開口笑

KAME ANDAGI

咖啡館風格的開口笑專賣店。放上冰淇淋等享用的新滋味。

☎098-851-4171　營10:00～21:00　休全年無休

洋溢純樸的沖繩風情

南部

Nanbu

地域色彩濃厚，氣氛優閒的南部區域，是邊看海邊輕鬆歇息的隱密咖啡館寶庫。還有多處留存第二次世界大戰悲傷回憶的景點，讓人真切感受到和平的可貴。

多處遺跡&海景咖啡館

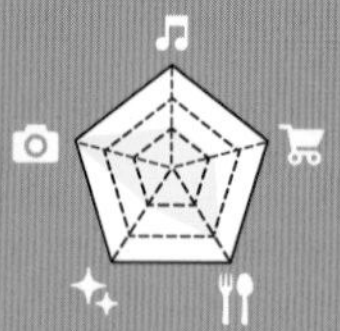

日：◎ 夜：△

走訪有關沖繩戰役的資料館等景點，在沿海咖啡館歇息片刻。

從機場出發

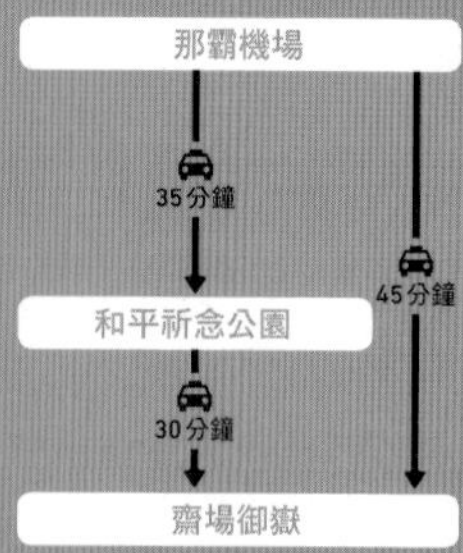

寬敞的公園內除了資料館外還有草皮廣場。

Nanbu 01

在沖繩戰役遺址 靜靜地祈求和平

1945年3月26日美軍在慶良間群島登陸，掀起持續3個月的沖繩戰役。曾是最後戰場的南部，包括平民多人喪生於此。在激戰地追思戰爭的慘烈與和平的重要。

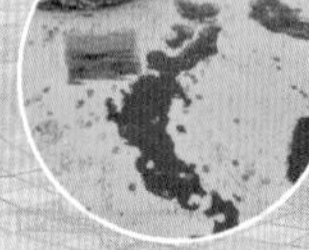

和平之火

座間味村阿嘉島的火和核爆地廣島市的「和平之燈」、長崎市的「誓言之火」合力點燃的燈。

祈求世界沒有戰爭

和平祈念公園

在沖繩戰役的終戰地點興建的公園。園內有傳達戰爭實景的資料館，以及和平分散各處以鎮魂、祈禱、和平為題的慰靈塔。

系滿市摩文仁444 ☎098-997-2765 營8:00～22:00 休全年無休 費自由參觀 交從那霸機場約17km 🚘有

南部 ▶MAP P4 C-3

摩文仁之丘

建立收納超過18萬具遺骨的國立戰亡者墓碑和各縣市的紀念碑等。

和平之礎

不分敵方、軍方或百姓，刻上死於沖繩戰役的24萬名亡者姓名。

沖繩和平祈念堂

1978年開堂。堂內設有和平的象徵，高12m的沖繩和平祈念佛像。

沖繩縣和平祈念資料館

展示約2100件戰爭資料。希望後人記取悲慘的沖繩戰役教訓，並祈求和平。

WHAT IS

該知道的2個關鍵字

沖繩戰役

1945年太平洋戰爭末期，美軍登陸沖繩。展開日本國內規模最大的陸地戰爭，陣亡者多達24萬餘人。

慰靈日

沖繩縣將6月23日定為追悼沖繩戰役犧牲者的日子。每年舉辦悼念儀式。

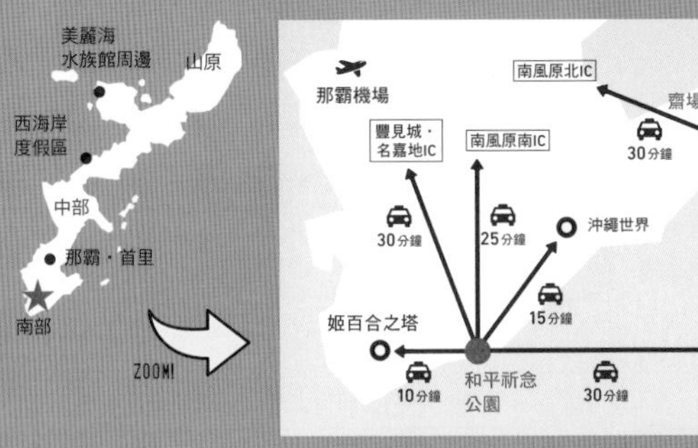

甘加拉山谷
鐘乳石洞天井坍塌
形成的神祕山谷。
>>>P.64

悼念天真的女學生們

姬百合之塔・姬百合和平祈念資料館

沖繩戰役動員了240名學生與老師組成姬百合學生隊，有半數以上犧牲陣亡。資料館中傳達出戰爭的實景。

系滿市伊原671-1　☎098-997-2100
㊮ 9:00～17:00　㊡ 全年無休　㊫ 310日圓（姬百合之塔自由參觀）　㊇ 從那霸機場約14km　🚗有
南部 ▶MAP P4 B-3

可聽到倖存者的證詞。

時空系列展示館重現當時情景。

追悼死於沖繩戰役的女學生、教職員的石碑。

眾多將領在此地戰死。

保留戰爭當時原貌

舊海軍司令部壕

日本海軍沖繩基地營隊設置指揮中心的人工壕溝。內部全長450m，保留當時司令官室、醫療室的原貌。

豐見城市豐見城236　☎098-850-4055
㊮ 8:30～17:00（7～9月～17:30）　㊡ 全年無休　㊫ 440日圓　㊇ 從那霸機場約5km　🚗有
南部 ▶MAP P18 C-3

山丘上豎立著紀念碑。

出口有禮品店。

姬百合和平祈念資料館中，必看倖存者留下的「證言筆記」。有不少人在此逗留好幾個小時。

Nanbu 02

在無敵海景咖啡館享受優閒時光

南部海岸沿線是以海景為賣點的咖啡館寶庫。在遠離塵囂的安靜環境下，一邊吹著宜人海風，一邊度過閒適的咖啡時光。

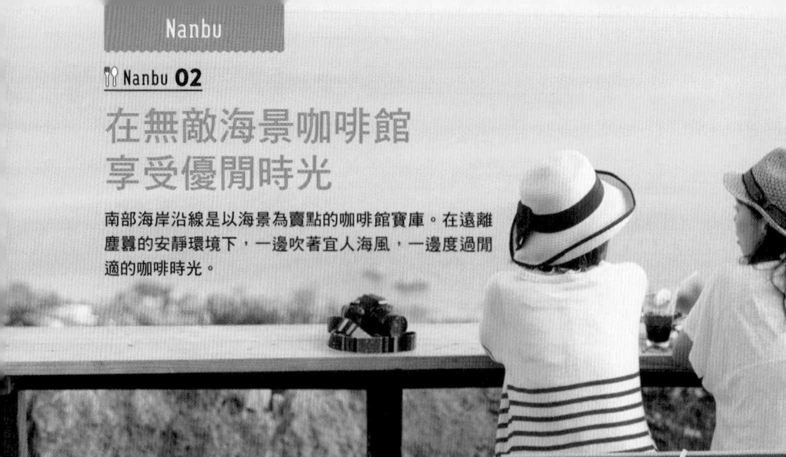
面海的露天座位先搶先贏。

視野開闊的海平面

薑黃花咖啡館（Cafe Kurukuma）

有40席可眺望太平洋全景的吧台區。推薦泰國主廚的道地泰國菜和添加無農藥香草的創意料理。

南城市知念1190　☎098-949-1189　營 10:00～20:00（10～3月～18:00、週二～17:00）　休 全年無休　交 從南風原南原IC約15km　🚗有

南部 ▶MAP P5 F-1

朱槿花茶420日圓

芒果森林520日圓，芒果直接冷凍做成的甜品。

占地廣闊，處於大自然的包圍下。

甘蔗醋藍莓果汁600日圓。

窗外整片的藍色世界

Cafe Yabusachi

位於俯瞰大海的高地上，從店內大窗望出去是海天一色的風景。招牌菜是使用當地蔬菜做成的料理和甜點。也有開放式露天座位區。

南城市玉城百名646-1　☎098-949-1410　營 11:00～日落　休 週三（若遇假日照常營業）　交 從南風原南IC約12km　🚗有

南部 ▶MAP P5 E-2

請來嘗嘗手工料理。

視野超棒的2樓露天座位區。

眺望大海的小木屋

風樹咖啡館

小木屋風格的咖啡館，露台上撒下的樹梢光影令人印象深刻。一邊遠望大海，一邊品嘗自製甜點或午餐。

南城市玉城垣花8-1
☎098-948-1800　營 11:30～17:00
休 週二　交 從南風原南IC約11km
🚗有

南部 ▶MAP P5 E-2

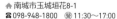

塔可飯1000日圓。

也有人在海中騎馬。

人煙稀少的祕境海灘

百名海灘

白沙連綿的美麗淺灘。據說是琉球神話的神明，阿摩美久初次踏上的土地，靜謐的環境充滿魅力。不提供廁所或淋浴間。

南城市玉城百名　☎098-917-5387（南城市觀光商工課）　㊢㊡自由戲水
㊋從南風原南IC約12km　🚗無
南部 ▶MAP P5 E-2

Nanbu 03

保有天然景致的祕境海灘

沖繩海灘有私人管理的公共海灘和未經人工雕琢的天然海灘。雖然保有較多天然景致且對外開放，但下海遊玩時也要特別小心不要受傷或發生意外。

上：人氣海灘咖啡館，Kalika食堂（>>>P.110）。
下：從小路眺望海洋絕景。

也能玩水上活動

新原海灘

穿過民宅聚集的小路，藏身其間的海灘就在眼前出現。擁有令人驚豔的天然美景，如巨大岩石或透明度高的海水等，也設有淋浴間、廁所及水上活動區，設備齊全。

>>>P.29

Nanbu 04

在「漁夫」島品嘗名菜天婦羅

以「漁夫島」聞名的奧武島，漁夫鎮特有的淳樸活力風情，和新鮮海產做成的美食頗具魅力。請務必前來品嘗最受歡迎的沖繩天婦羅。

曬南魷的景象是奧武島的夏季風情。

近年來備受矚目的「漁夫島」

奧武島

周長約1.6km的小島，以93m長的橋樑和沖繩本島連接。是漁業興盛的城鎮，有很多觀光客前來採購新鮮海產美食。

南城市玉城奧武　☎098-946-8817（南城市觀光商工課）　㊋從南風原南IC約16km　🚗有
南部 ▶MAP P5 E-2

民宅聚集於島中央的高台上。

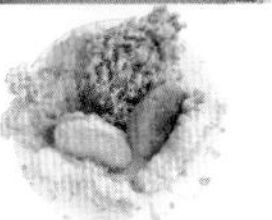
可依喜好淋上醬汁或醬油。

排隊必吃！名產天婦羅

中本天婦羅店

新鮮魚肉裹上大量麵衣炸成的沖繩天婦羅名店。以特產水雲天婦羅為首，魚類和烏賊天婦羅每個都是65日圓，就像在吃點心。

南城市玉城奧武9　☎098-948-3583
㊢10:00～18:00（4～9月～18:30）　㊡週四
㊋從南風原南IC約16km　🚗有
南部 ▶MAP P5 E-2

奧武島是盛行龍舟競賽的島嶼。每年初夏的海神祭典上可以看到雄壯的漁船競賽。

充滿美式情懷

中部

Chubu

浦添市、宜野灣市、北谷町、嘉手納町等保有濃厚美國文化的中部區域。在頗受歡迎的港川外國人住宅區，有多家由時尚外國住宅改建成的咖啡館和雜貨店。開車兜風的話，必去海中道路！

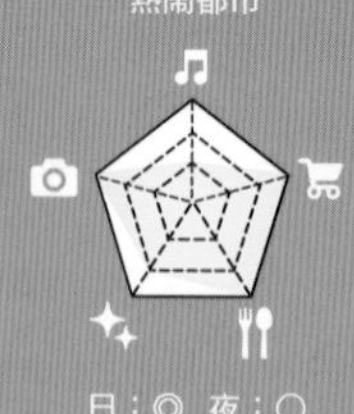

日：◎ 夜：○

有大型購物商城相當方便。晚上北谷町附近很熱鬧。

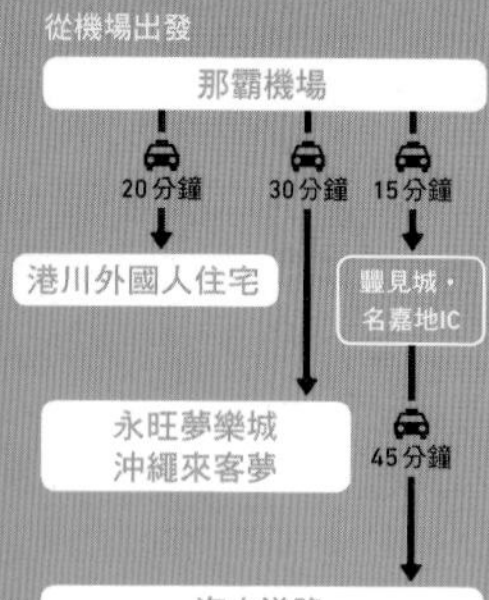

Chubu 01

到港川外國人住宅區享用午餐和點心

外國人住宅是昔日駐守沖繩的美軍及眷屬居住的房屋。現在則修建成多家時髦咖啡館。

可愛水果塔專賣店

〔oHacorté〕港川總店

使用大量當季水果做成的手工水果塔很受歡迎。塔皮是直徑7cm的1人份size。常態提供7～11種口味。

浦添市港川2-17-1 #18 ☎098-875-2129 營11:30～18:00 休全年無休 交從西原IC約6km 🚗有

中部 ▶MAP P7 F-2

綜合季節水果塔626日圓。

辣味雞肉咖哩840日圓。

女性也能進來的拉麵&咖哩店

琉球拉麵 香料咖哩teianda

位於那霸的「teianda麵店」（>>>P.87）2號分店。結合數種辛香料熬成的咖哩，和用自製沖繩麵煮的拉麵很好吃。

浦添市港川2-10-8 #58 ☎098-876-5628
營11:00～16:00 休週一（若遇假日則順延至隔天）
交從西原IC約6km 🚗有

中部 ▶MAP P7 F-2

店內裝潢也很有看頭！

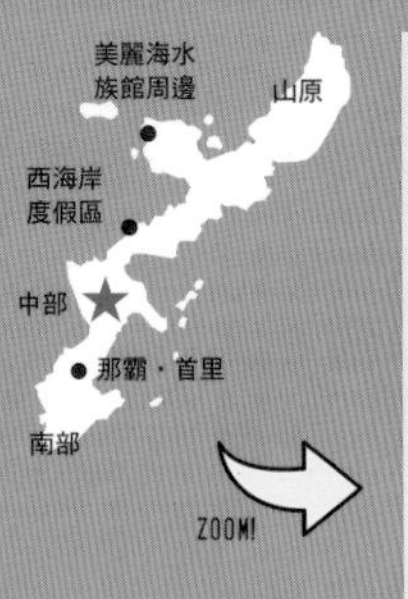

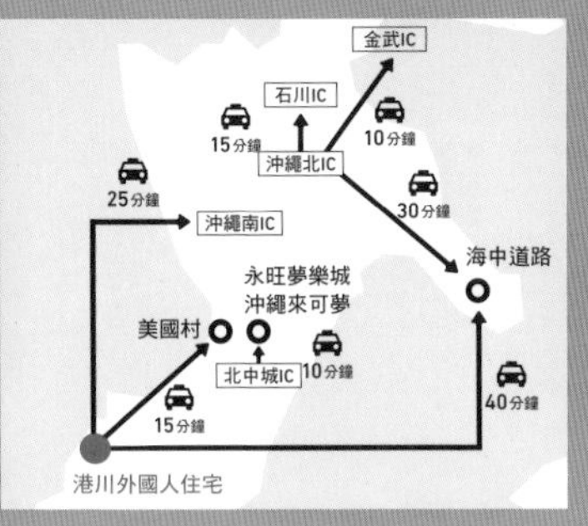

海中道路
連接沖繩本島和平安座島的橋樑。左右放眼望去都是美麗大海。>>>P.173

Chubu **02**

在港川外國人住宅商店尋找喜愛的商品

此區集結多家特色小店，如閃耀品味的精品店或美式復古二手衣店等。因為外國人住宅集中在一處，方便走訪各店。每家都逛找出喜歡的商品吧。

白牆上窗戶和門的彩色油漆相當可愛。

專賣高質感雜貨

PORTRIVER MARKET

嚴選「食、衣、住」商品的生活精品店。從有機食材到沖繩藝品陶器，以專業眼光挑選好貨。

浦添市港川2-15-8 #30 ☎098-911-8931
營 9:00～18:00（週二、四、六12:30～）
休 週日、假日 交 從西原IC約6km 🚗有
中部 ▶MAP P7 F-2

自創品牌HAROINA的耳環

1萬8144日圓
一字領上衣

1萬584日圓
托特包

以「成熟休閒」為主題

藤井服飾店

總店位於長崎的精品店。主要販售日本國內外品牌的男女服飾單品。每件都充滿復古時髦感。

浦添市港川2-15-7 #29 ☎098-877-5740
營 11:30～19:00（週五～日11:00～） 休 週三
交 從西原IC約6km 🚗有
中部 ▶MAP P7 F-2

除了服飾單品，還有生活雜貨。

〔oHacorté〕港川總店是沖繩知名的水果塔專賣店。那霸市內則有麵包坊姊妹店（>>>P.119）。

慢慢休息吧。

Chubu 03

最夯熱點！到北中城區的嚴選咖啡館

因為永旺夢樂城沖繩來客夢的開幕，讓北中城村備受矚目。氣氛佳的商店，如外國人住宅改建成的咖啡館和店鋪等越來越多。

爬滿常春藤的外國人住宅修建成咖啡館。

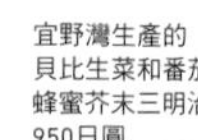

沖繩麵包咖啡館

PLOUGHMAN'S LUNCH BAKERY

位於山丘上的獨棟咖啡館。寬敞的庭園景致相當漂亮。自製麵包採用葡萄乾酵母，有時中午前就賣光了。

北中城村安谷屋927-2 #1735　☎098-979-9097
營 8:00～15:00　休 週日　交 從北中城IC約2km
🚗 有
中部 ▶MAP P8 B-3

宜野灣生產的貝比生菜和番茄蜂蜜芥末三明治950日圓

周圍種滿椰子樹和刺桐的庭園很漂亮。

附湯和飲料的午餐，1380日圓。

請享用健康午餐！

來場身心森林浴

GREEN GREEN

綠意環繞下的靜謐咖啡館。自大片玻璃窗灑進來的柔和陽光很療癒。提供選用大量縣產食材烹調而成的料理。

北中城村渡口953　☎098-800-2058
營 11:00～16:30　休 全年無休
交 從北中城IC約3km　🚗 有
中部 ▶MAP P8 C-3

Chubu 04

時下最夯區域就在這裡 石川曙的外國人住宅咖啡館

面向本島東海岸的宇流麻市石川曙，是外國人住宅改建成的話題咖啡館集中區。還有除了空間外連餐點也講究的人氣商店。

法式鄉村肉醬三明治 1000日圓。

對麵包也很講究的庫克先生三明治。

想長住於此的優閒咖啡館

NIWA CAFE

使用向契作農家進貨的無農藥蔬菜製作餐點。推薦自製布里歐許土司做成的庫克先生三明治（1100日圓）及塔點。

宇流麻市石川曙1-8-13 ☎098-927-8607
營 11:00～17:00（週五、六11:00～17:00、18:30～22:00） 休 週一、日 交 從石川IC約2.5km 🚗無
中部 ▶MAP P8 C-1

也提供早餐的健康咖啡館

Capful

以藜麥沙拉等健康取向的餐點頗受好評的咖啡館。一大早就開店，提供法國土司等早餐選項。附設於夏威夷風格的外國人住宅飯店Cailana>>>P.198，庭院中停放著古董車，洋溢美式情懷，相當迷人。

>>>P.119
中部 ▶MAP P8 C-1

Chubu 05

購買藝術家的精心傑作當伴手禮

不只是漂亮！精品店內網羅多位藝術家用心製作的沖繩當地手工藝品。除了受歡迎的陶器和琉球玻璃外，還有沖繩圖案的手巾等，買來送給重要的人吧。

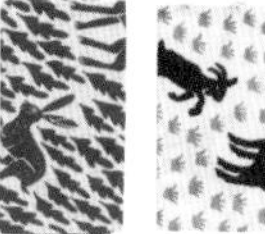

1000日圓～
Doucatty的手巾

12000日圓
香月舍的水罐

販售藝術家器皿

mofgmona no zakka

網羅縣內藝術家製作的陶器或琉球玻璃等器皿的精品店。3層樓高的單間建築物，1樓是咖啡館。>>>P.141

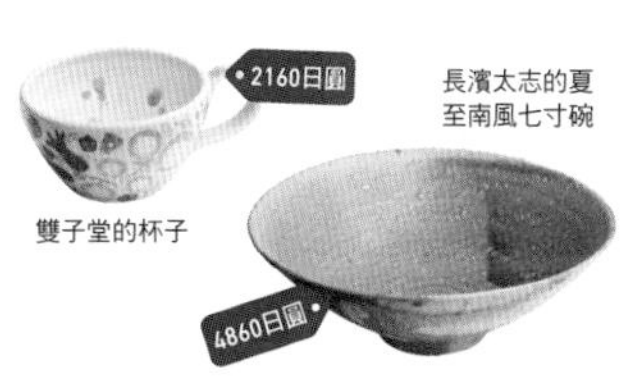
2160日圓
雙子堂的杯子
長濱太志的夏至南風七寸碗
4860日圓

在玄關脫鞋後進入店內。

暖心質樸雜貨

雜貨屋〔そ-SO〕

收集來自日本各地日常用得到的手工雜貨。也有多款藝術家器皿或手巾等高質感沖繩縣內商品。

宜野灣市大謝名1-24-18 ☎098-898-4689
營 12:30～19:00 休 週三、四（時有臨時休息）
交 從西原IC約4km 🚗有
中部 ▶MAP P7 D-1

北中城村的其他推薦去處還有精品店ten（>>>P.140）、超人氣牛排館Pub Lounge Emerald（>>>P.98）。

Chubu 06

在美軍基地社區的美國×沖繩文化老街閒逛

位於嘉手納基地、漢森營附近的胡差和金武，現今仍保有濃厚的美國色彩。街景特殊外，還有多處老建築和美式景點。

KOZA

胡差

胡差是美軍基地的周邊社區，60～80年代為縣內首屈一指的繁華街區。保有往日的懷舊氣氛。

深入此區

KOZA機場大街

從美軍基地大門到國道330號的街道。道路兩旁昔日以美軍為對象的酒吧和外國人經營的商店林立，充滿日本不曾見過的神祕風情。

沖繩市上地 ☎098-989-5566（沖繩觀光物產振興協會） 從沖繩南IC約1km 有（付費）

中部 ▶MAP P8 C-2

必吃美食

塔可餅
說到胡差的知名美食就是這個。位於胡差的創始店相當有名。

名店
CHARLIE多幸壽>>>P.103

KIN

金武

設有美軍基地，充滿異國風情的街道。是70年代繁華一時的美軍住宅區。現在仍留有濃厚的美國文化色彩。

深入此區

金武新開地

這裡曾發展為美軍娛樂街，街上多是寫著英文的招牌，外牆塗得五顏六色的建築。在洋溢復古美式氛圍的街上優閒散步吧。

金武町金武 ☎098-968-3236（金武町產業振興課） 從金武IC約3km 有（付費）

中部 ▶MAP P11 D-3

NICE

必吃美食

塔可飯
用飯代替墨西哥薄餅的塔可飯發源地。

名店
KING TACOS金武總店>>>P.102

跨越金武灣的海中道路。

Chubu 07

穿過海中道路 怡然自駕到離島！

經由中部地區東海岸的美景勝地海中道路，將腳步延伸到平安座島或伊計島。開車漫遊離島觀光景點。

暢快奔馳在海上！

海中道路

連接沖繩本島到平安座島，全長約4.8km的海上道路。中途有觀景台和海之驛站，最適合享受兜風之樂！

宇流麻市與那城屋平　☎098-894-6512（沖繩縣土木建築部中部土木事務所維持管理班）　㊖自由通行　㊛從沖繩北IC約13km（到海中道路西口）　🚗有

中部 ▶MAP P9 E-2

海中道路補給站

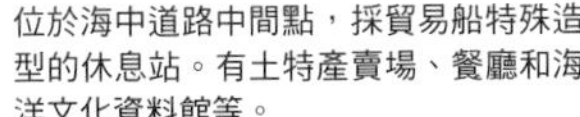

海之驛站 Ayahashi館

位於海中道路中間點，採貿易船特殊造型的休息站。有土特產賣場、餐廳和海洋文化資料館等。

宇流麻市與那城平4　☎098-978-8830　㊤9:00～18:00　㊡全年無休　㊛從沖繩北IC約13km　🚗有

中部 ▶MAP P9 E-2

2位神明生活的地方

シルミチュー-Shirumichu

濱比嘉島上的能量景點。據說琉球創世神，阿摩美久和志仁禮久在此定居生活。也是求子聖地。

宇流麻市勝連比嘉　☎098-923-7634（宇流麻市商工觀光課）　㊛從沖繩北IC約21km　🚗無

中部 ▶MAP P9 E-3

保存沖繩原始風貌的寧靜島嶼

伊計島

穿過海中道路，再度過伊計大島後抵達的島嶼。一望無際的甘蔗田，充滿恬靜氣氛頗具魅力，海水透明度高的伊計海灘等值得一看。

宇流麻市與那城伊計　☎098-923-7634（宇流麻市商工觀光課）　㊛從沖繩北IC約28km　🚗有

中部 ▶MAP P9 F-1

浮潛人氣潛點大泊海灘。

海岸沿線度假飯店林立

西海岸度假區

Nishikaigan Resort

在讀谷村到恩納海岸、部瀨名岬周邊的西海岸沿線，有多家豪華度假飯店面海而立。建議可到飯店輕鬆做SPA、游泳或到陶器之鄉購物。

絕景度假飯店

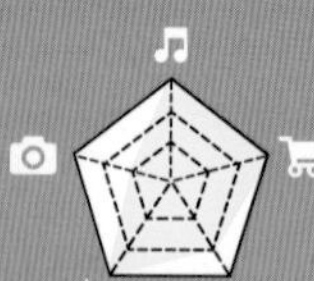

日：◎ 夜：○

白天可以享受大海之美，西海岸也有多處夕陽景點。

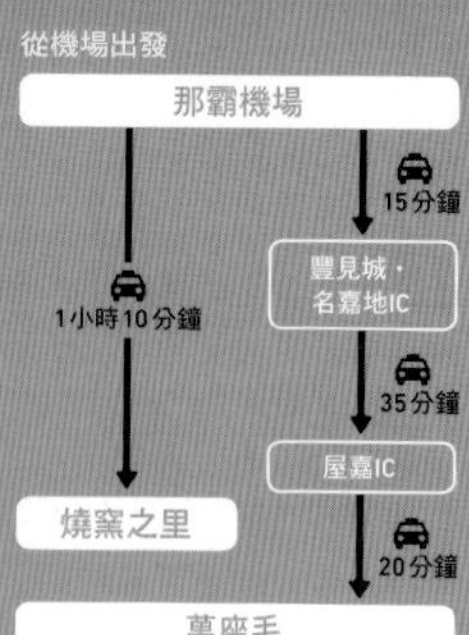

香檳&午茶套餐
4000日圓（兩人分）
前菜和原創司康等組合，搭配香檳。

Nishikaigan Resort 01

在度假飯店咖啡廳度過奢侈的午茶時光

味道和服務均屬上乘，能感受到奢侈氣氛的飯店設施。因為大部分度假飯店的餐廳和咖啡廳都對外開放，可自由入內用餐。

享用優雅的英式下午茶

Living Room「Maroad」

位於豪華度假村部The Busena Terrace內的大廳酒吧，在優閒氣氛中享受午茶時光。推薦下午茶套餐。

名護市喜瀨1808 ☎0980-51-1333（The Busena Terrace）
營10:00～22:00 休全年無休
交從那霸機場約57km、許田IC約5km
有

西海岸度假區 ▶MAP P11 D-2

城山漢堡
1836日圓
可以一次吃到3種口味的漢堡，挑戰高20cm的超大尺寸。

在遮陽傘下休息

Tip Top

位於沖繩文藝復興度假村泳池畔，提供輕食餐點的自助餐廳。招牌菜是一天限定20個的城山漢堡。

恩納村山田3425-2 ☎098-965-0707（沖繩文藝復興度假村） 營11:00～17:00 休冬季休息
交從那霸機場約49km、石川IC約4km 有

西海岸度假區 ▶MAP P10 A-2

位於泳池邊，穿泳衣入座也OK。

美麗海水族館周邊
山原
西海岸度假區
中部
那霸・首里
南部
ZOOM!

萬座毛
30分鐘
許田IC
15分鐘
20分鐘
恩納海岸
屋嘉IC
殘波岬
20分鐘
20分鐘
琉球村
30分鐘
燒窯之里

萬座毛
位於恩納村的風景名勝。從斷崖看出去的海天一色堪稱絕景。

莓果鬆餅750日圓
鬆軟的鬆餅搭配鮮奶油和2種莓果醬。

Nishikaigan Resort **02**

大口咬下洋溢南國風情的鬆軟鬆餅！

在日本掀起熱潮的鬆餅，到了沖繩還是大受歡迎。早餐或點心時刻就來吃不輸給夏威夷當地的美味鬆餅吧！

連沖繩當地的外國人都愛吃

PANCAKE HOUSE JAKKEPOES

美國早餐必備的鬆餅是咖啡館引以為傲的餐點。再加200日圓就能多加冰淇淋。店內有不少當地美國居民。

讀谷村都屋436 #44　098-894-4185　營 9:00～15:30（週六、日8:00～15:30）　休 週二、三　交 從沖繩北IC約14km　有

西海岸度假區 ▶MAP P8 A-2

Nishikaigan Resort **03**

令人陶醉的景觀咖啡館視野絕佳

縱貫西海岸南北的國道58號線兩旁，有多家頗受歡迎的海景咖啡館和餐廳！無論是白天的海景，或是落日沉入海平面的夕陽時刻都不容錯過。

森林前方的海景

土花土花咖啡藝廊

陶藝家玉田彰經營的咖啡館。從突出森林上方的露天座位區可以欣賞到美麗的海岸線。附設陶藝體驗教室「青風窯」。

恩納村前兼久　098-965-1666
營 11:00～18:00　休 週日
交 從石川IC約5km　有

西海岸度假區 ▶MAP P10 B-1

土花土花手工披薩
1450日圓
招牌菜是加了大量蔬菜的現烤披薩。

The Busena Terrace（>>>P.188）的露天海景咖啡館「La Tida」也值得推薦。傍晚時泳池畔還有薩克斯風的現場演奏。

Nishikaigan Resort 04

在陶藝家聚集的燒窯之里開心採購！

讀谷村的「燒窯之里」聚集了16家工作室。不少工作室設有商店或藝廊，可用窯廠價格買到人氣陶藝家的作品。
一邊尋找喜歡的商店一邊閒逛也很愉快。

送入登窯燒製的陶器製作風景。

融合傳統和獨創性

讀谷山燒 北窯商店

與那原正守、宮城正享、松田米司和松田共司4位共同窯廠出品的陶器直營店。特色是能選購各個陶藝家的作品。

>>>P.134

972日圓

松田米司製作的湯碗

網羅風格迥異的陶藝家

讀谷山燒 共同直營店

金城明光、玉元輝政、山田真萬和大嶺實清，4家風格獨特的窯廠作品齊聚一堂的共同商店。

讀谷村座喜味2653-1 ☎098-958-4468
營 9:30～18:00（11～4月～17:30）
休 週二 交 從石川IC約10km 🚗有
西海岸度假區 ▶MAP P9 E-1

1700日圓

馬克杯

器皿圖案特殊頗受歡迎

山田藝廊

陳列山田真萬特色作品的藝廊。有多款圖案生動令人印象深刻且觸感溫潤的名品。

讀谷村座喜味2653-1 ☎098-958-3910
營 11:00～12:00、13:00～17:00 休 不定
交 從石川IC約10km 🚗有
西海岸度假區 ▶MAP P9 E-1

5500日圓～

7寸盤

藝廊咖啡館也很推薦！

飲料也是用燒陶盛裝提供。

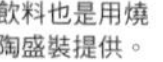

2200日圓

杯盤組

陶藝家經營的咖啡館

森之茶家藝廊

金城明光的藝廊兼咖啡館。用自家陶器盛裝的沖繩煎餅頗受歡迎，適合當午餐。

讀谷村座喜味2653-1 ☎098-958-0800 營 12:00～19:00 休 不定
交 從石川IC約10km 🚗有
西海岸度假區 ▶MAP P9 E-1

藉由手作體驗完成充滿回憶的紀念品！

親手製作風獅爺或織品等，完成自我風格的紀念品設施！有的課程1～2小時就能完工，有的則是做完後再幫忙寄回。

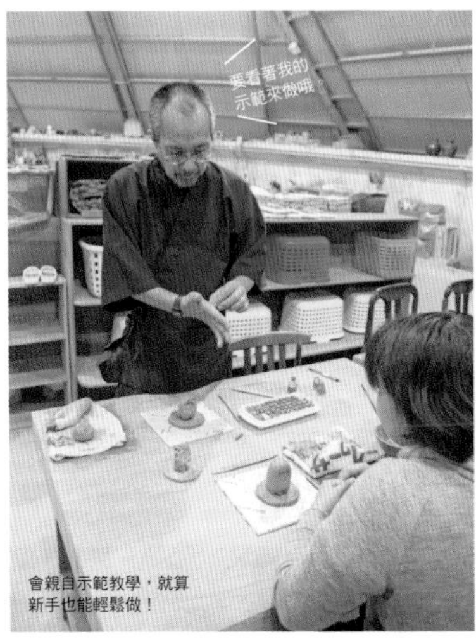

會親自示範教學，就算新手也能輕鬆做！

有很多手作體驗課程！

琉球村

遷移紅瓦古民宅改建而成的主題樂園。有紅型製作等傳統工藝或風獅爺之類，沖繩特有的文化體驗選項。>>>P.76

CHALLENGE!

黏土切成3塊
分發黏土等材料，開始體驗課。也能租借工作圍裙。

做出臉型
用小塊黏土組合或印章壓製，做出風獅爺的臉部。

一邊注意整體修飾，一邊黏上鬍鬚後，完成自己專屬的風獅爺！

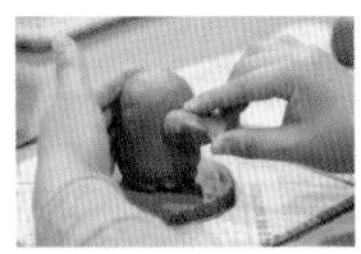

燒製時容易有裂紋，所以黏土整形時不要揉進空氣相當重要。請小心捏製！
赤土先生

體驗DATA

手捏迷你風獅爺

用黏土做風獅爺。燒製後寄送到家約需1個月。

需時：約1小時
2200日圓
須預約（從官網）

回到琉球王朝！

體驗王國MURASAKI村

在園內重現紅瓦屋頂古民宅和石牆等琉球王朝時代景致的設施。有陶器、織品和紅型等傳統工藝體驗課。

讀谷村高志保1020-1 ☎ 098-958-1111 營 9:00～17:00 休 全年無休 費 600日圓 交 從石川IC約14km 🚗 有

西海岸度假區 ▶MAP P8 A-1

體驗DATA

琉球藍染體驗

從琉球王朝時代流傳下來的琉球藍染體驗課。

需時：約60分鐘～
1620日圓
不需預約

紅色屋頂相連而立，彷彿是座小村莊。

模仿珊瑚礁的珊瑚田。電影也來這裡取景。

體驗DATA

珊瑚苗插枝體驗

用剪刀剪下珊瑚枝枒，再固定於岩石上的作業。

需時：約1小時
4400日圓（含門票）
須預約（僅接受電話預約）

在珊瑚樂園的珍貴體驗

Gala青海

可以體驗學習到沖繩海鹽和珊瑚的知識。培育了120種珊瑚和魚類的的珊瑚田頗受歡迎。

讀谷村高志保915 ☎ 098-958-3940 營 10:00～18:00（珊瑚田～16:30） 休 全年無休（珊瑚田須事先詢問） 費 免費入場（珊瑚田門票900日圓） 交 從石川IC約15km 🚗 有

西海岸度假區 ▶MAP P8 A-1

紅芋塔名店御菓子御殿恩納店（>>>P.146）中有紅芋塔的製作體驗課。可以裝盒當成伴手禮。

自然景觀豐富的半島

美麗海水族館周邊

Churaumisuizokukan Shuhen

以沖繩自豪的世界級頂尖水族館，沖繩美麗海水族館為中心的區域。在包括水族館所在地本部半島和名護市在內的地區中，本部半島的海岸線景觀，以及橋樑串起連接的小型離島等相當受歡迎。

有山有海

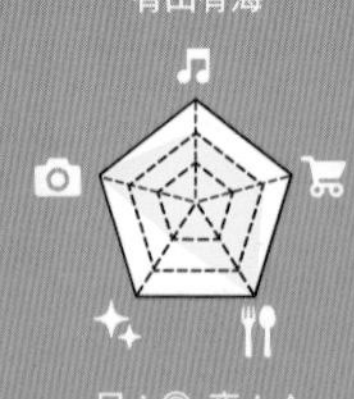

日：◎ 夜：△

觀光以白天為主。街上也有開到很晚的餐飲店。

從機場出發

那霸機場
10分鐘
豐見城・名嘉地IC
1小時10分鐘
許田IC
30分鐘
古宇利大橋
45分鐘
沖繩美麗海水族館

悠哉的沖繩時光。

Churaumisuizokukan Shuhen

乘坐水牛車慢行於福木林道間

從沖繩美麗海水族館開車約3分鐘的自然景點。
坐在水牛車上緩緩散步於林道間。
陽光從樹梢流洩而下，優閒且療癒人心。

坐在水牛阿福拉的車上散步。

相傳福木是「呼喚幸福的樹」

備瀨福木林道

備瀨地區是福木林環繞，保有沖繩村莊昔日風貌的村落。約1km長的福木林道是有名的能量景點。

本部町備瀨 ☎0980-48-2371（備瀨區事務所） 從許田IC約31km 有

美麗海水族館周邊 ▶MAP P12 C-1

福木最初是種來當防風林。

坐水牛車悠哉散步（最多4人，2000日圓）。

林道前方看得到大海。

沖繩美麗海水族館
亮點是世界規模最大的水槽「黑潮之海」。>>>P.48

Churaumisuizokukan Shuhen 02

前往開車可到的絕景離島一日遊

漂浮在本部半島東邊的小型離島古宇利島，開車只要20分鐘左右就能繞島一圈。連接屋我地島和古宇利島的古宇利大橋>>>P.40，也是知名美景路段。

古宇利大橋兩端是海灘。

開車繞行美景勝地

古宇利島

位於本部半島東北側，周長約8km的小島。平成17年古宇利大橋開通，成為開車就能到達的離島而備受歡迎。也有可俯瞰大海的咖啡館和飯店。

今歸仁村古宇利　☎0980-56-2256（今歸仁村經濟課）　㊋從許田IC約28km　🚗有

美麗海水族館周邊 ▶MAP P13 E-1

WHAT IS

島上的戀愛傳說

古宇利島別名「戀愛島」。相傳以前有對男女奉神明之命降臨此地生活，並繁衍後代成為沖繩先祖，屬於沖繩版的亞當和夏娃人類起源傳說。

創世洞窟
相傳故事中的男女兩人定居於此。

翠綠大海！

Chigunu海灘

從古宇利大橋端連綿1km，水質透明度高的海灘。附近則有在沖繩人類起源傳說中出現的「創世洞窟」。

今歸仁村古宇利　☎0980-56-2256（今歸仁村經濟課）
㊎免費　㊋從許田IC約30km
🚗無

美麗海水族館周邊
▶MAP P13 E-1

愛心石
兩塊相連起來就像心形的岩石，也有情侶以此做為愛情誓言。

廣告上出現過的知名景點

Tinu海灘

浮在海上造型特殊的兩塊愛心石，據傳很多情侶來此祈求戀愛順利。海水清澈透明！

今歸仁村古宇利　☎0980-56-2256（今歸仁村經濟課）
㊎免費　㊋從許田IC約31km
🚗有（收費）

美麗海水族館周邊
▶MAP P13 E-1

古宇利島上值得推薦的絕景地，是位於古宇利島至高點的Amajafubaru觀景台，和古宇利島Ocean Tower！

Churaumisuizokukan Shuhen 03

海景咖啡館or森林咖啡館？在本部的人氣咖啡館休憩片刻

本部半島有面東海的海岸區，和位於半島中央的自然豐富森林區，有多家以景觀為賣點的咖啡館。來征服大海和高山吧！

坐在深具古民宅風情的日式座位區眺望前方大海

在紅瓦古民宅自在放鬆

花人逢

立於小山丘上，可眺望東海浮島，地理位置優越的咖啡館。紅瓦屋頂的建築設有緣廊，可以放輕鬆好好休息。

本部町山里1153-2 ☎0980-47-5537
營 11:30～18:30 休 週二、三 交 從許田IC約30km 🚗有
美麗海水族館周邊 ▶MAP P12 C-2

披薩（中）2200日圓
麵粉加山原湧泉揉製成餅皮的名菜。

本部產西印度櫻桃鮮榨果汁550日圓
使用本部町的特產西印度櫻桃，富含維生素C。

在森林中的咖啡館做森林浴

Cafe ichara

靜靜佇立於森林深處的私房咖啡館。坐在露台區可以邊欣賞亞熱帶林木，邊呼吸新鮮空氣。

本部町伊豆味2416-1 ☎0980-47-6372
營 11:30～16:15 休 週二、三（若遇假日照常營業） 交 從許田IC約17km 🚗有
美麗海水族館周邊 ▶MAP P13 D-2

海葡萄沙拉
1000日圓
加入大量海葡萄，能品嘗到粒粒分明的口感。

咖啡500日圓
有冷熱可選。

在濃密的熱帶植物包圍下，宛如叢林境地！

Churaumisuizokukan Shuhen 04

到沖繩麵的激戰區 本部蕎麥麵街續攤！

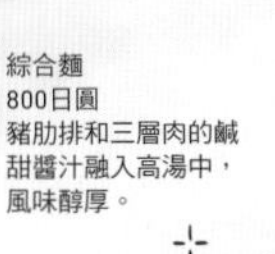

本部町是眾所皆知的沖繩麵小鎮，在縣道84號線的「本部麵街」上，有超過70家沖繩麵店。從老店的基本口味到特色風味，來場沖繩麵的試吃評比吧！

綜合麵
800日圓
豬肋排和三層肉的鹹甜醬汁融入高湯中，風味醇厚。

豬肋排麵
680日圓
配料有豬肋排、三層肉和魚板。

定食的菜色也很豐富！

古早味沖繩食堂

石くびり-Ishikubiri

招牌菜豬肋排麵使用捲麵，充分吸飽以雞骨、豬大骨和柴魚熬煮成的特製湯頭。再放上豬肋排和三層肉等配料份量十足。麵條加了薑黃的涼麵也很受歡迎。

本部町東464-1　☎0980-47-4769　營11:00～15:00（售完打烊）　休週一、二　交從許田IC約22km　🚗有

美麗海水族館周邊 ▶MAP P12 C-2

特色是口味濃厚的配料

Tsuruya手工沖繩麵店

昭和30年開業的老字號麵店。扁平的彈牙麵條和以柴魚為底的湯頭相當對味。三層肉麵等都很受歡迎。

本部町渡久地1-6　☎0980-47-3063
營11:00～售完為止　休週日、四　交從許田IC約22km　🚗無

美麗海水族館周邊 ▶MAP P12 C-2

Churaumisuizokukan Shuhen 05

到離港口30分鐘的 伊江島一日遊

若是從本島搭渡船很快就能到離島，可安排一日跳島遊！自本部港前往交通方便的人氣離島，享受一天小旅行。

從本部港出發只要30分鐘

伊江島

使用伊江島湧泉做成的伊江汽水。各220日圓

島上地標是別名Tatchu的城山。有海灘、奇石海岸線等自然景點，還有花卉公園。

伊江村　☎0980-49-3519（伊江島觀光協會）
交從本部港搭船約30分鐘

美麗海水族館周邊 ▶MAP P12 A-1

輕浮在海面上的伊江島城山。

尖山頭相當醒目。

來自世界各地90多種百合花盛開，四周都是百合花香。

伊江島上的推薦景點

百合廣場公園

4月下旬到黃金週是賞花的最佳時候，據說在盛開期會有100萬朵麝香百合綻放。

伊江村東江上2964-1　☎0980-49-2906（伊江村商工觀光課）　營自由參觀　交從伊江港約5km　🚗有

美麗海水族館周邊 ▶MAP P12 B-1

遼闊的亞熱帶森林

山原

Yanbaru

位於沖繩縣北部，擁有大片亞熱帶森林的自然景點。除了參加健行、獨木舟等活動外，造訪祕境深處的森林咖啡館等私房景點也不賴。

寬闊的大自然

日：◎ 夜：×

因為該區多自然景觀，最好在白天到訪。晚上就在飯店好好休息吧。

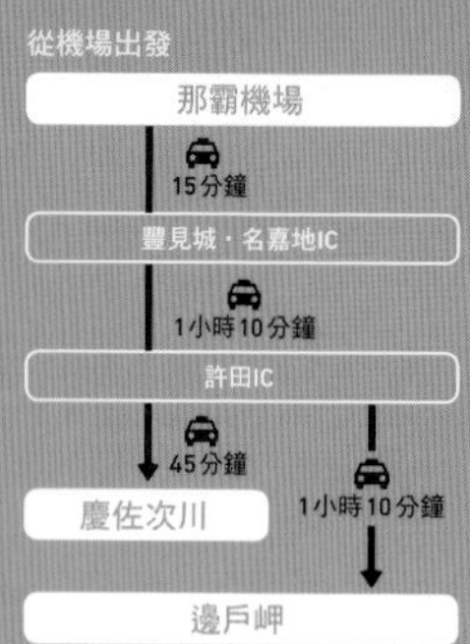

Yanbaru **01**

走遍巨石奇岩林立的絕景能量場所！

在大自然中健行，有2億年前石灰岩交織出的世界最北端熱帶喀斯特地形，和亞熱帶植物生長茂密的自然樹林等地。

從美麗海觀景台看出去，山原的超廣角視野盡收眼底。

遇見枝幹周長約120m的巨大細葉榕！

沖繩石文化博物館，於2018年4月開幕。

＼做森林浴恢復精神！／

保有原始自然風貌的雄偉森林

大石林山

境內有記載於琉球最早史書上的沖繩本島最初聖地「安須杜」。山中有40處以上舉辦祭拜儀式的御嶽。

國頭村宜名真1241 ☎0980-41-8117/090-2585-8111 營9:30～16:30 休天候不佳時 費1200日圓 交從許田IC約53km 🚗有

山原 ▶MAP P17 D-1

想像這塊石頭是孫悟空誕生的岩石，故名為悟空岩。

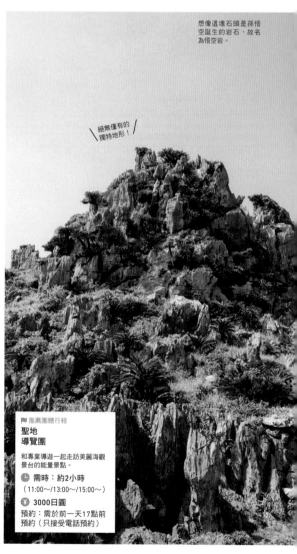

＼絕無僅有的獨特地形！／

推薦團體行程

聖地導覽團

和專業導遊一起走訪美麗海觀景台的能量景點。

需時：約2小時（11:00～/13:00～/15:00～）

3000日圓

預約：需於前一天17點前預約（只接受電話預約）

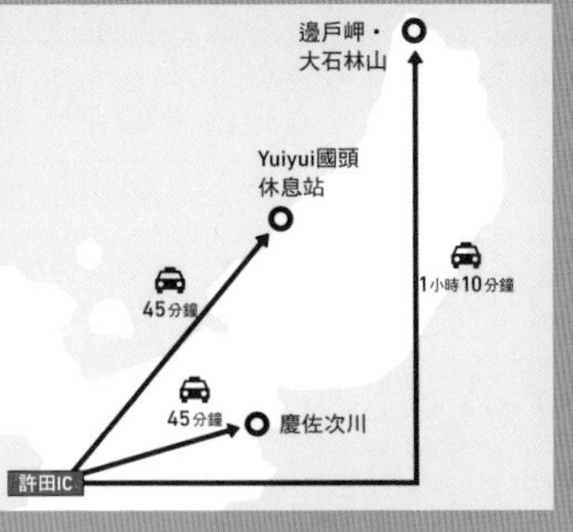

慶佐次川
有廣闊的紅樹林。
是山原之森的地標。
>>>P.36

Yanbaru **02**

登上沖繩第一祕境！

「山原生態旅遊研究所」的比地大瀑布行程，是以瀑布為目的地的森林健行路線。步道完善，就算新手也能放心參加。

從設有露營地的比地大瀑布入口出發！

走過刺激萬分的大吊橋，再加把勁就到了。

展開大片葉子的姑婆芋，是沖繩常見的熱帶植物。

就像出現在亞熱帶叢林中的綠洲。

推薦團體行程

比地大瀑布溪流健行

前往沖繩本島最大，落差26m的比地大瀑布，在單程1.5km的森林中探險。2名起即可預約。

需時：約3小時

4000日圓

須預約（僅接受電話預約）

往瀑布邁進並在大自然中深呼吸

比地大瀑布

位於亞熱帶森林內，是沖繩本島最大的瀑布。從20m以上的高度傾瀉而下的飛瀑景象震撼十足。因為到瀑布的步道陡坡不斷，請在身體狀況良好的情況下過來。

國頭村安田248-1　☎0980-41-7966（山原生態旅遊研究所）　營9:00～17:00　休全年無休
交從許田IC約50km　有

山原 ▶MAP P16 C-3

比地大瀑布的山腳下有比地川流經，綠意盎然的夏天，更是美不勝收。

從觀景台往下看的壯麗景致。

Yanbaru 03

在沖繩最北邊的風景勝地飽覽雄偉大自然

位於本島最北端的邊戶岬周邊，是雄偉遼闊的自然風景勝地。從斷崖峭壁看出去的視野和濃密的森林等，感受壯闊美景。

俯瞰整片珊瑚礁精采絕景

茅打斷崖

位於宜名真隧道上高80m的懸崖峭壁。將綑綁成束的茅草從斷崖上往下拋，會被吹起的強風打得四零八落，因而得名。

國頭村宜名真 ☎0980-41-2101（國頭村企畫商工觀光課） 營自由參觀 交從許田IC約52km 有

山原 ▶MAP P17 D-1

沖繩最北端的絕景

邊戶岬

面向太平洋和東海，珊瑚礁隆起形成的粗獷懸崖峭壁。設有涼亭和步道，天氣好時連22km外的與論島都一覽無遺。

國頭村邊戶 ☎0980-41-2101（國頭村企畫商工觀光課） 營自由參觀 交從許田IC約55km 有

山原 ▶MAP P17 D-1

氣勢萬鈞的浪濤訴說著自然的雄偉。

到時間流動緩慢的村落散步吧。

芭蕉布的故鄉

喜如嘉聚落

以傳統織品「芭蕉布」的故鄉而聞名的村落。村中茂盛的芭蕉葉是織品原料，紅瓦古民宅並立其間，充滿古早風情。

大宜味村喜如嘉 ☎無 營自由參觀 交從許田IC約30km 有

山原 ▶MAP P14 C-1

1袋 200えん
シークヮーサー
詰め放題

國頭甜甜圈
162日圓。

Yanbaru 04

在山原的休息站 採購土特產

還有種類豐富的
沖繩秧雞商品。

只有在休息站才能同時買到山原地區採收的農產品和點心。位於國道58號線旁，建議開車途中可到此休息。

店內也有用餐區。

好多沖繩秧雞

Yuiyui國頭休息站

沖繩本島最北端的路邊休息站。販售山原特產，還有用國頭生產的食材做菜的餐廳。沖繩秧雞商品也很受歡迎。

國頭村奥間1605 ☎0980-41-5555
㊢9:00～18:00（餐廳11:00～16:00） ㊡全年無休 ㊦從許田IC約36km 🚗有

山原 ▶MAP P16 B-3

在路邊休息站享受豬豚料理

沖繩秧雞餐廳

位於路邊休息站Yuiyui國頭中的直營餐廳。名產為契作農家放牧飼養的豬豚，可以享受到豬豚肉做成的沖繩蕎麥麵和丼飯。

國頭村奥間1605 路邊休息站Yuiyui國頭內
☎0980-41-5555 ㊢11:00～16:00 ㊡全年無休
㊦從許田IC約36km 🚗有

山原 ▶MAP P16 B-3

可享受食堂般的氣氛放鬆一下。也可挑選進門台階座位和有桌子的座位。

豬豚丼900日圓，附湯、配菜、醬菜。

Yanbaru 05

觀察天然紀念物 不會飛的鳥沖繩秧雞

沖繩秧雞是只棲息在沖繩山原之森的鳥類，被指定為國家天然紀念物。特色是大紅色的鳥喙和胸前的黑白條紋。前往能遇到夢幻之鳥的景點吧。

觀察沖繩秧雞的生態

沖繩秧雞生態展示學習設施「秧雞之森」

就算在日本國內也很罕見，可以觀賞沖繩秧雞的設施。可透過玻璃窗在接近自然的狀態下觀察。

國頭村安田1477-35 安田秧雞交流公園內 ☎0980-41-7788
㊢9:00～17:00 ㊡週三 ㊮500日圓 ㊦從許田IC約55km
🚗有

山原 ▶MAP P17 E-3

位於安田秧雞交流公園內。

沖繩秧雞生態展示學習設施「秧雞之森」內，也有餐廳「秧雞堂」（詳情請打電話洽詢）。

山原學習之森廣場

Yanbaru 06

透過森林浴
獲得自然療癒力

國頭村是沖繩縣唯一核可的森林療癒基地。修建多條森林浴步道，優閒地散步其間，在豐富的大自然下療癒身心。

備受期待的大自然療癒效果

森林浴

「森林的療癒效果」已獲得科學證實，核定國頭村森林為「森林療法基地」。透過森林療法的活動紓解日常生活中的壓力。

☎ 0980-41-2122（國頭村公所經濟課） ㊡ 沒有固定的舉辦日期須事先預約 ㊇ 4800日圓（參加人數在2人以上時每人3800日圓）

看點是吊橋下的鬼桫欏族群。

山原學習之森

有森林探索和叢林獨木舟團等各種行程，也有專業導遊陪同的路線。

㊋ 從許田IC約53km 🚗 有

山原 ▶MAP P17 D-3

需時：約3小時
距離：約3km

園內最受歡迎的邊土名湖。

國頭村森林公園

與那霸岳山腳下的原野，位於邊土名湖畔的森林公園。從園內的觀景台可遠眺東海，也有住宿區等設備。

㊋ 從許田IC約40km 🚗 有

山原 ▶MAP P16 C-3

需時：約3小時
距離：約3km

推薦導遊隨行的登山路線。

與那霸岳登山步道

行走於沖繩本島的最高峰，海拔503m的與那霸岳登山步道行程。有茂密的筆筒樹叢等亞熱帶植物。

☎ 0980-41-2420（國頭村觀光協會）
㊋ 從許田IC約45km 🚗 有

山原 ▶MAP P16 C-3

欣賞庭院景致度過慵懶時刻。

蛋糕套餐 750日圓 手工蛋糕搭配香檬果汁。

Yanbaru 07

在茂密的叢林間
發現祕境咖啡館！

前去尋訪靜立於山原森林中的祕境咖啡館吧。在那裡可以忘卻時間流逝，度過慵懶自在的時光。

風景優美的森林咖啡館

Gajimanro

位於森林深處，香檬農家經營的小木屋咖啡館。保證新鮮的現榨自製香檬汁450日圓。

🏠 大宜味村大宜味923-3 ☎ 0980-44-3313 ㊔ 11:00～18:30 ㊡ 週五～日
㊋ 從許田IC約28km 🚗 有

山原 ▶MAP P14 C-1

STAY

STAY 01

感受超級度假村！入住頂級飯店

靜立於部賴名岬上，專為成人設置的極致露台！

可遠眺蔚藍海洋的露台。椰子樹和九重葛充滿南國風情。

與自然融合的南國度假勝地

The Busena Terrace

在高級飯店人氣排行榜上經常名列前茅的超人氣頂級度假村。位於突出名護灣的部瀨名岬上，擁有絕佳視野和豐富自然景觀的華麗建築，無微不至的服務讓人滿意。

名護市喜瀬1808　☎0980-51-1333
從那霸機場約57km、許田IC約5km（機場有利木津巴士）　有
西海岸度假區 ▶MAP P11 D-2
價格 豪華典雅雙床房（Deluxe Elegant Twin）含早餐1晚2萬5380日圓～
IN 14:00　OUT 11:00

AMENITY GOODS

THALGO（岱蔻兒）
海洋療法護膚品

〔3大奢華點 POINT〕

從露台眺望大海的43m²寬敞客房

充滿南國風情的戶外泳池

在「Maroad」享用奢侈下午茶

①簡潔的海景客房寬敞舒適！　②戶外泳池有瀑布流洩而下，分成上下2層，還有滑水道。室內泳池也有兒童池。　③一邊欣賞海灘美景，一邊享用英式下午茶。4000日圓（含香檳）。

在沖繩要住宿就想去最棒的度假村！
大家都有這種「想住一次看看」的憧憬念頭，
那就到高檔知名飯店。
體驗令人感動的優質服務和空間。

WHAT IS

優質住宿

融入周遭自然環境的建築和殷勤款待的服務都充滿魅力。充分享受一邊看海一邊在露台上用餐等樂趣吧。

遠離都會塵囂，享受非凡住宿

洋溢高級質感的典雅大廳。流露出南國風情的裝潢，打造出舒適寧靜的空間。

盡享優雅奢華的旅宿時光

沖繩麗思卡爾頓飯店（The Ritz-Carlton Okinawa）

特色是以首里城為主題，醒目的紅瓦白牆建築。從客房的露台或浴室可眺望享有沖繩最美封號的名護灣。提供5星級度假村才有的最優質舒適服務。

名護市喜瀨1343-1 ☎0980-43-5555
從那霸機場約75km、許田IC約5km
有
西海岸度假區 ▶MAP P11 D-2
價格 豪華客房每房每晚3萬8880日圓～
IN 15:00 OUT 12:00

AMENITY GOODS

Asprey
英國皇室的御用高級品牌

〔3大奢華點 POINT〕

泳池畔的圖書室

可直接走到泳池的池畔庭園客房（CABANA ROOM）

採用英國高級品牌「ESPA」產品的SPA

①和戶外泳池相鄰的圖書室，是輕鬆喝飲料吃點心的舒適空間。 ②池畔客房也設有按摩浴缸和躺椅。 ③豪華SPA選用以最高品質的植物精華和海洋精華等為原料的英國ESPA產品，以及結合沖繩產品的豪華水療中心。

沖繩麗思卡爾頓飯店前方是高爾夫球場（喜瀨鄉村俱樂部），可打場標準球賽。

STAY 02

大海就在眼前！充滿南國風情
在度假飯店放鬆身心

以晨間瑜珈和健康早餐來調整身體！

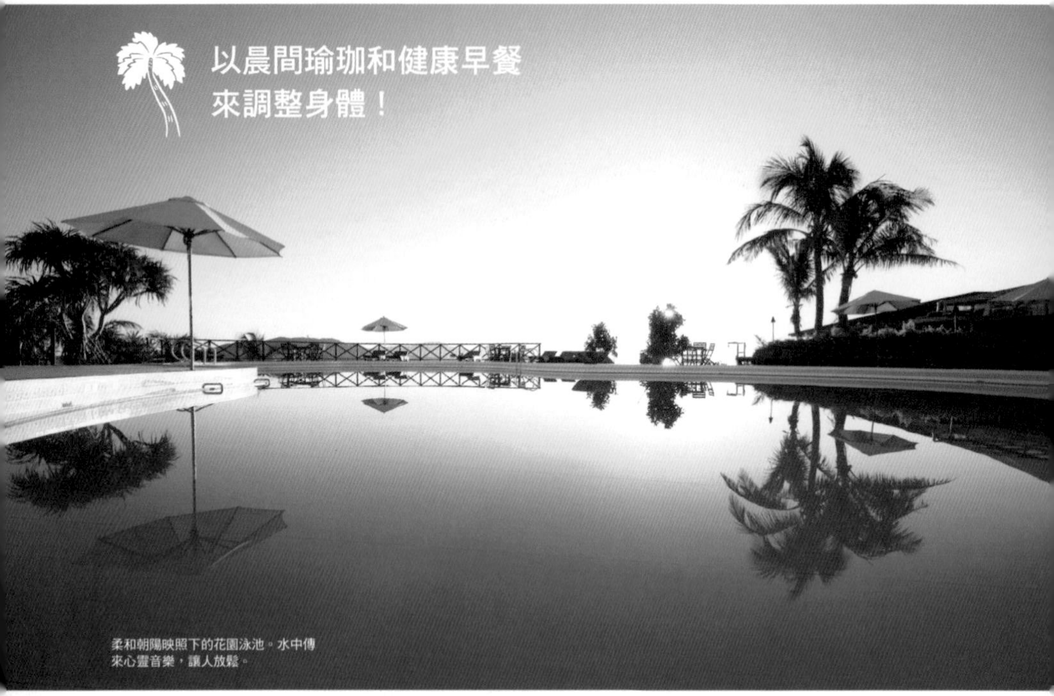

柔和朝陽映照下的花園泳池。水中傳來心靈音樂，讓人放鬆。

RELAX PLAN

①SPA全是單人房。享受朱槿或薑黃等美容成分豐富的沖繩天然素材進行指壓按摩。 ②一邊感受大自然一邊做瑜珈。配合琉球音樂放鬆身心。 ③以美麗和健康為概念的早餐。有用蒸籠蒸煮的島蔬菜等健康豐富的沖繩料理。

亞熱帶森林環繞的度假村

沖繩椰樹花園度假村（Coco Garden Resort Okinawa）

類別不同的Villa散布在約7000坪的占地內。使用朱槿或薑黃等沖繩天然素材的SPA頗受歡迎。也可以免費租借美甲用品或足浴盆。

宇流麻市石川伊波501 ☎098-965-1000 從那霸機場約49km、石川IC約2km 有

中部 ▶MAP P8 C-1

價格 花園雙床房（Garden Twin）一晚含早餐1萬2000日圓～

IN 14:00 OUT 11:00

有床幔大床的豪華花園雙人房（Garden Deluxe Double）。

住宿高級度假村，追求平日沒有的寧靜。
做SPA療癒身心，或邊眺望湛藍大海邊看書。
實現自己喜歡的自在度假生活。

HOW TO

度假飯店的生活

在度假飯店喝下午茶、做SPA或游泳等，利用完善的設施與服務優閒度假吧。

追求「身心調和」的
健康度假村

戶外標準水療池。

樂享健康奢侈的時光

The Terrace Club at Busena

擁有運動、營養、休息等功能兼具的度假飯店。水療池和瑜珈等多項服務頗具魅力。

名護市喜瀨1750　☎0980-51-1113
從那霸機場約57km、許田IC約5km
有
西海岸度假區 ▶MAP P11 D-2
價格 Club Deluxe一晚含早餐2萬7000日圓～
IN 14:00
OUT 11:00

所有客房都有54m²，相當寬敞。從海景房的露台可遠眺大海。

RELAX PLAN

左：也提供下午茶服務。
右：夏天在無邊際泳池的池畔享用雞尾酒和輕食超開心。

在潟湖和嚮往已久的
海豚親密接觸！

在海灘旁的潟湖或外海和海豚親密接觸的活動頗受歡迎。
3240日圓～

和海豚同樂的度假飯店

沖繩文藝復興度假村（Renaissance Okinawa Resort）

擁有「百大優質海水浴場」的沙灘和天然溫泉等設施的度假飯店。有豐富的兒童活動，非常適合家庭旅遊。所有客房都是海景房。

恩納村山田3425-2　☎098-965-0707
從那霸機場約49km，石川IC約4km　有
西海岸度假區 ▶MAP P10 A-2
價格 一晚含早餐1萬5000日圓～
IN 14:00
OUT 11:00

可以體驗各種活動的
Renaissance海灘（>>>P.24）。

RELAX PLAN

左：所有客房皆為海景房。落日時分堪稱絕景。
右：天然溫泉「山田溫泉」是1樓文藝復興樓層或連住3晚（特定時期是連住4晚）Club Savvy的房客專用。

飯店SPA原則上須事先預約（打電話等）。行程確定後在出發前最好先預約。

STAY 03

彷彿生活在此的奢侈時光

待在私人飯店不出門

悄然佇立於今歸仁村的隱密飯店

獨占古宇利島的美麗大自然

眼前是宛如與寬闊大海連成一體的泳池。

奢侈時光

將身心託付給廣闊的大自然

別墅共4間客房，從房間看出去碧藍大海一覽無遺，不在乎時間流逝盡情眺望海洋，愜意無比。

專為成人設計的隱密別墅

chillma

屬於別墅型飯店，共4間海景房。客房內設有廚房和客廳。在面海的無邊際泳池盡情度過優閒時光。

今歸仁村運天506-1
050-5810-3978
從那霸機場約94km、許田IC約23km　有

價格 一晚6萬6000日圓～
IN 14:00
OUT 10:00

美麗海水族館周邊 ▶MAP P13 E-2

左：時尚美麗的客廳中也有廚房。　右：一邊欣賞夕陽，一邊迎接浪漫夜晚。

面向大自然的美麗全景風貌。碧海藍天盡在眼前。

奢侈時光

包下最棒的地點

一邊靜靜地聽著浪濤聲，一邊眺望碧海藍天、隨風搖曳的甘蔗田等沖繩美景。

住在海上浮島

One Suite Hotel & Resort古宇利島

從大廳到客房須開車移動，就像別墅般讓人開心的完全私人型飯店。白天看海，晚上則有滿天星空，在大自然的懷抱下度過特別時光。

今歸仁村古宇利466-1
0980-51-5030
從那霸機場約96km、許田IC約25km　有

價格 一晚含早餐3萬日圓～
IN 15:00
OUT 11:00

美麗海水族館周邊 ▶MAP P13 F-1

左：位於遼闊藍天高台上的奢侈空間。夜晚在屋頂的按摩浴缸中盡享滿天星空。　右：在別棟餐廳「La lota」品嘗極品晚餐。

融入大自然宛如成人隱居處的私人飯店。
住在整棟包下或是僅限幾組房客的飯店，
盡情享受只有自家人的奢侈時光。

私人飯店

最近很流行包棟別墅型的飯店。彷彿連周遭的海洋或森林等大自然都能占為己有。

住在宛如別墅的古民宅villa

在細葉榕樹林的環繞下度過優閒時刻

只有3間客房，空間寬敞舒適。

飽覽夕陽美景的樹下露台。還能感受到冒險氣氛。

奢侈時光

走路就能到祕境海灘

飯店離當地人也到訪的寧靜天然海灘，長濱海灘（>>>P.19）和赤嘉海灘很近。

走入沖繩時光的古民宅旅館

風來莊Fu-rai-sou

以沖繩傳統古民宅為造型的建築內部，是充滿木頭溫暖氣息的時尚裝潢。客房數僅有3間可以獨享寧靜時光。別宅設有公共廚房，可以BBQ。

- 今歸仁村諸志868
- 0980-56-2141
- 從那霸機場約96km、許田IC約23km
- 有
- 美麗海水族館周邊 ▶MAP P13 D-1
- 價格 和室一晚含早餐8000日圓～（～4人）
- IN 15:00
- OUT 10:00

左：頗受女性房客好評的早餐，是用天然酵母製成的手工麵包加當地蔬菜湯的套餐。　右：長濱海灘步行即達。住宿期間就可多次到訪。

奢侈時光

品味「無所事事」的奢侈

從樹下露台或餐廳的大窗戶看出去只有一望無際的綠意與海洋絕景，感受無所事事的極致奢侈。

位於山丘上的隱密旅館

海坐

位於沖繩南部的B&B休閒旅館。飯店附近是廣闊的私人細葉榕樹林，住在這裡度過紓壓假期。

- 南城市玉城字玉城56-1
- 098-949-7755
- 從那霸機場約23km
- 有
- 南部 ▶MAP P5 E-2
- 價格 一晚含早餐8850日圓～（住宿限國中生以上）
- IN 15:00
- OUT 11:00

左：有4間客房。每扇窗外都能看到圖畫般的美景。　右：庭院也設有吊椅，最適合悠哉看書。

chillma位於面對本部半島東海岸的懸崖峭壁上。從客房和無邊際泳池可遠望古宇利島和古宇利大橋。

STAY
04
觀光住宿兩相宜！
方便的市區飯店

地理位置優越充分發揮旅行據點的功能，
再加上舒適的優質空間，以下是適合行動派的市區飯店！

南來北往都適宜的旅行據點！

有縣內規模最大的潟湖泳池和成人可悠哉放鬆的階梯式泳池。

位於熱鬧的北谷市區度假村

沖繩北谷希爾頓度假村

位於本島中部北谷町的飯店。有設置2條滑水道的潟湖泳池、餐廳和SPA等，盡享優質的度假村住宿服務。

北谷町美濱40-1
098-901-1111
從那霸機場約20km、北中城IC約6km
有
中部 ▶MAP P22 B-2
價格 標準房一晚含早餐2萬7337日圓～
IN 15:00
OUT 12:00

HOTEL亮點！POINT！

一覽北谷海洋或濱海街景

除了海景房外，浴室也有大片窗，可以一邊洗澡一邊眺望大海。

▲地點
在話題十足的「美國村」和海灘附近，南來北往都方便。

▲設計
制服以沖繩文化為主題。飯店內隨處可見紅型等沖繩味十足的擺飾。

▲早餐
早餐是以沖繩和健康為題材的自助餐。推薦吹著舒適涼風的戶外座位區。

▲餐廳
在義大利餐廳，可以享受用沖繩食材做成的道地義大利料理。

▲客房
雖然位於市區，但從豪華套房等客房也能一覽北谷的美麗海洋。

在現代感空間中加入沖繩文化的精髓。

優質那霸住宿

沖繩那霸凱悅飯店

從商務到休閒，為房客提供時尚住宿空間的高級飯店。在優越的地點細賞高品質氣氛。

那霸市牧志3-6-20 ☎098-866-8888
從那霸機場約6km、從YUI RAIL牧志站步行約7分鐘 有（收費）
那霸 ▶MAP P21 D-3

價格 一晚含早餐1萬2000日圓～
IN 15:00
OUT 11:00

▲晚餐
飯店頂樓的「MILANOI GRILL」。在那霸夜景的陪襯下，品嘗義式創作料理。

▲客房
放置琉球工藝品的摩登豪華房。32m²的空間相當寬敞。

▲早餐
自助吧的早餐奢侈地選用全日本當季和沖繩當地食材，滿足房客的口腹之欲。

HOTEL亮點！ POINT!

距離國際通步行3分鐘的優越地理位置！

位於那霸中心國際通附近的櫻坂區，觀光方便。從那霸機場開車只要20分鐘，交通便捷。

▶露台
夜晚欣賞庭園景致並吹著舒適涼風，夢幻又美麗。

50道菜只有585kcal！
到那霸的老字號飯店吃藥膳早餐

品嘗內行人才知道的健康早餐！使用苦蕒等豐富島蔬菜烹調出的溫和美味，滿足味蕾與心靈。

在飯店大啖沖繩料理！

沖繩第一飯店

從國際通一彎進巷子就到飯店。維護得宜的庭院十分美麗。

1955年開業的老字號飯店。位置優越從國際通走路只要1分鐘。擁有多位名人粉絲，創始人島袋芳子女士設計的營養藥膳早餐相當有名。

那霸市牧志1-1-12 ☎098-867-3116
YUI RAIL縣廳前站步行約7分鐘
有
那霸 ▶MAP P20 B-2

價格 標準雙床房一晚不含早餐8640日圓～
IN 15:00 OUT 10:30

藥膳早餐 3240日圓

時間 8:00～12:00（8:00、9:00、10:00一天3次）
預約 需在前一天預約（電話）
● 非房客也能用餐

說到沖繩的都會區，就是那霸和北谷。因為有多家營業到深夜的餐飲店，所以可選擇在外用餐。

STAY

05 體驗沖繩文化的特色民宿 選擇古民宅or外國人住宅

古民宅

沖繩只要來過一次，就會成為心靈故鄉。
度假飯店雖然不錯，但偶爾到古民宅體驗道地的沖繩生活也深具魅力！

佇立在寧靜山中的包棟別墅

在古民宅或小木屋感受沖繩氣氛

CANAC小木屋

提供包棟的別墅有加拿大小木屋和遷移100年以上的古民宅等4棟建築物。可和一群朋友或家人歡樂入住。

本部町渡久地286-8 ☎0980-47-2233
從那霸機場約90km，許田IC約26km 有
美麗海水族館周邊 ▶MAP P12 C-2

價格 紅瓦屋一晚一棟2萬7000日圓～（～6人）
7人以上每位多加1080日圓
IN 15:00
OUT 11:00

①紅瓦古民宅為琉球傳統建築外觀。是減緩陽光曝曬，讓室內保持涼爽的結構。 ②流露出沖繩慵懶氣氛的緣廊。 ③從大門造型就能感受到時光倒流的氛圍。 ④移開拉門或隔扇就能舉辦宴會。也能容納多人住宿。

悠哉純樸的琉球古民宿

充滿魅力的紅瓦古民宅！

Shirapama古民宿

民宿不只有1970年的古民宅，還有古民宅造型的新建築。別館綛掛（Kashikaki）擁有民宿自豪的寬敞庭院。適合家族旅遊。

本部町備瀨624
☎090-6862-4712（訂房專線）
從那霸機場約100km，許田IC約30km 有
美麗海水族館周邊 ▶MAP P12 C-1

價格 一晚含2餐1萬1280日圓～
IN 15:00
OUT 11:00

①位於民宿附近的「Chanya～餐館」。在這裡用晚餐。 ②位於以福木林道聞名的備瀨村落。有3種房型，可依喜好選擇。 ③晚餐的阿古豬涮涮鍋須預約。 ④從民宿走路到可下水游泳的備瀨崎約3分鐘。

既然來到沖繩就想體驗一下充滿沖繩文化的民宿。推薦給文化愛好者或再訪沖繩的旅客，紅瓦屋頂的古民宅或頗受歡迎的外國人住宅等包棟別墅。品味不同的住宿體驗。

WHAT IS

沖繩建築

目前相當珍貴的木造紅瓦傳統民宅。戰後沖繩受到美國文化的影響，多為水泥建築。

外國人住宅

專為美軍相關人員蓋的「外國人住宅」，簡潔寬敞房間數量也多。是多人或家族到沖繩旅遊的最佳住宿選擇！

好想住在外國人住宅民宿

可容納多人同住！

Kafuwa浦添

翻修外國人住宅而成的包棟民宿。有3間臥室，最適合和親戚或朋友同住。庭院還有烤肉設備！

浦添市港川331　☎098-998-8628（訂房專線090-1947-0122）　從那霸機場約10km，許田IC約5km　有

中部 ▶MAP P7 E-2

價格 一房2人含早餐1萬日圓～
純住宿1棟3萬日圓～（～10人）

IN 15:00　OUT 10:00

①純白外牆的可愛民宿。以前有多間外國人住宅聚集於此，現在只剩這1棟。②花團錦簇的庭院。③可以加床，也有上下鋪兒童床的臥室。④客廳帶有小型廚房。最吸引人的是可以和寵物一起入住。

在沖繩品味美式生活

BASE SIDE INN

使用純正美式家具的民宿。感受彷彿住在美國家庭般的氛圍。

宜野灣市大山2-4-5
☎098-898-0008
從那霸機場約15km，西原IC約5km　有

中部 ▶MAP P8 B-3

價格 一棟一晚3萬日圓～
IN 15:00
OUT 11:00

體驗美式生活

①從露台可看到九重葛盛開的庭園（暖房）。想在這裡度過優閒的午茶時光。②③在臥室和寬敞的客廳，桌子、沙發及布品都是美式風格家飾。　④一到民宿，就能感受到濃濃的古老美好情懷。

Kafuwa浦添位於港川，有多家改建外國人住宅的咖啡館及商店，頗受女性和年輕人歡迎。>>>P.168

STAY 06

實現專屬於我的住宿計畫

嚴選特色旅店

以下介紹能擁有特別住宿經驗的特色旅店，
如夏威夷分租公寓的外國人住宅、住在拖車屋的旅館、體驗流行話題的豪華露營等。

在此居住，就像住在夏威夷般的外國住宅。

WHAT IS

沖繩的特色旅店

說到沖繩才有的旅館，首推海景度假村，還有外國人住宅或古民宅民宿。最近住在大自然中的豪華帳棚或拖車屋旅館，能體驗到有別於普通住宿經驗的特殊旅館也頗受矚目。

包含庭院的包棟民宿，就好像擁有自家別墅般的私人空間。

遠眺大海的包棟民宿

Cailana

位於沖繩中部東海岸線上的包棟villa。內部擺設是房東以夏威夷為主題買來的家具，配置得頗有品味，增添南國氣氛。從水平線升起的朝陽晨景堪稱絕景。

宇流麻市石川曙1-6-1　☎098-989-0430
從石川IC約2km　有
中部 ▶MAP P8 C-1
價格 一晚2萬日圓～（～8人）
IN 15:00　OUT 11:00

特色介紹SPECIAL

庭院設有鞦韆
可以從Villa前面的寬敞庭院眺望大海。坐在木製鞦韆輕鬆一下吧。

在附設咖啡館用早餐
附設咖啡館Capful（>>>P.119）提供的豪華早餐頗受歡迎。

美式裝潢
除了臥室也有寬敞的客廳，裝潢時髦。

THEME2
豪華露營

體驗稍微野性的戶外住宿經驗

住在帳篷造型的可愛房間內，聆聽大自然的聲音入眠。

位於屋我地島的自然度假村

NANMA MUI NATURE RESORT

位於被海洋及森林包圍的小山丘上，擁有豪華露營和飯店設備的複合式度假村。每塊豪華露營地的棧板設有檜木淋浴間，推薦給初次體驗戶外住宿的旅客。

名護市饒平名720 ☎0980-52-8686
從許田IC約18km 🚗有
美麗海水族館周邊 ▶MAP P13 F-2
價格 雙人豪華露營2萬2000日圓～
IN 15:00 OUT 10:00

特色介紹SPECIAL

旁邊就是海灘
展現在眼前的羽地內海，波浪平穩。事先預約還能體驗水上活動。

眺望星空
夜晚的觀景平台宛如星象儀。新月時的星空看起來更美麗。

森林內的放鬆空間
每個帳篷外都有棧板平台，可以喝咖啡、坐在搖椅上放鬆心情。

設備齊全 超舒適的車內住宿♥

占地內有14個拖車屋並列其間。

THEME3
拖車屋

拖車屋式的度假飯店

今歸仁Woodpecker

拖車屋住宿設施位於擁有豐富自然景觀和美式度假氛圍，充滿魅力的今歸仁村。也有戶外泳池、海景SPA、露天咖啡館，設備齊全令人開心。

今歸仁村今泊681 ☎0980-56-1010
從許田IC約26.5km 🚗有
美麗海水族館周邊 ▶MAP P13 D-1
價格 6480日圓～
IN 15:00 OUT 11:00

特色介紹SPECIAL

大海一覽無遺！
站在觀景平台上可眺望當地人才知道的天然海灘。可以優閒地欣賞風平浪靜的大海。

戶外泳池
開放式戶外泳池。池畔邊也有咖啡館，來杯冷飲暢快一下。

車內是超乎想像的舒適客房！
備有1張大床或2張單人床的豪華客房等房型供選擇。

NANMA MUI NATURE RESORT或今歸仁Woodpecker所在地的沖繩北部，也設有能看到美麗星空的天文觀測站。

STAY **07** 旅行計畫確定後

依停留地區決定飯店

那霸・首里

最適合國際通周邊的王道觀光！

直接從溫泉源頭接水的天然溫泉

那霸 LOISIR SPA TOWER

位於那霸灣區的市區度假村，所有客房都附陽台。天然溫泉直接引進800萬年前的化石海水，保濕效果良好。

那霸市西3-2-1
098-868-2222
從那霸機場約6km，YUI RAIL旭橋站步行約15分鐘
有（收費）
那霸 ▶MAP P18 B-2

價格 SPA豪華灣景雙床房一晚含早餐1萬9440日圓～

IN 14:00
OUT 11:00

上：SPA豪華灣景雙床房有40.7m2大，相當寬敞。客房內也有天然溫泉可泡。　下：開放式天然溫泉設施頗受女性歡迎。

受歡迎的都會風格度假村

The Naha Terrace

位於那霸市中心卻呈現戶外休閒感的度假飯店。從客房可以看到氣氛超棒的夜景。餐廳或酒吧等設施也很齊全。

那霸市歌町站2-14-1　098-864-1111　從那霸機場約6km，YUI RAIL牧志站步行約15分鐘　有
那霸 ▶MAP P21 E-1

價格 豪華雙床房一晚含早餐1萬3300日圓～

IN 12:00　OUT 12:00

俐落的亞洲風格別具魅力

那霸皇家棕櫚飯店

以超強地理位置自豪，位於那霸國際通中央的豪華飯店。館內裝潢走現代亞洲風格，頗具魅力。

那霸市牧志3-9-10　098-865-5551
從那霸機場約7km，YUI RAIL牧志站步行約4分鐘　有（收費）
那霸 ▶MAP P21 D-2

價格 雙床雙人房一晚含早餐1萬6200日圓～

IN 15:00　OUT 10:00

南部

要逛聖地或海景咖啡館就選這裡！

離機場最近的極致度假村

沖繩南部海灘度假飯店

從那霸機場出發只要約20分鐘，展現在眼前的是擁有美麗海灘的度假飯店。戶外花園泳池總長達70m！

系滿市西崎町1-6-1
098-992-7500
從那霸機場約10km
有（收費、房客免費）
南部 ▶MAP P4 A-2

價格 高級雙床房一晚含早餐8640日圓～

IN 14:00　OUT 11:00

邊看飛機邊泡湯

琉球溫泉　瀨長島飯店

位於距離機場開車約15分鐘的瀨長島。從地下1000m處有天然溫泉湧出，可以邊看飛機邊泡湯享受超廣角視野。

豐見城市瀨長174-5
098-851-7077
從那霸機場約5km　有
南部 ▶MAP P18 A-3

價格 標準雙床房一晚含早餐1萬2000日圓～

IN 15:00　OUT 11:00

沖繩雖然給人面積狹小的印象，實際上卻很寬廣。從北到南開車移動就要花上2個多小時。為了有效運用旅行時間，配合觀光地區挑選飯店吧。

HOW TO

飯店挑選準則

YUI RAIL只通行那霸市區，沒開車的話行動不便。挑選時也要考慮前往飯店的移動方式。

中部&西海岸度假區

兼顧市區和沿海度假區！

美麗海水族館周邊

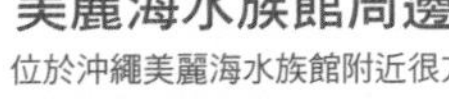

位於沖繩美麗海水族館附近很方便！

山原

在大自然的包圍下放鬆身心♪

洋溢南國度假情懷

日航Alivila飯店

引進美麗自然光的迴廊和天井等南歐風格建築，讓飯店充滿魅力。全部客房都有陽台，令人沉浸在度假氛圍中。

讀谷村儀間600　☎098-982-9111
從那霸機場約36km、沖繩南IC約18km（機場方面有利木津巴士，須自費）　有
西海岸度假區 ▶MAP P8 A-1
價格 高級雙床房2萬3760日圓～
IN 14:00　OUT 11:00

全是海景房

Orion本部度假SPA飯店

翡翠海灘近在眼前的絕佳地點。不僅是客房，還能邊泡天然溫泉邊欣賞伊江島景色。

本部町備瀨148-1　☎0980-51-7300
從那霸機場約90km、許田IC約29km
有（房客免費）
美麗海水族館周邊 ▶MAP P12 C-1
價格 海景雙床房一晚含早餐1萬4300日圓～
IN 14:00　OUT 11:00

引以為傲的私人海灘

奧間私人海灘度假村

在山原大自然和擁有美麗白沙的奧間海灘包圍下的度假村。廣大占地內別墅和小木屋並立，也有完善的休閒設施。

國頭村奧間913　☎0980-41-2222
從那霸機場約78km、許田IC約35km
有（付費）
山原 ▶MAP P16 B-3
價格 一晚含早餐1萬8360日圓～
IN 14:00　OUT 11:00

在島上度假村放鬆身心

AJ伊計島度假飯店

擁有天然溫泉設施的度假飯店。可眺望珊瑚礁的觀景露天浴池，開放感十足。也有適合兒童的設施，推薦給家族旅遊者。

宇流麻市與那城伊計1286　☎098-983-1230　從那霸機場約60km、沖繩北IC約30km　有
中部 ▶MAP P9 F-1
價格 雙床房一晚含早餐一間1萬2960日圓～
IN 15:00　OUT 11:00

適合長期停留的度假村

沖繩MAHAINA健康度假飯店

花園泳池有大浴池、美容沙龍等設施完善。可在寬敞舒適的景觀房放鬆身心。距美麗海水族館只有5分鐘車程。

本部町山川1456　☎0980-51-7700
從那霸機場約88km、許田IC約27km
有
美麗海水族館周邊 ▶MAP P12 C-2
價格 雙床房一晚含早餐7500日圓～
IN 15:00　OUT 11:00

全是海景房

CANAAN SLOW FARM café & eco stay

所有客房皆是海景房。建築物使用沖繩北部的紅土和珪藻土蓋成。附設餐廳提供的餐點採用自家種植的蔬菜。

東村平良863-2　☎0980-43-2468
從那霸機場約96km、許田IC約35km
有
山原 ▶MAP P14 C-2
價格 西式房一晚含早餐一位6480日圓～
IN 15:00　OUT 11:00

要在市區觀光的話，建議選那霸或中部地區。想體驗度假村氣氛的話，首推西海岸度假區。

離開沖繩本島的跳島一日遊

前往步調慵懶的離島

離島的氣氛有別於沖繩本島，時間流逝緩慢。
期待與未經修飾的大自然及親切的人們相遇。

沖繩離島各島都有獨特的文化和習慣，語言也不同。例如，「歡迎光臨」在本島念做「Mensore」、宮古島為「Nmyachi」、石垣島則是「Oritori」。

前往各島的交通方式

飛機是最快最方便的交通工具。從沖繩本島的那霸機場有航班飛往久米島、宮古島和石垣島。沒有機場的竹富島、西表島，通常是從石垣島轉搭渡船前往。

在無人海逍遙放鬆

久米島
KUMEJIMA

從沖繩本島

約30分鐘

位於那霸以西約100km，周圍岩礁環繞的美麗島嶼。琉球王朝時代是和中國進行海上貿易的要衝，相當繁榮，保有完整的歷史遺跡和風景名勝。浮在島嶼東邊的無人島沙灘終端之濱，是一望無際的藍白絕景。

- 面積　59.53km^2
- 人口　約8000人
- 飛機　那霸機場～久米島機場約30分鐘
- 渡船　泊港（沖繩本島）～兼城港（久米島）約3～4小時

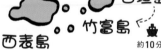

Mifuga岩

終端之濱

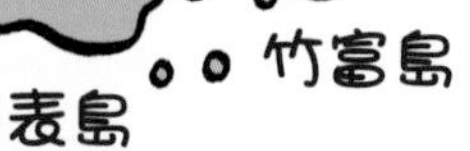

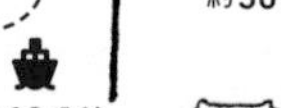

亞熱帶叢林密布的祕境

西表島
IRIOMOTEJIMA

從石垣島

約40分鐘

仲間川

西表山貓

僅次於沖繩本島為縣內第2大島。茂密的叢林占全島面積9成以上，西表山貓等多種稀有動植物棲息於此處。標準玩法是坐遊船或參加自然導覽團，欣賞毫無修飾的自然之美。

- 面積　289.3km^2
- 人口　約2400人
- 渡船　石垣港離島碼頭（石垣島）～到上原港40～45分鐘／～到大原港（西表島）35～40分鐘

 自然資源充沛的療癒之島

從沖繩本島  約50分鐘

宮古島

MIYAKOJIMA >>> P.206

砂山海灘

伊良部大橋

由8座小島組成的宮古群島主島。島上地勢平緩沒有山丘也沒有河流，珊瑚礁海的水質透明純淨。除了走訪斷崖連綿的東平安名崎、以橋樑相連的池間島等風景名勝外，還可以到島上市中心平良市區享受美食與購物樂趣。

面積　204km²

人口　約5萬5000人

飛機　那霸機場～宮古機場約50分鐘

 八重山文化的中心

從沖繩本島 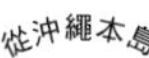 約1小時

石垣島

ISHIGAKIJIMA >>> P.207

靠近北迴歸線的八重山群島主島。島上的美麗自然景觀是最大亮點，以被選為日本百大景點的絕景川平灣為首，還有可看到珊瑚群的白保海岸、雄偉的石垣島鐘乳石洞等。石垣市區也有多家餐飲店和伴手禮店，可享逛街樂趣。

面積　222.63km²

人口　約4萬8000人

飛機　那霸機場～石垣機場約1小時

川平灣

石垣島鐘乳石洞

 遇見昔日沖繩小島

從石垣島 約10分鐘

竹富島

TAKETOMIJIMA >>> P.204

紅瓦村落

九重葛

石垣島以西約6km，周長約9km的小島。島中心有珊瑚石牆環繞的紅瓦屋頂房舍林立，可以看到沖繩的傳統村落風貌。以小島南側為中心的整片純白沙灘美麗無比。

面積　5.42km²

人口　約350人

渡船　石垣港離島碼頭（石垣島）～竹富東港（竹富島）搭快船約10分鐘

也可以從日本本島直接前往離島。從羽田、關西機場有班機飛往宮古島，從羽田、中部、關西、福岡機場（季節航班）則有飛往石垣島的班機。

度過慵懶的島時間

竹富島

竹富島還保有沖繩原始風貌的傳統村落。島上一隅也有高級度假飯店，可以度過寧靜的假期。

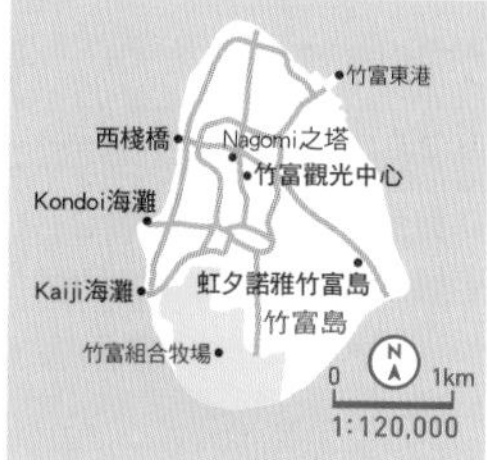

在竹富島必做的 5 件事

歷史悠久被指定為國家街景保存地區的村落，和保有自然原貌的美麗海灘值得一遊。搭乘饒富情趣的牛車觀光也很有趣。

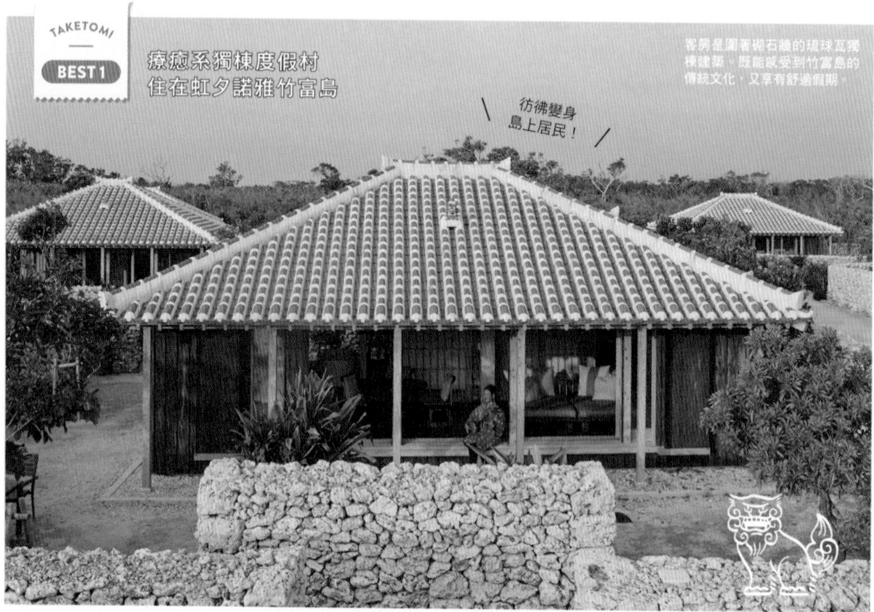

療癒系獨棟度假村 住在虹夕諾雅竹富島

客房是圍著砌石牆的琉球瓦獨棟建築。既能感受到竹富島的傳統文化，又享有舒適假期。

在自家生活的住宿體驗

虹夕諾雅竹富島

共有48棟模擬島上傳統屋舍且附庭院的獨棟客房。所有房間都朝南，打造出海風輕拂，充滿隱私感的空間。

八重山郡竹富町竹富
0570-073-066（虹夕諾雅綜合訂位專線）
從竹富港約2km。有專車接送。

❶度假村餐點使用島上採取的蔬菜或香草。 ❷也有源自竹富島的Minsa織等傳統文化體驗課程。 ❸SPA使用朱槿或月桃等八重山群島的天然素材。可以調整體內循環。 ❹客房採用島上傳統建築。 ❺在餐廳可以品嘗到用當地食材結合法式烹調手法煮出的特色料理。

回到令人懷念的沖繩

紅瓦街景

村內的紅瓦房屋間隔珊瑚石牆排列得井然有序。走在南國花卉妝點的白沙小路上參觀。

大多為私人民宅，請不要進入參觀。

🕒 需時：約30分鐘

推薦體驗行程

水牛車

搭水牛車繞行紅瓦村莊一圈。享受在牛車上搖晃的慵懶散步樂趣。

〔竹富觀光中心〕
🏠 竹富町竹富441
☎ 0980-85-2998
費 1200日圓　交 從竹富港搭免費接駁巴士約5分鐘

TAKETOMI BEST 2 在紅瓦屋頂的村落散步

繞行村莊一圈約30分鐘。享受優閒的散步樂趣。

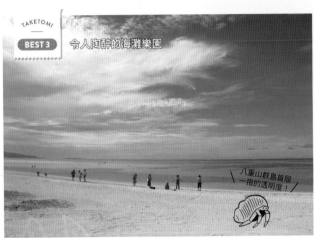

TAKETOMI BEST 3 令人陶醉的海灘樂園

八重山群島首屈一指的透明度！

海灘面西，越接近日落時間越美麗。附近有突出於海面的西棧橋，是頗受歡迎的夕陽景點。

水清浪靜的淺灘

Kondoi海灘

位於島嶼西側，以美麗白沙傲視八重山群島的海灘。雖然沒有救生員，但設有淋浴間和洗手間，很多人在此開心戲水。

🏠 竹富町竹富
☎ 0980-82-5445
（竹富町觀光協會）
營 自由參觀　費 免費
交 從竹富港約3km
🚗 無

TAKETOMI BEST 4 一起探尋「星沙」吧！

此地潮流較急，無法游泳，就改為享受散步之樂吧。

星形海沙是特色的海灘

皆治海灘

位於島的西側、Kondoi海灘南方的寧靜海灘。以其星形的沙粒聞名。

🏠 竹富町竹富
☎ 0980-82-5445
（竹富町觀光協會）
營 自由參觀
交 從竹富港約2.5km
🚗 無

TAKETOMI BEST 5 在西棧橋看夕陽

夏季的日落時間約在19點30分，冬天則是18點左右。

島民聚集的夕陽勝地

西棧橋

突出於西海岸的長棧橋，是知名的賞夕陽勝地。島民也會在涼爽的傍晚時分前來。

🏠 竹富町竹富
☎ 0980-82-5445
（竹富町觀光協會）
營 自由散步
交 從竹富港約2km
🚗 無

竹富島上有以星沙聞名的皆治海灘等美麗海灘散布其間，但請留意有多處地點因潮流湍急不適合游泳。

尋訪清澈透明的藍海

 宮古島

宮古島以海水透明度高而聞名，也是頗受歡迎的潛點。將足跡延伸至周邊島嶼，盡情享受自然之美。

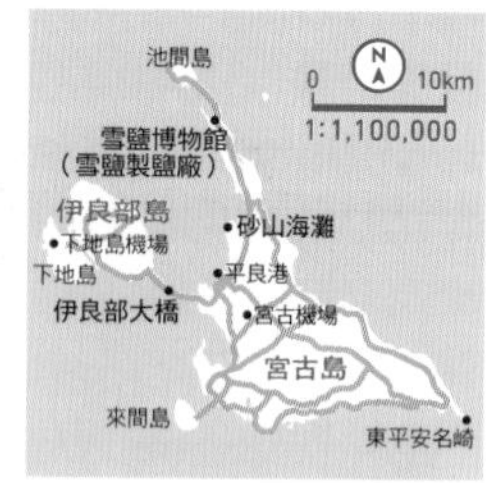

在宮古島必做的 3件事

到砂山或與那霸前濱等海灘遊玩感受大海之美。也推薦開車造訪東平安名崎和伊良部島，欣賞無敵景觀。

MIYAKO
BEST 1
享受東洋最美的大海
岩石本身是隆起的珊瑚礁。

海浪侵蝕形成的隧道。陰涼處相當舒適。

❶名字由來是海灘前方高約10m的砂山。一爬上山大海就在眼前。
❷位於西岸，是頗受歡迎的夕陽景點。拍照收藏這動人的一幕吧。

奇石天然海灘

砂山海灘

裂個大洞的巨岩是海灘地標。也是知名的夕陽景點。赤腳走在乾爽的粉沙上相當舒服。

🏠宮古島市平良荷川取
☎0980-73-2690（宮古島市觀光商工課）
㊫自由參觀　㊬免費
㊂從宮古機場約8km
🚗有

到此參觀體驗！

觀察宮古海洋生物

位於海岸沿線的海中觀察設施。透過24個窗戶可以看到棲息於海底的蝴蝶魚。

〔宮古島海中公園〕

🏠宮古島市平良狩俣2511-1
☎0980-74-6335　㊫10:00～18:00
㊡全年無休　㊬門票1000日圓
㊂從宮古機場約15km　🚗有

日本第一長橋！

伊良部大橋

下橋後的伊良部島和下地島一帶，海水透明度絕佳。也有時髦咖啡館。

2015年1月開通，是日本最長的免費通行橋樑。連結宮古島和伊良部島全長3540m，是「珊瑚島」（譯註：珊瑚島日文Sangonoshima，和3540發音類似）的諧音。

🏠宮古島市平良久貝
☎0980-72-2769（沖繩縣宮古土木事務所）
㊂從宮古機場約8km
🚗有

MIYAKO
BEST 3

參觀「雪鹽」的製造流程

參觀完可以品嘗雪鹽做成的人氣金楚糕或名產霜淇淋。

取海水製鹽

雪鹽博物館（雪鹽製鹽廠）

「雪鹽」是用海水製成，顆粒細緻的粉狀天然鹽。在製鹽廠附設的博物館聽取導覽員解說製造流程等。

🏠宮古島市平良狩俣191
☎0980-72-5667
㊫9:00～18:30（10～3月～17:00）　㊡全年無休　㊬免費　㊂從宮古機場約16km
🚗有

擁有豐富的自然人文景觀

 石垣島

海洋與山丘形成的豐富自然景觀，讓石垣島充滿魅力。八重山群島的文化中心石垣市區也有歷史名勝。還能享用各種美食。

石垣島必做的 3件事

以絕景川平灣為首，開車逛遍島內的風景名勝。在朝氣蓬勃的石垣市享受名產美食與購物樂趣。

要拍照可上川平公園的觀景台。有6座無人島像是要堵住海灣般漂浮於此。

無敵美景

川平灣

隨著白沙和時間改變海洋色澤交織出的風貌，是石垣首屈一指的美景。玻璃船頗受觀光客歡迎。

- 石垣市川平
- ☎0980-82-2809（石垣市觀光交流協會）
- 營 自由參觀
- 交 從石垣機場約20km
- 🚗 有

白天擠滿觀光客有點混亂。建議在寧靜的清晨或傍晚到訪。

ISHIGAKI
BEST 2
到歷經20萬年才形成的鐘乳石洞探險

歲月悠久的自然界行為

石垣島鐘乳石洞

在全長約3.2km的鐘乳石洞內，約有660m對外開放。如迷宮般延伸的步道兩旁有無數鐘乳石和石筍並立，還看得到硨磲貝的化石。

打上燈光的鐘乳石洞充滿神祕氣氛。平均溫度為22℃就算盛夏時分也很涼爽。

- 石垣市石垣1666
- ☎0980-83-1550
- 營 9:00～18:00
- 休 全年無休 費 1080日圓
- 交 從石垣機場約13km
- 🚗 有

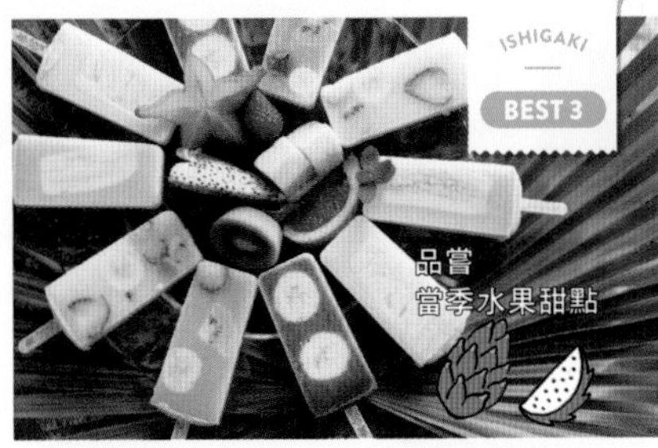

寶石般的水果

Fruit Jewelry Factory

可吃到石垣島生產的鳳梨或芒果等南方水果的咖啡館。招牌甜點是用當季水果做成的冰棒。

自家工廠的手工冰棒540日圓。也推薦果泥。

- 石垣市大川270-3
- ☎0980-87-5524
- 營 10:00～20:00
- 休 不定 交 從石垣港離島碼頭約1km
- 🚗 無

前世界拳擊冠軍具志堅用高是石垣島人。石垣市區有「具志堅用高紀念館」，介紹他的豐功偉績。

沖繩之旅 Info

事先查清楚就放心

到沖繩的交通方式

到沖繩本島的航班，以全日本各地飛往那霸機場的直飛班機最方便。先來研究如何買到便宜機票等的交通方式！

從日本各地前往沖繩的交通方式

飛機班次、票價和出發時間依各機場和航空公司而異。訂票前請多做比較。

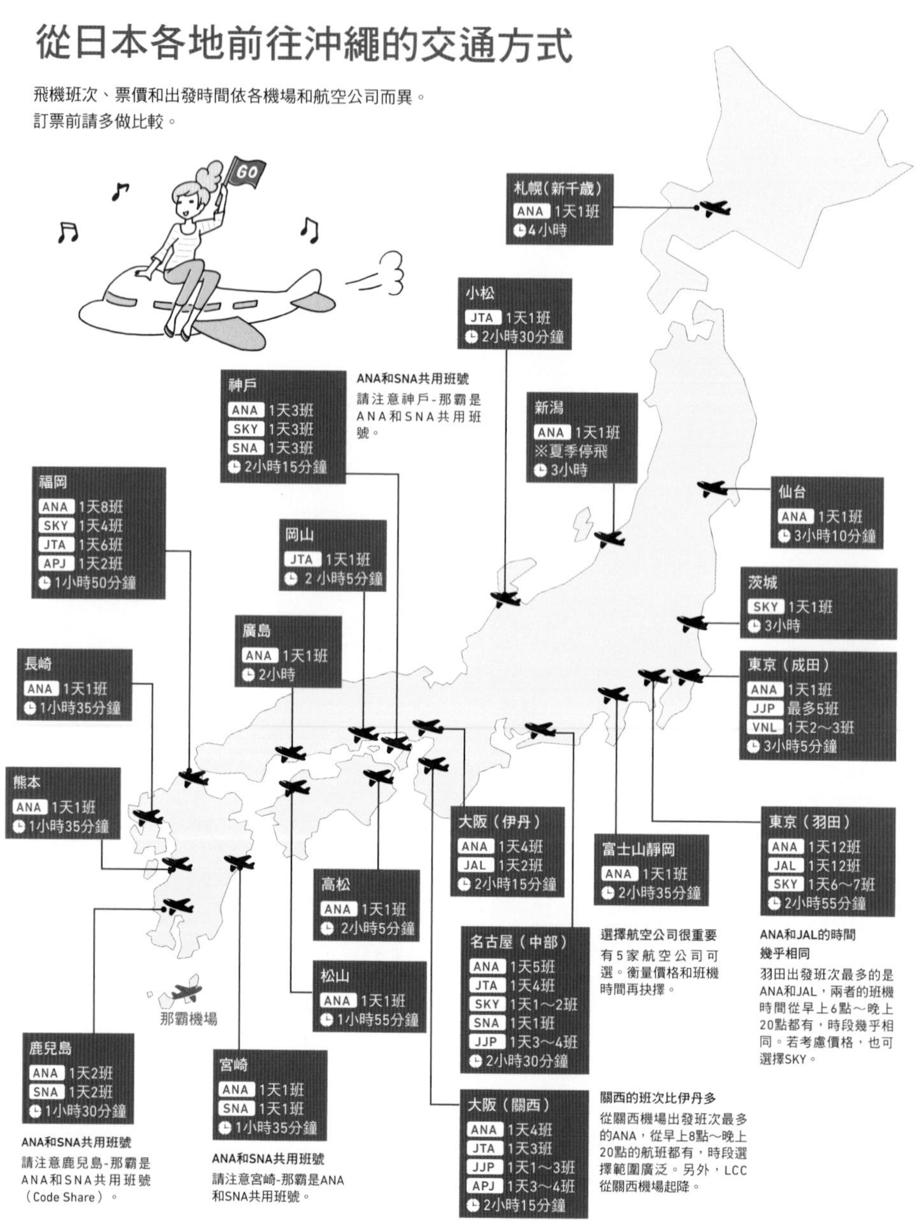

規畫HINT

決定好旅行計畫後，就要訂機票和飯店。
提早預訂就能買到特價機票。建議新手可參加旅行社的套裝行程。

HINT.1

利用機票折扣

想買到便宜機票，可利用ANA的「旅行折扣75」、JAL的「搶先優惠」。提前75天以上訂票最多可享有超過70%的折扣。

優點 提早訂票享優惠。

缺點 退票手續費高昂。

HINT.2

選擇LCC（廉航）的促銷票

現在從那霸機場到成田、關西、中部和福岡機場都有LCC航班。還有單程數百日圓等的促銷活動，想搶到便宜機票的人可留意關注。

優點 價格便宜

缺點 無法更改航班、退票手續費高昂等。

HINT.3

比較各航空公司的票價後再購買

稍微辛苦的做法是從數家航空公司中，尋找符合預算和時間需求的航班。這時建議利用能列出不同公司航班的比較網站。

推薦網站

TRAVELKO

http://www.tour.ne.jp/

蒐集約300家旅行社資料的比較網站。

HINT.4

利用套裝行程

不想費神規畫旅程，旅行社的套裝行程就很方便。也有比自助還便宜的優惠行程。

優點 價格便宜

缺點 無法更改航班、退票手續高昂等。

推薦網站

樂天Travel ANA輕鬆遊行程

http://travel.rakuten.co.jp/package/ana/
選ANA機票+飯店。可累計里程。

樂天Travel JAL輕鬆遊行程

http://travel.rakuten.co.jp/package/jal/
選JAL機票+飯店。可選「艙等」。

沖繩專業套裝行程網站

「旅來沖繩」（Tabirai Okinawa）

頗受沖繩常客歡迎的「旅來沖繩」，可以輕鬆比較各種套裝行程。從約50家旅行社的行程中迅速找到最便宜的活動做比較。也能找到划算且具特色的私房行程。
http://www.tabirai.net/tour/okinawa/

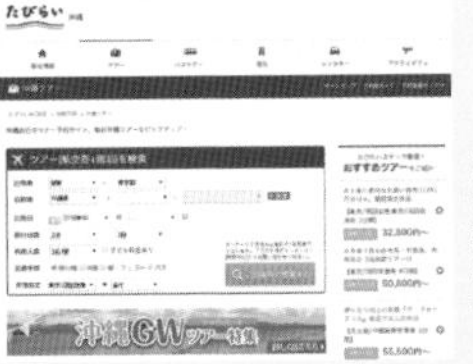

旅來沖繩
蒐集沖繩旅遊活動、租車、飯店或觀光資訊等的網站。

【航空公司詢問處】

- ANA（全日空）☎0570-029-222
- JAL（日本航空）☎0570-025-071
- JTA（日本越洋航空）☎0570-025-071
- SKY（天馬航空）☎0570-039-283
- SNA（亞洲天網航空）☎0570-037-283
- JJP（捷星日本）☎0570-550-538
- VNL（香草航空）☎0570-6666-03
- APJ（樂桃航空）☎0570-001-292

沖繩之旅 Info

沖繩玄關

那霸機場指南

那霸機場的旅客人數為日本國內數一數二。
擁有國內線、國際線、LCC三個航廈，
從日本各地飛來的航班幾乎降落在國內線航廈。

那霸機場國內線

國內線航廈共4層樓，提供完善的設施與服務。1樓入境大廳有觀光諮詢服務台和各種交通工具的搭乘處。2～4樓的出境大廳有販售各項沖繩伴手禮的商店和餐廳。

那霸機場

那霸市鏡水150
098-840-1179（綜合諮詢櫃台）
有（收費）
那霸 ▶MAP P18 A-3

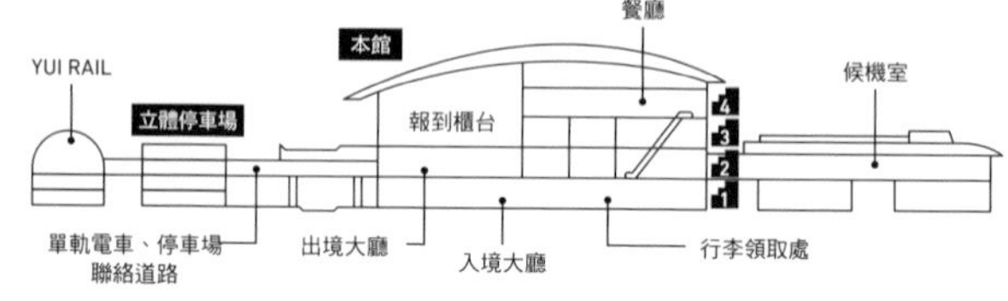

1樓入境大廳

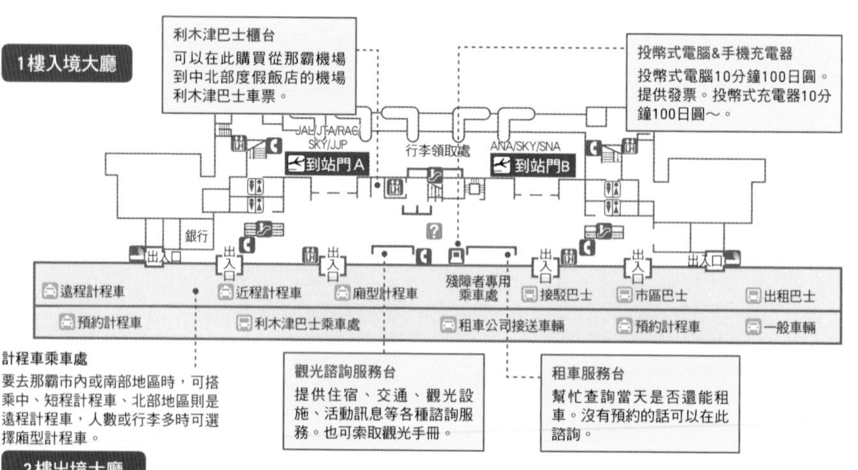

利木津巴士櫃台
可以在此購買從那霸機場到中北部度假飯店的機場利木津巴士車票。

投幣式電腦&手機充電器
投幣式電腦10分鐘100日圓。提供發票。投幣式充電器10分鐘100日圓～。

計程車乘車處
要去那霸市內或南部地區時，可搭乘中、短程計程車、北部地區則是遠程計程車，人數或行李多時可選擇廂型計程車。

觀光諮詢服務台
提供住宿、交通、觀光設施、活動訊息等各種諮詢服務。也可索取觀光手冊。

租車服務台
幫忙查詢當天是否還能租車。沒有預約的話可以在此諮詢。

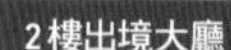

2樓出境大廳

餐廳
有沖繩料理美食區。想好好吃頓飯時可以到3～4樓。有沖繩料理、壽司、西餐和中國菜等多種選項。

商店
有多家販售沖繩伴手禮的商店。也有書店和便利店。

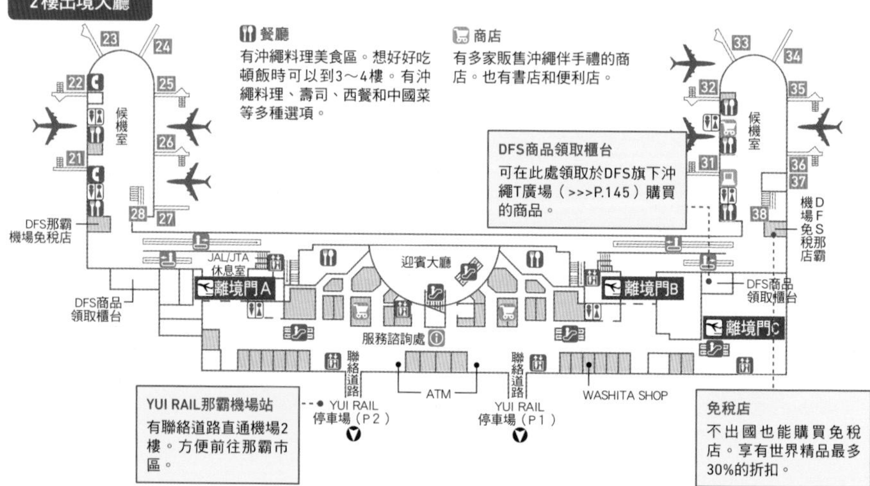

DFS商品領取櫃台
可在此處領取於DFS旗下沖繩T廣場（>>>P.145）購買的商品。

YUI RAIL那霸機場站
有聯絡道路直通機場2樓。方便前往那霸市區。

免稅店
不出國也能購買免稅店。享有世界精品最多30%的折扣。

從機場到各地區的交通工具

以下是從機場到各地的主要交通工具。
到那霸市區可搭YUI RAIL或計程車、前往度假飯店則可搭機場利木津巴士等輕鬆移動。

沖繩都市單軌電車
YUI RAIL

連接那霸機場和首里的單軌電車。通往國際通周邊等那霸市中心，到市區相當方便。
>>>P.212

租車
RENTAL CAR

基本上須事先預約，如果有空車也能在抵達沖繩時到櫃台申請。走出入境大廳穿過馬路就是各租車公司的接送巴士乘車處。到各公司辦公室再辦理租車手續。
>>>P.216

接駁計程車
TAXI

從機場直達度假飯店的計程車。採事先預約制，費用依地點而定，令人放心。也有加價順遊附近景點的服務。費用及所需時間，會因計程車公司不同而有差異，不過參考標準如右表。

飯店	需時	小型車（4人座）	中型車（5人座）
沖繩海灘塔飯店	約**50**分鐘	5000日圓	6000日圓
沖繩殘波岬皇家飯店	約**70**分鐘	7000日圓	8000日圓
沖繩文藝復興度假村	約**70**分鐘	7000日圓	8000日圓
ANA萬座海濱洲際飯店	約**70**分鐘	8000日圓	1日圓
大型私人海灘&度假村	約**130**分鐘	1萬4000日圓	1萬8000日圓

機場利木津巴士
LIMOUSINE BUS

利木津巴士行走於機場和主要度假飯店之間。在機場入境大廳的利木津巴士櫃台就可買票。因為無法事先預約，巴士坐滿時必須等下一班車，旺季時請多預留點時間。

AREA A 1天13班

- Laguna Garden飯店 ¥600日圓 37分鐘
- 沖繩海灘塔飯店 ¥800日圓 46分鐘
- 沖繩Vessel飯店 ¥800日圓 59分鐘
- 沖繩北谷喜來登度假村 ¥800日圓 1小時6分鐘

AREA B 1天5班

- 沖繩文藝復興度假村 ¥1500日圓 1小時10分鐘
- 沖繩殘波岬皇家飯店 ¥1500日圓 1小時25分鐘
- 日航Alivila飯店 ¥1500日圓 1小時30分鐘

AREA C 1天6班

- 月亮海灘飯店 ¥1500日圓 1小時
- 沖繩蒙特利水療度假飯店 ¥1500日圓 1小時3分鐘
- 聖瑪麗娜海濱飯店 ¥1600日圓 1小時8分鐘
- 谷茶灣麗山海洋公園飯店 ¥1600日圓 1小時12分鐘
- ANA萬座海濱洲際飯店 ¥1700日圓 1小時31分鐘

AREA D 1天2班

- 沖繩喜璃癒志海灘度假飯店 ¥2000日圓 1小時36分鐘
- The Busena Terrace ¥2000日圓 1小時45分鐘
- 沖繩萬豪度假飯店 ¥2100日圓 1小時50分鐘
- 沖繩麗思卡爾頓飯店 ¥2100日圓 1小時53分鐘
- 喜瀨海灘皇宮飯店 ¥2200日圓 1小時59分鐘

AREA E 1天1班

- 名護巴士總站 ¥2200日圓 1小時33分鐘
- 名護索年 ¥2400日圓 1小時59分鐘
- 紀念公園前（沖繩美麗海水族館） ¥2500日圓 2小時23分鐘
- 沖繩美麗海世紀飯店 ¥2500日圓 2小時26分鐘
- Orion本部度假SPA飯店 ¥2500日圓 2小時29分鐘

※除了以上飯店還有其他停靠點。詳情請洽機場利木津巴士服務中心（☎ 098-869-3301）。

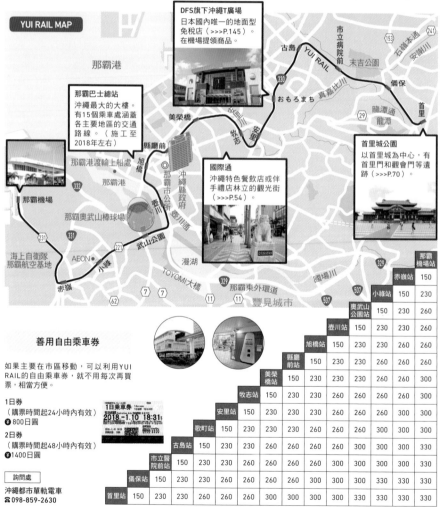

沖繩之旅 Info

善加利用！
沖繩交通指南

依旅遊目的或風格、預算，有多種交通工具可選。
配合不同計畫選擇最佳交通方式吧。

＼ 沖繩唯一的電車 ／

連結那霸機場到首里長13km，車程約27分鐘的單軌電車。共15站，所以在那霸、首里地區觀光相當方便。行駛於8～20m高的鐵軌上，也能享受眺望市區和海景的樂趣。

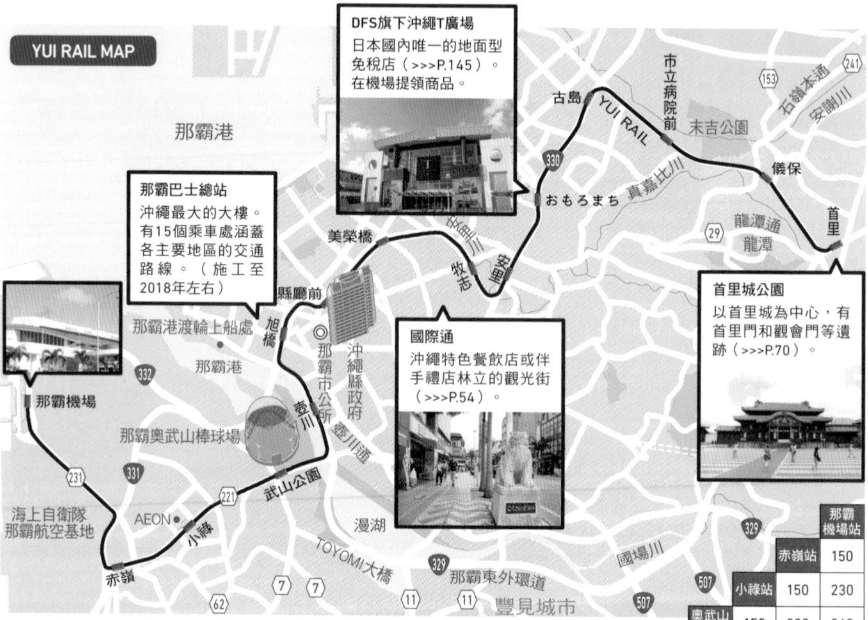

YUI RAIL MAP

DFS旗下沖繩T廣場
日本國內唯一的地面型免稅店（>>>P.145）。在機場提領商品。

那霸巴士總站
沖繩最大的大樓。有15個乘車處涵蓋各主要地區的交通路線。（施工至2018年左右）

國際通
沖繩特色餐飲店或伴手禮店林立的觀光街（>>>P.54）。

首里城公園
以首里城為中心，有首里門和觀會門等遺跡（>>>P.70）。

那霸機場、赤嶺、小祿、奧武山公園、壺川、旭橋、縣廳前、美榮橋、牧志、安里、おもろまち、古島、市立病院前、儀保、首里

善用自由乘車券

如果主要在市區移動，可以利用YUI RAIL的自由乘車券，就不用每次再買票，相當方便。

1日券
（購票時間起24小時內有效）
¥800日圓

2日券
（購票時間起48小時內有效）
¥1400日圓

詢問處
沖繩都市單軌電車
☎098-859-2630

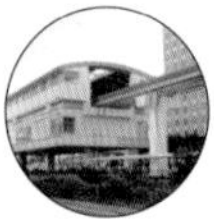

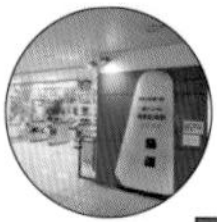

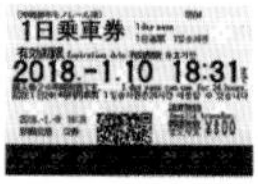

站名	儀保站	市立醫院前站	古島站	歌町站	安里站	牧志站	美榮橋站	縣廳前站	旭橋站	壺川站	奧武山公園站	小祿站	赤嶺站	那霸機場站
赤嶺站														150
小祿站													150	230
奧武山公園站												150	230	260
壺川站											150	230	230	260
旭橋站										150	230	230	260	260
縣廳前站									150	230	230	260	260	260
美榮橋站								150	230	230	230	260	260	300
牧志站							150	230	230	260	260	260	260	300
安里站						150	230	230	230	260	260	260	300	300
歌町站					150	230	230	230	260	260	260	300	300	300
古島站				150	230	230	260	260	260	260	300	300	300	330
市立醫院前站			150	230	230	260	260	260	260	300	300	300	300	330
儀保站		150	230	230	260	260	260	260	300	300	300	330	330	330
首里站	150	230	230	260	260	260	300	300	300	300	330	330	330	330

（日圓）

沖繩的計程車起跳價是550日圓，跳表價70日圓，比其他城市還便宜。若是短程移動，與其勉強在烈日下走路不如搭計程車既便利又輕鬆。街上整天都有多台計程車往來，叫車方便。

參考價格

	目的地	車資	需時
那霸機場→	國際通	約1110日圓～	約**10**分鐘
	首里城公園	約2000日圓～	約**20**分鐘
	和平祈念公園	約3560日圓～	約**40**分鐘
	美濱美國村	約4190日圓～	約**45**分鐘

詢問處

沖繩縣個人計程車行聯合工會
☎098-850-5151
沖繩縣租車・計程車協會
☎098-855-1344

善用觀光計程車

觀光計程車採計時制。
由熟悉沖繩道路的老司機來駕駛，提升旅程效率及安全性。

什麼情況下最方便？

沒有YUI RAIL經過的地區最好開車移動。若想自由行動通常會租車自駕，但不適合沒有駕照、不敢上路或想開心喝酒的人。公車有班次限制，要到遠離站牌的地方又很不方便。離開市中心很難招到普通計程車，必須打電話叫車等，各有不便之處。若是搭觀光計程車，任何地點都能來去自如，也不用浪費時間找停車場和繳停車費。司機還會帶領乘客到私房店家或景點等，好處多多。多人一起分攤車資也很實惠。

如何利用？

原則上採事先預約制，但也可以抵達當地後，請下榻的飯店等幫忙安排。除了計程車公司設定的建議路線外，也有計時制的包車自由行服務，還能依人數準備車輛。

包車自由行參考價格

時間	車資
3小時	1萬400日圓
5小時	1萬5900日圓
8小時	2萬4000日圓

MODEL PLAN

6小時南部觀光路線

在南部地區世界遺產和私房咖啡館分散各處，交通相對不方便。搭觀光計程車的話，就算只包6小時也能規畫得很充實！

詢問處

沖繩縣租車・計程車協會
☎098-831-9007

9:00
參觀世界遺產齋場御嶽

10:00
到新原海灘玩

12:00
到Kalika食堂用午餐

14:00
到國際通

＼ 體驗當地人的生活 ／

公共巴士因為路線複雜比較不受觀光客青睞，但只要知道搭乘方法卻很方便。拿張巴士路線圖，納入交通工具的行列吧。不時有因目的地而減少班次，或是末班車提早發車等情況發生，搭乘前務必確認清楚。

＊速查表僅供參考。搭車前請詢問客運公司。

費用・時間速查表

那霸機場➡	那霸巴士總站	名護巴士總站	紀念公園前（美麗海水族館）	和平祈念堂入口
	11分鐘 230日圓 那霸機場（國內線旅客航廈前） ⬇沖繩巴士120號系統及其他 那霸巴士總站	1小時45分鐘 2190日圓 那霸機場（國內線旅客航廈前） ⬇國道巴士111・117號系統 名護巴士總站	2小時18分鐘 2500日圓 那霸機場（國內線旅客航廈前） ⬇國道巴士117號系統 紀念公園前	1小時10分鐘 1200日圓 那霸機場（國內線旅客航廈前） ⬇那霸巴士25號系統及其他 軍棧橋前 ⬇琉球巴士交通89號系統及其他 系滿圓環 ⬇琉球巴士交通82號系統 和平祈念堂入口

那霸巴士總站➡	那霸機場	名護巴士總站	紀念公園前（美麗海水族館）	和平祈念堂入口
	11分鐘 230日圓 那霸巴士總站 ⬇沖繩巴士120號系統及其他 那霸機場（國內線旅客航廈前）	1小時33分鐘 2100日圓 那霸巴士總站 ⬇國道巴士111・117號系統 名護巴士總站	2小時 2400日圓 那霸巴士總站 ⬇國道巴士117號系統 紀念公園前	1小時20分鐘 890日圓 上泉巴士站 ⬇琉球巴士交通83號系統及其他 玻名城入口 ⬇琉球巴士交通82號系統 和平祈念堂入口

名護巴士總站➡	那霸機場	那霸巴士總站	紀念公園前（美麗海水族館）	和平祈念堂入口
	1小時45分鐘 2190日圓 名護巴士總站 ⬇國道巴士111・117號系統 那霸機場（國內線旅客航廈前）	1小時33分鐘 2100日圓 名護巴士總站 ⬇國道巴士111・117號系統 那霸巴士總站	40～55分鐘 880日圓 名護巴士總站 ⬇國道巴士117號系統 紀念公園前	2小時 2730日圓 名護巴士總站 ⬇國道巴士111號系統 國場巴士站 ⬇琉球巴士交通83號系統及其他 玻名城入口 ⬇琉球巴士交通82號系統 和平祈念堂入口

紀念公園前（美麗海水族館）➡	那霸機場	那霸巴士總站	名護巴士總站	和平祈念堂入口
	2小時18分鐘 2500日圓 紀念公園前 ⬇國道巴士117號系統 那霸機場（國內線旅客航廈前）	2小時 2400日圓 紀念公園前 ⬇國道巴士交通117號系統 那霸巴士總站	40~55分鐘 880日圓 紀念公園前 ⬇國道巴士117號系統 名護巴士總站	2小時30分鐘 3050日圓 紀念公園前 ⬇國道巴士117號系統 國場巴士站 ⬇琉球巴士交通83號系統及其他 玻名城入口 ⬇琉球巴士交通82號系統 和平祈念堂入口

和平祈念堂入口➡	那霸機場	那霸巴士總站	名護巴士總站	紀念公園前（美麗海水族館）
	1小時10分鐘 1200日圓 和平祈念堂入口 ⬇琉球巴士交通82號系統 系滿圓環 ⬇琉球巴士交通89號系統及其他 軍棧橋前 ⬇那霸巴士25號系統及其他 那霸機場（國內線旅客航廈前）	1小時25分鐘 890日圓 和平祈念堂入口 ⬇琉球巴士交通82號系統 玻名城入口 ⬇琉球巴士交通83號系統及其他 上泉巴士站	2小時 2730日圓 和平祈念堂入口 ⬇琉球巴士交通82號系統 玻名城入口 ⬇琉球巴士交通83號系統及其他 國場巴士站 ⬇國道巴士111號系統 名護巴士總站	2小時30分鐘 3050日圓 和平祈念堂入口 ⬇琉球巴士交通82號系統 玻名城入口 ⬇琉球巴士交通83號系統及其他 國場巴士站 ⬇國道巴士117號系統 紀念公園前

用智慧型手機搜尋行駛資訊

可事先確認4家客運公司（琉球巴士交通、沖繩巴士、東陽巴士、那霸巴士）的時刻表、車資、巴士行經位置的網站。
http://www.busnavi-okinawa.com/

善用定期巴士

繞行沖繩主要旅遊景點的觀光巴士。
可有效率地暢遊各景點且價格便宜，說不定還能和巴士上的乘客開心共遊！？

定期觀光巴士是什麼？

各家客運公司推出的觀光旅遊巴士。雖然價格依內容而異，但不光是車資，大部分都包含各景點門票或午餐費。雖然是按既定路線行駛，行程比較不自由，但比起觀光計程車等卻便宜不少。

如何利用？

必須打電話或寫email事先預約。可上各家客運公司的官網查詢行程內容和費用。集合地點和付款方式由客運公司自訂。

比較2家觀光巴士

	沖繩巴士			那霸巴士		
行程名稱	沖繩世界和戰地遺跡巡禮	美麗海水族館和今歸仁城跡	首里城・市內遺跡巡禮	首里城・沖繩世界路線	古宇利島・今歸仁城跡・美麗海路線	西海岸豐富美麗海路線
	約7小時 ¥ 4900日圓	約9小時45分鐘 ¥ 5500日圓	約4小時 ¥ 4000日圓	約7小時 ¥ 3900日圓	約9小時 ¥ 3900日圓	約9小時30分鐘 ¥ 3900日圓
主要觀光景點	沖繩巴士總公司出發8:30	沖繩巴士總公司出發8:30	沖繩巴士總公司出發13:00	那霸巴士總站出發9:00	那霸巴士總站出發8:30	那霸巴士總站出發8:00
首里城公園			●	★		
舊海軍司令部壕						
姬百合之塔	●					
和平祈念公園	●					
沖繩世界	●			●		
ASHIBINAA Outlet	●					
識名園			▲			
萬座毛		●				●
海洋博公園美麗海水族館		★			●	●
今歸仁城跡		●			●	●
名護鳳梨公園		●				●

★水族館門票另計
▲週三（若遇假日則順延至隔天）改到縣立博物館
★首里城正殿門票另計

詢問處

那霸巴士
☎098-868-3750
http://okinawa.0152.jp/

沖繩巴士
☎098-861-0083
http://okinawabus.com

善用巴士輕軌通票（Bus Mono Pass）

Bus Mono Pass是1天內無限次搭乘那霸巴士市內線和YUI RAIL的通票。還有配合的設施或餐廳提供折扣等優惠，可以逛遍那霸市區每個角落，相當好用。價格是大人1000日圓、兒童500日圓。可到YUI RAIL各站窗口及那霸巴士總站等處購買。

最自由

租車自駕 RENTAL CAR

在沖繩最方便的交通方式是租車自駕。租車費也比日本本土便宜，可不受時間限制自由移動。旺季等時節可能會租不到車，因此決定好出遊日期後請提早預約。

照片提供：沖繩豐田租車公司

利用方式

① 預約

上網預約最方便。選擇租車時間、車款後確認金額。也有汽車導航、兒童安全座椅、搭載ETC或禁菸、吸菸等項目供選擇。告知航班時間的話，還能到機場接機。

② 從機場到營業所

租車公司的營業所位於機場範圍外，可從機場搭專車前往。走出入境大廳穿過馬路就會看到各租車公司的招牌，工作人員會在招牌前等候。

③ 到櫃台辦手續

出示駕照辦理簽約手續。現場會詢問是否要買保險，請確認內容後再決定。租車費也在此時支付，刷卡比較方便。旺季時人多擁擠，可能要等30分鐘左右。

④ 取車並檢查

工作人員帶領前往取車處，先一起檢查車體是否有損傷。並確認車子各項操作方式和導航用法等不清楚的地方。在熟悉車子前請提醒自己要小心開車。

還車時…

- 自行加滿油
- 工作人員檢查車子是否有損傷
- 搭專車前往機場

在網路上事先比較預約

利用租車比較網站，列出便宜專案或喜歡的車款。也有送加油券或折價券的優惠活動。

沖樂

最短1分鐘就能輕鬆訂好沖樂推薦的特價優惠專案。也有各營業所的照片和評價等豐富資訊。
http://oki-raku.net/

旅來沖繩

嚴選12家公司保證最便宜。所有方案的費用都含免自負額保險費及消費稅，讓人放心。
http://car.okitour.net/

主要租車公司

公司名稱	預約專線	機場營業所
日本租車	☎0800-500-0919	☎098-859-0505
豐田租車	☎0800-7000-111	☎098-857-0100
日產租車	☎0120-00-4123	☎098-858-0023
AIRS CLUB租車	☎098-852-1616	☎098-852-1616
歐力士租車	☎0120-30-5543	☎098-851-0543
THANK YOU租車	☎0120-390-841	☎098-857-0390
OTS租車	☎0120-34-3732	☎098-856-8877
富士租車	☎0120-439-022	☎098-858-9330
時代租車	☎0120-10-5656	☎098-858-1536
SKY租車	☎098-859-6505	☎098-858-0678
J NET租車	☎0120-49-3711	☎098-852-0070
Luft Travel租車	☎0120-38-7799	☎098-856-8926
沖繩機車出租JASMIN	☎098-859-5653	—
Celeb租車	☎0120-859-337	☎098-859-3337

＼ 延伸腳步到離島！ ／

渡輪 FERRY

沖繩本島附近有座間味島、渡嘉敷島等離島分布其間，從那霸市泊港或北部的本部港有定期渡輪往返。還能輕鬆前往如伊江島等可當天來回的多座離島，費用也便宜。>>>P.34

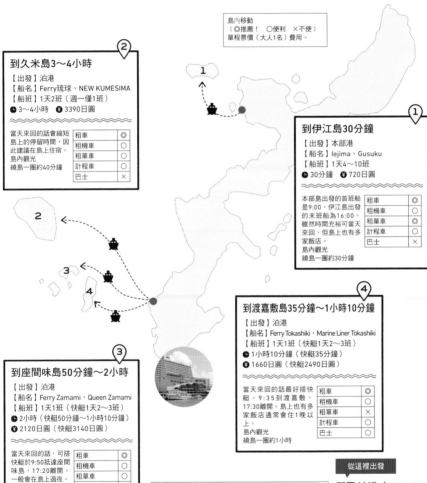

島內移動
〔◎推薦！ ○便利 ×不便〕
單程票價（大人1名）費用。

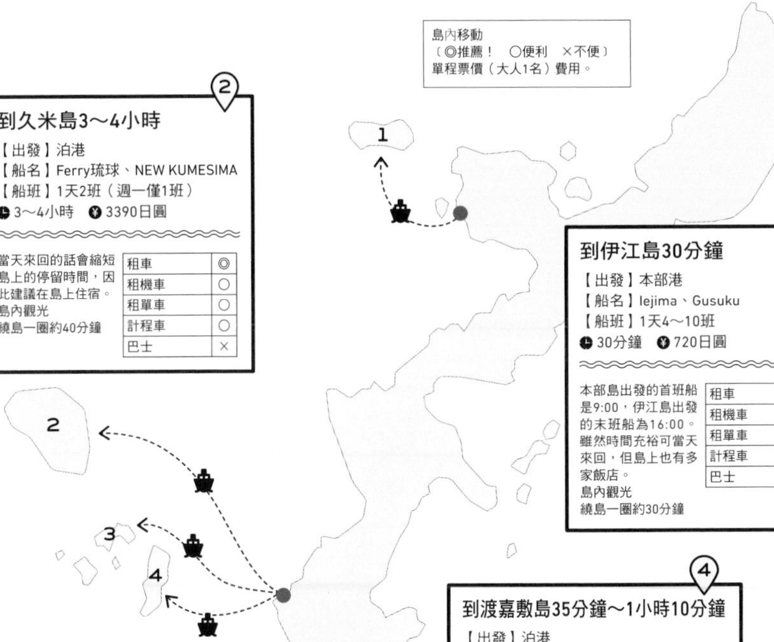

① 到伊江島30分鐘

【出發】本部港
【船名】Iejima、Gusuku
【船班】1天4～10班
🕒 30分鐘 ¥ 720日圓

本部島出發的首班船是9:00，伊江島出發的末班船為16:00。雖然時間充裕可當天來回，但島上也有多家飯店。
島內觀光
繞島一圈約30分鐘

租車	◎
租機車	○
租單車	◎
計程車	○
巴士	×

② 到久米島3～4小時

【出發】泊港
【船名】Ferry琉球、NEW KUMESIMA
【船班】1天2班（週一僅1班）
🕒 3～4小時 ¥ 3390日圓

當天來回的話會縮短島上的停留時間，因此建議在島上住宿。
島內觀光
繞島一圈約40分鐘

租車	◎
租機車	○
租單車	○
計程車	○
巴士	×

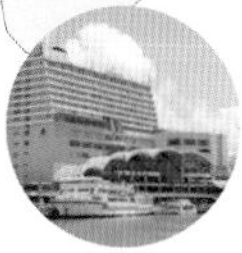

③ 到座間味島50分鐘～2小時

【出發】泊港
【船名】Ferry Zamami、Queen Zamami
【船班】1天1班（快艇1天2～3班）
🕒 2小時（快艇50分鐘～1小時10分鐘）
¥ 2120日圓（快艇3140日圓）

當天來回的話，可搭快艇於9:50抵達座間味島，17:20離開。一般會在島上過夜。
島內觀光
繞島一圈約3小時

租車	◎
租機車	○
租單車	○
計程車	×
巴士	×

④ 到渡嘉敷島35分鐘～1小時10分鐘

【出發】泊港
【船名】Ferry Tokashiki、Marine Liner Tokashiki
【船班】1天1班（快艇1天2～3班）
🕒 1小時10分鐘（快艇35分鐘）
¥ 1660日圓（快艇2490日圓）

當天來回的話最好搭快艇。9:35到渡嘉敷，17:30離開。島上也有多家飯店通常會住1晚以上。
島內觀光
繞島一圈約1小時

租車	◎
租機車	○
租單車	×
計程車	○
巴士	○

詢問處

渡嘉敷村（那霸聯絡事務所）
☎098-868-7541
座間味村（那霸辦事處）
☎098-868-4567
久米商船股份有限公司（那霸總公司）
☎098-868-2686
伊江村公營企業課
☎0980-49-2255

從這裡出發

那霸 泊港（TOMARIN）

「TOMARIN」是位於那霸市泊港的複合式客輪航站大樓。大樓內有各船班的售票處。

🏠那霸市前島3-25-1
☎未公開 營依店鋪而異
休全年無休（依店鋪而異）
交YUI RAIL美榮橋站步行約10分鐘
那霸 ▶MAP P20 B-1

沖繩之旅 SUPER INDEX

營業時間、公休日或停車位等，只要一眼就能在各類別中找到想查詢的資料！
讓沖繩之旅暢行無阻的實用索引。

PLAY

地區	店家・景點	公休日	營業時間	類別	停車場	頁碼	MAP
阿嘉島	阿嘉島	–	–	離島	–	34	P.3 E-3
中部	AMAMI SPA	全年無休	10:00～22:00	SPA	有	43	P.22 B-2
中部	安良波海灘	戲水期間的4月下旬～10月底	9:00～18:00及其他	海灘	有	31	P.22 B-3
美麗海水族館周邊	翡翠海灘	戲水期間的4～10月底	8:30～19:00及其他	海灘	有	53	P.12 C-1
山原	奧間海灘	全年無休	9:00～18:00及其他	海灘	有（收費）	25	P.16 B-3
美麗海水族館周邊	Ohana SUP OKINAWA	全年無休	9:00～18:00左右	活動	有	27	P.13 E-2
竹富島	Kaiji海灘	–	–	海灘	無	205	–
中部	海中道路	–	–	橋	有	173	P.9 E-2
美麗海水族館周邊	卡努佳海灘	戲水期間的4～10月	9:00～18:00	海灘	有	25	P.14 B-3
中部	Gum～我們的夢想～	全年無休	依項目而異	活動	有	33	P.7 F-2
Kuefu島	Kuefu島	–	–	離島	–	34	P.3 E-3
山原	國頭村森林公園（森林浴健行）	–	–	自然	有	186	P.16 C-3
美麗海水族館周邊	古宇利大橋	–	–	橋	–	40	P.13 E-2
中部	Coco Spa	全年無休	14:00～24:00	SPA	有	42	P.8 C-1
南部	Komaka島	–	–	離島	–	35	P.3 E-3
竹富島	Kondoi海灘	–	–	海灘	無	205	P.204
座間味島	座間味島	–	–	離島	–	34	P.3 E-3
那霸	Sea World	全年無休	8:00～20:00	活動	有	27	P.18 C-1
宮古島	砂山海灘	–	–	海灘	有	206	P.206
美麗海水族館周邊	瀨底海灘	天候不佳時	9:00～17:00及其他	海灘	有（收費）	28	P.12 C-2
山原	森林浴健行	不定期舉辦	需預約	自然	–	186	–
美麗海水族館周邊	Chigunu海灘	–	–	海灘	無	179	P.13 E-1
中部	北谷日落海灘	游泳期間4月～11月	9:00～18:00及其他	海灘	有	31	P.22 B-2
美麗海水族館周邊	Tinu海灘	–	–	海灘	有（收費）	179	P.13 E-1
那霸	嘟嘟車租借處那霸國際通店	全年無休	8:00～19:00	租車中心	無	57	P.21 D-2
那霸	NAKAO照相館	7月第1週週三和隔天	8:30～18:00及其他	琉球服飾	無	74	P.23 E-1
那霸	波之上海灘	游泳期間4月～10月	9:00～18:00	海灘	有（收費）	163	P.18 C-1
美麗海水族館周邊	21世紀森林海灘	游泳期間4月下旬～9月下旬	9:00～18:30及其他	海灘	有	30	P.12 A-3
南部	彼岸橋	–	–	橋	–	40	P.5 E-3
西海岸度假區	Nirai海灘	全年無休	9:00～18:00及其他	海灘	有	24	P.8 A-1
山原	比地大瀑布	全年無休	9:00～17:00	活動	有	183	P.16 C-3
南部	百名海灘	–	自由戲水	海灘	無	167	P.5 E-2
西海岸度假區	MARINE CLUB Nagi	全年無休	7:30～22:00	活動	有	33	P.10 A-3
西海岸度假區	Marine Support TIDE・殘波	全年無休	8:00～22:00	活動	有	33	P.8 A-1
西海岸度假區	萬座海灘	全年無休	9:00～18:00及其他	海灘	有（4～10月收費）	24	P.10 C-2
南部	新原海灘	游泳期間4月～10月	8:30～16:30及其他	海灘	有（收費）	29.167	P.5 E-2
美麗海水族館周邊	水納島	–	–	離島	–	35	P.12 B-2
西海岸度假區	月亮海灘	全年無休	8:30～18:00及其他	海灘	有（收費）	26	P.10 A-1
山原	山原俱樂部	全年無休	8:00～22:00	活動	有	37	P.14 C-2
山原	山原學習之森（森林浴步道）	–	–	自然	有	186	P.17 D-3
山原	與那霸岳登山道（森林浴步道）	–	–	自然	有	186	P.16 C-3
西海岸度假區	Renaissance海灘	全年無休	9:00～19:00及其他	海灘	有	24	P.10 A-2

TOURISM

地區	店家・景點	公休日	營業時間	類別	門票	停車場	頁碼	MAP
美麗海水族館周邊	伊江島	–	–	離島	–	–	181	P.12 A-1
中部	伊計島	–	–	離島	–	–	173	P.9 F-1
石垣島	石垣島鐘乳石洞	全年無休	9:00～18:00	自然	1080日圓	有	207	P.207
宮古島	伊良部大橋	–	–	橋	免費	有	206	P.206
那霸	Umichurara	全年無休	10:00～22:00	其他	免費	無	159	P.20 B-3
南部	奧武島	–	–	離島	–	–	167	P.5 E-2
那霸	奧原玻璃製造所	週四	9:00～18:00及其他	琉球玻璃體驗	–	有（收費）	158	P.21 D-2
美麗海水族館周邊	沖繩鄉土村	12月第1週週三及隔天	8:30～18:30及其他	歷史&文化	免費	有	53	P.12 C-2

美麗海水族館周邊	美麗海水族館	12月第1週週三及隔天	8:30～17:30及其他	水族館	1850日圓	有	49	P.12 C-1
中部	okinawan music kalahaai	全年無休	18:00～21:00	島歌現場表演	2800日圓～	有（收費）	75	P.22 B-2
南部	琉球世界	全年無休	9:00～17:00	主題樂園	1240日圓及其他	有	76	P.5 D-2
美麗海水族館周邊	Orion Happy Park	不定	9:20～16:40（須預約參觀）	主題樂園	免費	有	77	P.12 B-3
美麗海水族館周邊	海洋博公園	12月第1週週三及隔天	8:00～18:00及其他	主題樂園	免費	有	52	P.12 C-2
美麗海水族館周邊	海洋文化館	12月第1週週三及隔天	8:30～18:30及其他	歷史&文化	190日圓	有	53	P.12 C-2
中部	勝連城跡	–	自由參觀	歷史&文化	–	有	61	P.9 D-2
首里	金城大樋川	–	自由參觀	歷史&文化	–	無	73	P.23 D-1
石垣島	川平灣	–	自由參觀	自然	–	有	207	P.207
山原	茅打斷崖	–	自由參觀	自然	–	有	184	P.17 D-1
西海岸度假區	Gala青海	全年無休（珊瑚田須詢問）	10:00～18:00及其他	主題樂園	免費及其他	有	177	P.8 A-1
南部	甘加拉山谷	全年無休	9:00～18:00	歷史&文化	2200日圓	有	64	P.5 D-2
山原	喜如嘉聚落	全年無休	自由參觀	歷史&文化	–	有	184	P.14 C-1
南部	舊海軍司令部壕	全年無休	8:30～17:00及其他	歷史&文化	440日圓	有	165	P.18 C-3
中部	金武新開地	–	–	地區	–	有	172	P.11 D-3
南部	久高島	–	–	離島	–	–	67	P.2 B-3
美麗海水族館周邊	古宇利島	–	–	離島	–	–	179	P.13 E-1
中部	KOZA機場大街	–	–	地區	–	有	172	P.8 C-2
西海岸度假區	座喜味城跡	–	自由參觀	歷史&文化	免費	有	60	P.9 D-1
那霸	櫻坂劇場	全年無休	9:30～終場電影播畢	娛樂	–	無	161	P.21 D-3
西海岸度假區	殘波岬	–	燈塔9:30～16:30及其他	自然	燈塔200日圓	有	59	P.8 A-1
首里	識名園	週三（遇假日則延至隔天）	9:00～17:30及其他	歷史&文化	400日圓	有	63	P.23 E-3
首里	首里金城町石板路	–	自由參觀	歷史&文化	–	–	73	P.23 E-1
首里	首里金城町大榕樹	全年無休	自由參觀	歷史&文化	–	–	73	P.23 E-1
首里	首里城公園	7月第1週週三及隔天	收費地區8:30～18:00及其他	歷史&文化	820日圓	有（收費）	70.74	P.23 E-1
中部	Shirumichu	–	自由參觀	歷史&文化	免費	無	173	P.9 E-3
南部	齋場御嶽	不定	9:00～17:30及其他	歷史&文化	300日圓	有	63.66	P.5 F-3
那霸	瀨長島海舵露台	全年無休（依店鋪而異）	10:00～21:00及其他	商業設施	–	有	163	P.18 A-3
首里	園比屋武御嶽石門	–	自由參觀	歷史&文化	–	有（收費）	62	P.23 E-1
那霸	第一牧志公設市場	第4週週日	10:00～20:00及其他	市場	–	無	78.83	P.21 D-3
西海岸度假區	體驗王國MURASAKI村	全年無休	9:00～17:00	歷史&文化	600日圓	有	177	P.8 A-1
山原	大石林山	天候不佳時	9:30～16:30及其他	自然	1200日圓	有	182	P.17 D-1
竹富島	竹富觀光中心	全年無休	9:00～16:00左右	歷史&文化	1200日圓	–	205	P.204
首里	玉陵	全年無休	9:00～17:30	歷史&文化	300日圓	無	62.73	P.23 D-1
那霸	那霸TENBUSU	全年無休	9:00～22:00及其他	體驗設施	–	有（收費）	158	P.21 D-2
中部	中城城跡	全年無休	8:30～17:00及其他	歷史&文化	400日圓	有	61	P.8 C-3
美麗海水族館周邊	今歸仁城跡	全年無休	8:00～18:00及其他	歷史&文化	400日圓	有	60	P.13 D-2
美麗海水族館周邊	名護鳳梨公園	全年無休	9:00～18:00	主題樂園	850日圓	有	77	P.13 E-3
那霸	那霸市旅遊服務中心	全年無休	9:00～20:00	–	–	無	47	P.21 D-2
那霸	那霸市傳統工藝館	全年無休	9:00～17:00	體驗設施	1540日圓	有（收費）	158	P.21 D-2
竹富島	西棧橋	–	–	橋	–	無	205	P.204
美麗海水族館周邊	熱帶夢幻中心	12月第1週週三及隔天等	8:30～18:30及其他	歷史&文化	760日圓	有	53	P.12 C-2
美麗海水族館周邊	備瀨福木林道	–	–	自然	–	有	178	P.12 C-1
南部	姬百合之塔・姬百合和平祈念資料館	全年無休	9:00～17:00	歷史&文化	310日圓	有	165	P.4 B-3
西海岸度假區	部瀨名海中公園	全年無休（視海況停止營業）	9:00～17:30及其他	自然	2060日圓	有	59	P.11 D-2
中部	BLUE SEAL冰淇淋樂園	全年無休	9:00～18:00	製作體驗	入館免費，體驗1500日圓	有	75	P.6 C-1
南部	和平祈念公園	全年無休	8:00～22:00	歷史&文化	免費	有	164	P.4 C-3
首里	弁財天堂	–	自由參觀	歷史&文化	–	–	73	P.23 E-1
山原	邊戶岬	–	自由參觀	自然	–	有	184	P.17 D-1
西海岸度假區	真榮田岬	全年無休	7:00～18:30及其他	自然	免費	有（收費）	59	P.10 A-3
西海岸度假區	萬座毛	–	–	自然	免費	有	58	P.10 C-2
宮古島	宮古島海中公園	全年無休	10:00～18:00	自然	1000日圓	有	206	P.206
山原	沖繩秧雞生態展示學習設施「秧雞之森」	全年無休	9:00～17:00	歷史&文化	500日圓	有	185	P.27 E-3

宮古島	雪鹽博物館	全年無休	9:00～18:30及其他	主題樂園	免費	有	206	P.206
西海岸渡假村	琉球村	全年無休	8:30～17:00及其他	歷史&文化	1200日圓	有	76.177	P.10 A-3
首里	龍潭	-	自由參觀	歷史&文化	-	-	73	P.23 E-1
美麗海水族館周邊	百合廣場公園	全年無休	自由參觀	自然	免費	有	181	P.12 B-1

EAT

地區	店家・景點	公休日	營業時間	類別	停車場	頁碼	MAP
西海岸度假區	阿古豬的祕密基地富著店	全年無休	17:00～22:30	品牌牛肉	有	101	P.10 B-1
美麗海水族館周邊	新垣善哉屋	週一（遇假日延至隔天）	12:00～18:00（賣完打烊）	甜點	有	107	P.12 C-2
那霸	Payao泡盛和海產店	全年無休	17:00～23:30	居酒屋	無	125	P.19 D-2
那霸	Urizun泡盛和琉球料理	全年無休	17:30～23:30	居酒屋	無	89	P.21 F-2
那霸	YES!!! Picnic parlor	週一	10:00～19:00及其他（賣完打烊）	小吃店	有	115	P.9 D-1
美麗海水族館周邊	Ishikubiri	週一、二	11:00～15:00（賣完打烊）	沖繩麵	有	181	P.12 C-2
中部	ippe coppe	週二、三、第3週週一	12:30～18:30（賣完打烊）	麵包店	有	127	P.9 D-1
南部	系滿漁民食堂	週二（最後週一晚上）	11:30～14:30、18:00～21:30	食堂	有	97	P.4 A-2
南部	稻嶺冰品專賣店兼餐館	週二	11:00～19:00	食堂、甜點	有	106	P.4 B-2
那霸	A&W國際通牧志店	全年無休	9:00～21:00	漢堡	無	56	P.21 D-2
中部	A&W牧港	全年無休	11:00～23:00	漢堡	有	104	P.6 C-1
那霸	H&B義式冰淇淋沖繩牧志店	-	-	義式冰淇淋無	無	79	P.21 D-3
山原	笑味之店	週二、三、四	9:00～17:00及其他	島蔬菜	有	92	P.14 C-1
南部	屋宜家沖繩麵和茶館	週二（遇假日照常營業）	11:00～15:45	沖繩麵	有	87.91.107	P.5 D-2
美麗海水族館周邊	沖繩麵專賣店 岸本食堂	週三	11:00～17:30	沖繩麵	有	85	P.12 C-2
首里	Shimujo沖繩麵店	週三	11:00～15:00及其他	沖繩麵	有	85	P.19 E-1
那霸	沖繩廚房Paikaji上之屋店	全年無休	17:00～凌晨1:30	居酒屋	有	90	P.19 D-1
那霸	三笠飯館	全年無休	24小時	食堂	有	121	P.20 A-2
那霸	oHacorté Bakery	不定	7:30～21:00	麵包店	無	119	P.18 C-2
中部	[oHacorté]港川總店	不定	11:30～18:00	咖啡館	有	168	P.7 F-2
中部	「味華」海鮮食堂	週一	11:30～16:30（賣完打烊）	食堂	有	97	P.9 E-2
山原	Gajimanro	週五～日	11:00～18:30	咖啡館	有	186	P.14 C-1
美麗海水族館周邊	花人逢	週二、三	11:30～18:30	咖啡館	有	180	P.12 C-2
那霸	Manjumai家常小館	不定	11:00～21:30	食堂	無	120	P.20 A-3
美麗海水族館周邊	Cafe ichara	週二、三（遇假日照常營業）	11:30～16:15	咖啡館	有	180	P.13 D-2
西海岸度假區	土花土花咖啡藝廊	週日	11:00～18:00	咖啡館	有	175	P.10 B-1
中部	伽藍萬尺咖啡館	週二、三	12:00～18:00及其他	島蔬菜	有	93	P.11 D-3
南部	薑黃花咖啡館	全年無休	10:00～19:00及其他	咖啡館	有	166	P.5 F-1
美麗海水族館周邊	Cafe Hakoniwa	週三、四	11:30～17:00	咖啡館	有	113	P.13 D-2
南部	風樹咖啡館	週二	11:30～17:00	咖啡館	有	166	P.5 E-2
那霸	Planula咖啡館	週二、三	13:00～20:00	咖啡館	無	160	P.21 D-3
南部	Cafe Yabusachi	週三（遇假日照常營業）	11:00～日落	咖啡館	有	166	P.5 E-2
那霸	Gaiju堂	第4週週日	-	食堂	無	79	P.21 D-3
美麗海水族館周邊	紀乃川食堂	週日	11:00～17:30	食堂	有	96	P.12 C-2
中部	Capful	週三	7:30～15:30	咖啡館	有	119.171	P.8 C-1
西海岸度假區	森之茶家藝廊	不定	12:00～19:00	咖啡館	有	176	P.9 E-1
那霸	Kiraku	第4週週日	-	食堂	無	79	P.21 D-3
中部	KING TACOS金武總店	全年無休	10:30～24:00	塔可餅、塔可飯	有	102	P.11 D-3
中部	GREEN GREEN	全年無休	11:00～16:30	咖啡館	有	170	P.8 C-3
南部	CAVE CAFE	全年無休	9:00～17:30	咖啡館	有	65	P.5 D-2
那霸	國際通屋台村	全年無休	11:00～（關門時間依店鋪而異）	路邊攤	無	159	P.21 D-2
中部	GORDIES	不定	11:00～21:00及其他	漢堡	有	104	P.22 A-1
那霸	小嶺咖啡站	第4週週日	-	咖啡站	無	79	P.21 D-3
那霸	THE COFFEE STAND	週三	9:00～19:00	咖啡館	無	117	P.21 D-3
中部	The junglila café & restaurant	全年無休	11:00～21:00	咖啡館	有	114	P.22 B-2
那霸	珊瑚座廚房	全年無休	9:30～22:00	咖啡館	無	161	P.21 D-3
那霸	C&C BREAKFAST OKINAWA	週二	9:00～15:00及其他	早餐	無	118	P.21 D-3
南部	Jef豐見城店	全年無休	24小時	漢堡	有	105	P.18 B-3
中部	ZHYVAGO COFFEE WORKS OKINAWA	不定	9:00～日落	咖啡館	有	117	P.22 B-2
那霸	島酒和酒餚	全年無休	11:00～凌晨1:00	居酒屋	無	159	P.21 D-2
美麗海水族館周邊	島豆腐和蕎麥麵。真打田仲麵店	週二、第1、3週週三	11:00～17:00（賣完打烊）	沖繩麵	有	87	P.13 E-3

西海岸度假區	Teianda島蔬菜食堂	週四	11:00～15:00、18:00～22:00及其他	島蔬菜	有	93	P.8 A-1
那霸	傑克牛排館	全年無休	11:00～凌晨1:00	牛排	有	99	P.18 C-2
首里	首里麵	週日、不定	11:30～14:00（賣完打烊）	沖繩麵	有	84	P.23 F-1
南部	Kalika食堂	不定	10:00～20:00及其他	咖啡館	有	111	P.5 E-2
那霸	Zooton's	全年無休	11:00～20:30及其他	漢堡	無	54	P.20 B-3
那霸	88牛排館辻總店	全年無休	11:00～凌晨3:45	牛排	有	99	P.18 C-2
美麗海水族館周邊	Yosiko麵店	週五	10:00～17:00	沖繩麵	有	87	P.13 D-2
中部	高江洲麵	週日	10:00～18:00及其他	沖繩麵	有	87	P.6 C-1
中部	墨西哥塔可餅專賣店	週二、三	10:30～21:00	塔可餅、塔可飯	有	103	P.8 B-3
那霸	Tacos-ya	全年無休	11:00～16:30	塔可餅、塔可飯	無	103	P.20 C-3
西海岸度假區	田中果實店	週二、三	11:00～17:30	甜點	有	108	P.10 C-2
西海岸度假區	Tip Top	冬季	11:00～17:00	咖啡館	有	174	P.10 A-2
中部	CHARLIE多幸壽	週四（週假日照常營業）	11:00～20:45	塔可餅、塔可飯	有	103	P.8 C-2
西海岸度假區	鶴龜堂善哉冰	週三（7～8月照常營業）	10:00～18:00	善哉冰	有	106	P.9 D-1
美麗海水族館周邊	t&c TOURAKU	不定	10:00～18:00	咖啡館	有	13	P.13 E-1
美麗海水族館周邊	Tsuruya手工沖繩麵店	週日、四	11:00～賣完打烊	沖繩麵	無	181	P.12 C-2
美麗海水族館周邊	ToTo la Bebe Hamburger	週四、五	11:00～15:00	漢堡	有	105	P.12 C-2
那霸	Nakamura家	週日、假日	17:00～23:30	居酒屋	無	88	P.20 B-3
南部	中本天婦羅店	週四	10:00～18:00及其他	天婦羅	有	167	P.5 E-2
中部	NIWA CAFE	週一、日	11:00～17:00及其他	咖啡館	無	171	P.8 C-1
南部	Parlour de Jujumo	不定（須上部落格確認）	8:00～13:00及其他	小吃店	有	122	P.4 A-1
那霸	桑江小吃店	週日	6:00～17:00	小吃店	有	123	P.18 C-2
那霸	花笠食堂	全年無休	11:00～20:00	食堂	無	121	P.21 D-3
中部	Pub Lounge Emerald	全年無休	10:00～21:00及其他	牛排	有	98	P.8 C-3
南部	濱邊茶屋	全年無休	10:00～19:30及其他	咖啡館	有	110	P.5 E-2
西海岸度假區	濱邊的Tipi Cafe	不定	11:00～16:30	海景咖啡館	有	111	P.10 A-3
西海岸度假區	Hawaiian Pancakes House Paanilani	全年無休	7:00～16:30	鬆餅	有	118	P.10 C-2
西海岸度假區	PANCAKE HOUSE JAKKEPOES	週二、三	9:00～15:30及其他	鬆餅	有	175	P.8 A-2
西海岸度假區	水圓麵包坊	週一～三	10:30～賣完打烊	麵包店	有	127	P.9 D-1
美麗海水族館周邊	東食堂	全年無休	11:00～18:30	食堂、甜點	有	107	P.12 B-3
山原	HIRO COFFEE FARM	週二、三及其他	12:00～17:30左右	咖啡館	有	116	P.15 E-1
美麗海水族館周邊	fuu cafe	週三、四	11:00～17:00	咖啡館	有	113	P.12 C-2
中部	PLOUGHMAN'S LUNCH BAKERY	週日	8:00～15:00	麵包店	有	170	P.8 B-3
那霸	BLUE SEAL冰淇淋國際通店	全年無休	10:00～22:30及其他	甜點	無	55	P.20 C-2
中部	BLUE SEAL冰淇淋牧港總店	全年無休	9:00～24:00及其他	甜點	有	109	P.6 C-1
石垣島	Fruit Jewelry Factory	不定	10:00～20:00	甜點	無	207	P.207
那霸	玉玲瓏便利屋	週日	18:00～22:30	居酒屋	無	124	P.19 D-2
那霸	豬肉蛋飯糰總店	週三	7:00～17:30	豬肉蛋飯糰	無	121	P.21 D-3
那霸	BALL DONUT PARK	全年無休	12:00～20:00	甜點	無	55	P.20 C-3
中部	MARISOL	週五	11:00～16:00（賣完打烊）	墨西哥料理	有	115	P.8 C-3
中部	宗像堂	週三	10:00～18:00	麵包店	有	126	P.7 D-1
那霸	村咲麵From TOKASHIKI	週三	11:00～23:00	沖繩麵	無	159	P.21 D-2
那霸	Teianda麵店	週一	11:00～15:00及其他	沖繩麵	有（收費）	87	P.19 D-1
那霸	June八重山麵	不定	11:30～19:00及其他	沖繩麵	有	87	P.20 B-1
美麗海水族館周邊	燒肉本部牧場 本部店	全年無休	11:00～14:30、17:00～21:30	品牌牛肉	有	101	P.12 C-2
那霸	美咲山羊料理	週日	18:00～凌晨0:30	山羊料理	無	125	P.21 F-2
美麗海水族館周邊	燒陶喫茶風獅爺園	週一、二（遇假日則延至隔天）	11:00～19:00	咖啡館	有	112	P.13 D-2
美麗海水族館周邊	山原餐廳松之古民家	週四	18:00～24:00	居酒屋	有	100	P.12 A-3
那霸	Yunangi	週日、假日	12:00～15:00、17:30～22:30	居酒屋	無	89	P.20 B-3
中部	Lanai咖啡館	全年無休	10:00～21:00	咖啡館	有	144	P.8 C-3
西海岸渡假區	Living Room「Maroad」	全年無休	8:00～22:00	咖啡館	有	174	P.11 D-2
山原	秧雞餐廳	全年無休	11:00～16:00	食堂	有	185	P.16 B-3
首里	御殿山琉球古來麵	週一	11:30～15:30	沖繩麵	有	87	P.19 F-1
首里	Ashibiunaa琉球茶房	不定	11:00～15:00、17:00～23:00	食堂	無	91	P.23 E-1
中部	teianda琉球拉麵、香料咖哩	週一（遇假日則延至隔天）	11:00～16:00	咖啡館	有	168	P.7 F-2
西海岸度假區	琉冰 恩納休息站店	全年無休	10:00～19:00及其他	甜點	有	109	P.10 A-2
中部	琉庵+島色	週二、三、不定	11:00～17:00	甜點	有	109	P.9 F-2

地區	店家・景點	公休日	營業時間	類別	停車場	頁碼	MAP
南部	Island Aroma OKINAWA	週日、假日	10:00～18:00	保養品	有	43	P.5E-3
中部	美國村	全年無休	10:00～22:00及其他	商業設施	有	145	P.22 B-2
首里	新垣菓子店 首里寒川店	全年無休	9:30～18:30及其他	點心	有	148	P.23 D-1
那霸	新垣金楚糕本舖 牧志店	全年無休	9:30～21:00	點心	無	146	P.20 C-2
那霸	泡盛之店 琉夏	不定	12:00～21:00	泡盛	無	154	P.21 D-3
中部	UNCLE SAM	全年無休	10:00～19:00	骨董	無	143	P.8 A-3
中部	永旺夢樂城沖繩來客夢	全年無休	10:00～22:00	商業設施	有	144	P.8 C-3
中部	AEONLIQUOR	全年無休	8:00～23:00	泡盛	有	144	P.8 C-3
西海岸度假區	一翠窯	全年無休	10:00～18:00	陶器	有	135	P.8 A-1
中部	海之驛站Ayahashi館	全年無休	9:00～18:00	商業設施	有	173	P.9 E-2
那霸	Organic & Aroma Petaluna永旺那霸店	全年無休	10:00～22:00	保養品	有	43	P.18 B-2
西海岸度假區	御菓子御殿 恩納店	全年無休	8:30～19:30及其他	點心	有	146	P.10 C-2
那霸	御菓子御殿 國際通松尾店	全年無休	9:00～22:00及其他	點心	無	54	P.20 A-3
那霸	OKINAWA GROCERY	不定	11:00～18:00	食品	無	155	P.21 D-3
中部	OKICHU	全年無休	10:00～21:00	服飾	有	145	P.22 B-2
那霸	Okinawan Resort Ti-da Beach	不定	12:00～20:00	生活雜貨	無	55	P.20 C-3
那霸	GARB DOMINGO	週三、四	9:30～13:00、15:00～19:00	精品店	無	140	P.21 D-3
那霸	海想 國際通店	全年無休	10:00～22:00及其他	精品店	無	57	P.21 E-2
那霸	Kamany	不定	10:30～18:30	陶器	無	162	P.21 E-3
那霸	KAME ANDAGI	全年無休	10:00～21:00	點心	有	163	P.18 A-3
那霸	Calbee+ 沖繩國際通店	全年無休	10:00～21:00及其他	點心	無	56	P.21 D-2
首里	儀保饅頭	週日	9:00～賣完打烊	點心	有	149	P.19 F-1
西海岸度假區	山田藝廊	不定	11:00～12:00、13:00～17:00	陶器	有	176	P.9 E-1
那霸	KUKURU那霸店	全年無休	9:00～22:30	布製品	無	137	P.21 D-2
那霸	久高民藝店	全年無休	10:00～22:00	精品店	無	56	P.21 D-2
那霸	guma guwa	全年無休	10:30～18:30	陶器	無	162	P.21 E-3
中部	〔SO〕雜貨屋	週三、四及其他	12:30～19:00	精品店	有	171	P.7 D-1
首里	座波菓子店	全年無休	9:00～18:00及其他	點心	有	148	P.19 F-1
那霸	SanA 那霸Main Place	全年無休	9:00～23:00	超市	有	152	P.19 D-1
那霸	Jisakasu	不定	11:00～19:00	生活雜貨	無	160	P.21 D-3
那霸	SHE used&vintage clothing	週三、不定	13:00～20:00	二手衣	無	160	P.20 C-3
中部	Jimmy's大山店	全年無休	9:00～21:30及其他	超市	有	153	P.7 D-1
那霸	謝花橘餅店	週日	9:30～賣完打烊	點心	無	149	P.20 B-3
那霸	Shop Naha	全年無休	10:00～20:00	生活雜貨	有（收費）	57	P.21 D-2
那霸	Splash okinawa 2號店	全年無休	10:00～22:00	生活雜貨	無	54	P.20 B-3
西海岸度假區	宙吹玻璃工房 虹	全年無休（工作室週日休息）	9:00～18:00	琉球玻璃	有	133	P.9 E-1
那霸	DFS旗下沖繩T廣場	全年無休	9:00～21:00及其他	免稅店	有	145	P.21 F-1
南部	TIDAMOON長山紅型	週三	11:00～17:30及其他	布製品	有	136	P.5 E-1
中部	Depot Island	全年無休	10:00～21:00	服飾	有	145	P.22 B-2
中部	ten	週一～三	12:00～18:00	精品店	有	140	P.8 C-3
那霸	tuitree	週三、四	12:00～19:00	精品店	無	162	P.20 C-2
南部	南南風 ASHIBINAA店	全年無休	10:00～20:00	點心	有	147	P.4 A-1
中部	PEARL.	全年無休	11:00～18:00	骨董	無	142	P.8 B-3
南部	SHIYON機織工房	週四	9:00～17:00	布製品	有	136	P.4 C-2
那霸	花商	隔週週日	9:00～賣完打烊	食品	無	155	P.21 D-3
石垣島	美味食彩 花	週日	11:30～14:00、17:30～22:00	點心	有	147	P2. C-3
那霸	平田醬菜店	–	–	醬菜	無	79	P.21 D-3
那霸	Fashion Candy那霸Main Place店	全年無休	9:00～22:00	點心	有	147	P.19 D-1
中部	藤井服飾店	週三	11:30～19:00及其他	精品店	有	169	P.7 F-2
那霸	BRANCHES by TILLA EARTH	全年無休	10:00～20:00	飾品	有	163	P.18 A-3
中部	PORTRIVER MARKET	週日、假日	9:00～18:00及其他	精品店	有	169	P.7 F-2
那霸	MA-SAN MICHEL	全年無休	10:00～21:00	點心	無	55	P.20 B-3
那霸	松原屋製菓	全年無休	9:00～20:00	點心	無	154	P.21 D-3
山原	Yuiyui國頭休息站	全年無休	9:00～18:00（餐廳11:～16:00）	休息站	有	185	P.16 B-3
那霸	MIMURI	週四	11:00～19:00	布製品	無	137	P.20 C-3
西海岸度假區	宮陶房	不定	9:00～18:00	陶器	有	135	P.9 E-1
中部	mofgmona no zakka	週二、三	12:00～18:00及其他	精品店	有	141.171	P.7 D-1
那霸	現烤起司塔專賣店PABLO沖繩國際通店	不定	11:00～23:00及其他	點心	無	56	P.21 D-2
那霸	與那嶺鮮魚店	第2、4、5週週日	9:00～20:00	鮮魚	無	79	P.21 D-3
西海岸度假區	讀谷山燒 北窯商店	不定	9:30～17:30	陶器	有	135.176	P.9 E-1
西海岸度假區	讀谷山燒 共同直營店	週二	9:30～18:00及其他	陶器	有	176	P.9 E-1

那霸	La Cucina SOAP BOUTIQUE	全年無休	12:00～20:00	保養品	無	43	P.20 C-3
西海岸度假區	Ryu	週二、三	9:00～18:00	精品店	有	141	P.8 B-2
西海岸度假區	琉球玻璃工房 glacitta'	不定	11:00～18:30左右	琉球玻璃	有	132	P.10 C-2
西海岸度假區	琉球玻璃匠工房 石川店	全年無休	9:00～18:00	琉球玻璃體驗	有	133	P.10 B-2
西海岸度假區	琉球玻璃村	全年無休	9:00～18:00	琉球玻璃	有	133	P.4 B-3
那霸	琉球銘菓KUGANIYA	全年無休	10:00～18:00及其他	點心	有	146	P.21 E-3
那霸	RENEMIA	週日	13:00～18:00	精品店	無	57	P.21 E-2
那霸	Road Works	週日	10:00～18:00	生活雜貨	無	161	P.21 D-3
那霸	WASHITA SHOP國際通總店	全年無休	10:00～22:00	點心	有	150	P.20 B-3

STAY

地區	飯店名稱	房價	客房數	類別	停車場	頁碼	MAP
美麗海水族館周邊	今歸仁Woodpecker	6480日圓～	11間	拖車屋	有	199	P.13 D-1
中部	AJ伊計島度假飯店	雙床房一晚含早餐一間1萬2960日圓～	86間	度假飯店	有	201	P.9 F-1
那霸	沖繩第一飯店	標準雙床房一晚不含早餐8640日圓～	5間	市區飯店	有	195	P.20 B-2
山原	奧間私人海灘度假村	一晚含早餐1萬8360日圓～	184間	度假飯店	有（收費）	201	P.16 B-3
南部	海坐	一晚含早餐8850日圓～	4間	私人飯店	有	193	P.5 E-2
中部	Cailana	一晚2萬日圓（～8人）	1間	外國人住宅	有	198	P.8 C-1
山原	CANAAN SLOW FARM café & eco stay	西式房一晚含早餐6480日圓～	8間	民宿	有	201	P.14 C-2
中部	Kafuwa浦添	一間雙人房含早餐1萬日圓～、包棟不含早餐3萬日圓～（～10人）	1間	外國人住宅	有	197	P.7 E-2
中部	沖繩椰樹花園度假村	花園雙床房一晚含早餐1萬2000日圓～	96間	度假飯店	有	190	P.8 C-1
美麗海水族館周邊	CANAC小木屋	紅瓦屋一晚一棟2萬7000日圓～（～6人）7人以上每位多加1080日圓	4間	古民宅	有	196	P.12 C-2
美麗海水族館周邊	Shirapama古民宿	一晚含2餐1萬1280日圓～	3間	古民宅	有	196	P.12 C-1
西海岸度假區	The Terrace Club at Busen	Club Deluxe一晚含早餐2萬7000日圓～	68間	度假飯店	有	191	P.11 D-2
那霸	The Naha Terrace	豪華雙床房一晚含早餐1萬3300日圓～	145間	度假飯店	有	200	P.21 E-1
西海岸度假區	The Busena Terrace	豪華典雅雙床房含早餐一晚2萬5380日圓～	410間	頂級飯店	有	188	P.11 D-2
西海岸度假區	沖繩麗思卡爾頓飯店	豪華客房每房一晚3萬8880日圓～	97間	頂級飯店	有	189	P.11 D-2
南部	沖繩南部海灘度假飯店	高級雙床房一晚含早餐1萬8640日圓～	448間	度假飯店	有	200	P.4 A-2
中部	沖繩北谷希爾頓逸林渡假飯店	一晚9763日圓～	-	度假飯店	有	18	P.22 B-2
美麗海水族館周邊	chillma	一晚6萬6000日圓～	4間	私人飯店	有	192	P.13 E-2
美麗海水族館周邊	NANMA MUI NATURE RESORT	雙人豪華露營2萬2000日圓～	8間	豪華露營	有	199	P.13 F-2
那霸	沖繩那霸凱悅飯店	一晚含早餐1萬2000日圓～	294間	市區飯店	有（收費）	195	P.21 D-3
西海岸度假區	瀨良垣島沖繩凱悅飯店	標準房一晚一間3萬日圓～	-	度假飯店	有	18	P.10 C-2
西海岸度假區	沖繩哈利庫拉尼飯店	-	-	度假飯店	有	18	P.11 D-2
中部	沖繩北谷希爾頓度假村	標準房一晚含早餐2萬7337日圓～	346間	市區飯店	有	194	P.22 B-2
中部	BASE SIDE INN	整棟一晚一棟3萬日圓～	1棟	外國人住宅	有	197	P.8 B-3
美麗海水族館周邊	風來莊Fu-rai-sou	和室一晚含早餐8000日圓～（～4人）	3間	私人飯店	有	193	P.13 D-1
竹富島	虹夕諾雅竹富島	一晚一間不含餐6萬日圓～	48間	度假村	無	204	P.204
美麗海水族館周邊	Orion本部度假SPA飯店	海景雙床房一晚含早餐1萬4300日圓～	238間	度假飯店	有	201	P.12 C-1
西海岸度假區	日航Alivila飯店	海濱雙床房2萬3760日圓～	396間	度假飯店	有	201	P.8 A-1
那霸	那霸皇家棕櫚飯店	雙床雙人房一晚含早餐1萬6200日圓～	152間	市區飯店	有（收費）	200	P.21 D-2
美麗海水族館周邊	沖繩MAHAINA健康度假飯店	雙人一晚含早餐7500日圓～	263間	度假飯店	有	201	P.12 C-2
南部	琉球溫泉瀨長島飯店	附露天溫泉的標準雙床房一晚含早餐1萬2000日圓～	104間	溫泉飯店	有	200	P.18 A-3
西海岸度假區	沖繩文藝復興度假村	一晚含早餐1萬5000日圓～	377間	度假飯店	有	191	P.10 A-2
那霸	那霸LOISIR SPA TOWER	SPA豪華灣景雙床房一晚含早餐1萬9440日圓～	89間	溫泉飯店	有（收費）	200	P.18 B-2
美麗海水族館周邊	One Suite Hotel & Resort古宇利島	一晚含早餐3萬日圓～	2間	私人飯店	有	192	P.13 F-1

沖繩：最新・最前線・旅遊全攻略

作　　者　朝日新聞出版
譯　　者　郭欣惠、高詹燦
執 行 長　陳蕙慧
總 編 輯　曹　慧
主　　編　曹　慧
封面設計　三人制創
內頁排版　思　思
行銷企畫　童敏瑋
社　　長　郭重興
發行人兼出版總監　曾大福
編輯出版　奇光出版
E-mail: lumieres@bookrep.com.tw
部落格：http://lumieresino.pixnet.net/blog
粉絲團：https://www.facebook.com/lumierespublishing
發　　行　遠足文化事業股份有限公司
http://www.bookrep.com.tw
23141新北市新店區民權路108-4號8樓
電話：(02) 22181417
客服專線：0800-221029　傳真：(02) 86671065
郵撥帳號：19504465
戶名：遠足文化事業股份有限公司
法律顧問　華洋法律事務所　蘇文生律師
印　　製　成陽印刷股份有限公司
初版一刷　2018年8月
初版五刷　2019年3月20日
定　　價　420元

歡迎團體訂購，另有優惠，請洽業務部（02）22181417分機1124、1135

國家圖書館出版品預行編目 (CIP) 資料

沖繩：最新 ・ 最前線 ・ 旅遊全攻略 / 朝日新聞出版著；
郭欣惠，高詹燦譯 . -- 初版 . -- 新北市 : 奇光出版 :
遠足文化發行 , 2018.08
面；　公分
ISBN 978-986-96308-2-5（平裝）
譯自：ハレ旅 沖縄
1. 旅遊　2. 日本沖繩縣

731.7889　　　107010412

線上讀者回函